Even tussen mij en mij

Van Elke Wiss verscheen eveneens
bij Ambo|Anthos *uitgevers*

Socrates op sneakers
En ze filosofeerden nog lang en gelukkig

Meer inspiratie?
Meld je aan voor de OverDenken-nieuwsbrief: bijna wekelijks een leuk artikel in je mail over kritisch denken, praktische filosofie, de kunst van het vragen stellen, af en toe een grapje en meer!

Elke Wiss

Even tussen mij en mij

Hoe je je eigen denken onderzoekt

Ambo|Anthos
Amsterdam

ISBN 978 90 263 5512 7

Deze uitgave kwam tot stand door bemiddeling van Sebes & Bisseling Literary Agency te Amsterdam.
Bij de totstandkoming van dit boek is gebruikgemaakt van AI-technologie als ondersteunend instrument voor redactionele feedback en fact-checking.
Omslagontwerp en -illustratie Bas van Vuurden
Foto auteur © Annelien Nijland
Zetwerk Elgraphic

Ambo|Anthos *uitgevers* vindt het belangrijk om op milieuvriendelijke en verantwoorde wijze met natuurlijke bronnen om te gaan. Bij de productie van het papieren boek van deze titel is daarom gebruikgemaakt van papier waarvan het zeker is dat de productie niet tot bosvernietiging heeft geleid.

Verspreiding voor België:
Veen Bosch & Keuning uitgevers nv, Antwerpen

Inhoud

U richt uw blik op de buitenwereld,
en dat nu zou u vooral niet moeten doen.
Niemand kan u raad geven en helpen, niemand.
Er is maar één enkel middel. Voel uzelf aan de tand.

Rainer Maria Rilke
Brieven aan een jonge dichter (1929)

Proloog

Het is 15 januari 2009, 15.27 uur, ergens hoog in de lucht boven New York.

Gezagvoerder Chesley Sullenberger ('Sully') kijkt uit het raam van de cockpit van de Airbus A320-214. Enkele minuten eerder zijn ze vertrokken vanaf vliegveld LaGuardia in New York, op weg naar North Carolina. Het lijkt een rustige vlucht te worden; het is koud, een beetje bewolkt, maar het zicht is prima.

Sully en zijn collega Jeff kletsen wat over koetjes, kalfjes, hoe is het met de vrouw, de kinderen, o ja, hoe was dat ene feestje waar je over vertelde. Er lijkt niets aan de hand.

Maar dan.

Uit het niets zien ze donkere vlekken recht op de cockpit afkomen.

'Vogels,' zegt Sully. Inderdaad, het blijkt een groep ganzen. Er volgt een doffe klap, en direct daarna het geluid van uitvallende motoren.

In de cockpit wordt het stil.

Ze zitten op 3000 voet boven Manhattan. Geen motoren meer. Links niet en rechts niet. Er zijn 155 passagiers aan boord. Jeff en Sully checken alle knopjes, lampjes, hendeltjes in de cockpit, ze zien steeds meer rode knipperende lichtjes.

Het protocol is helder: probeer zo snel mogelijk terug te keren naar het vliegveld. Hun training, hun ervaring, alles wat ze ooit hebben geleerd schreeuwt: keer om, zoek een landingsbaan.

Het is wat het handboek voorschrijft, wat superieuren en collega's zouden doen, wat elke expert hun zou adviseren. De luchtverkeersleiding klinkt luid en dwingend: 'Keer om. Je moet een vliegveld zien te bereiken. Er is een baan vrij op LaGuardia.'

Jeff en Sully kijken elkaar aan. De luchtverkeersleider dringt aan: 'Baan twee-twee is vrij voor een landing.'

Maar ergens, in een deel van zijn brein dat verder kijkt dan protocollen, weet Sully dat ze het niet gaan halen. In een paar seconden moet hij kiezen: volg je wat je geleerd hebt, wat iedereen zegt dat je moet doen? Of durf je je eigen denken te vertrouwen?

Hij kiest het laatste. 'We gaan het niet halen,' zegt hij tegen de toren. 'We landen op de Hudson.'

Een passagiersvliegtuig laten landen op een rivier – het is nooit eerder gedaan, en technisch bijna onmogelijk. En toch. Sully kent zichzelf, hij heeft ervaring, hij kent zijn capaciteiten. Hij weet dat dit hun enige kans is.

De passagiers horen kort daarna zijn stem door de luidspreker. '*This is your captain. Brace for impact.*'

De rest is geschiedenis: Sully stuurt het enorme gevaarte recht de Hudson in.

Alle 155 inzittenden overleven de landing. De 'Miracle on the Hudson' wordt wereldnieuws.[1]

The Miracle on the Hudson

Inleiding

Het is een dinsdag, halfacht 's avonds. Ik plof vermoeid op de bank en denk: het was een goede dag. Normaal zou ik het daarbij laten. Maar vandaag blijf ik even hangen bij die gedachte. Waaróm was dit een goede dag?

Omdat ik veel gedaan heb, is mijn automatische antwoord. Twee workshops gegeven, een artikel afgerond, talk voor morgen doorgenomen, nog even in de tuin gewerkt. Productief geweest. En dan schrik ik een beetje van mezelf. Die onbewuste overtuiging die plotseling zichtbaar wordt: een goede dag is een productieve dag. De waarde van mijn dag, van mijn leven misschien wel, meet ik af aan wat ik heb gedaan, niet aan wat ik heb beleefd. Niet aan of ik genoten heb, gelachen, me verbonden heb gevoeld. Nee, aan mijn to-dolijst.

Het is een klein moment van zelfinzicht, maar het raakt aan iets groters. Want zo werkt ons denken blijkbaar: we hebben allemaal van die onbewuste overtuigingen die bepalen hoe we leven. Hoe we naar de wereld kijken. Hoe we onszelf en onze plek in die wereld beoordelen.

Die productiviteitsmeetlat van mij is er een van. Hij zit zo diep dat ik hem nooit bevraag – totdat ik even stilsta en me afvraag: waarom eigenlijk? Wie heeft bepaald dat een 'goede dag' een productieve dag is?

Dit is wat er gebeurt als je je eigen gedachten onder de loep neemt. Als je aan zelfonderzoek doet. Je stuit op overtuigingen die je gedrag sturen zonder dat je het doorhebt. Op aannames die je leven vormen zonder dat je ervoor gekozen hebt. Die interne productiviteitsmeetlat bijvoorbeeld, waar komt die vandaan? Waar baseer ik die op? En belangrijker: wil ik hem houden?

Natuurlijk komen wij zelden in een situatie terecht waar het leven van 155 mensen afhangt van onze beslissingen, zoals bij gezagvoerder Sully. Zijn verhaal laat iets belangrijks zien over zelfonderzoek. Op het eerste gezicht lijkt het tegenstrijdig: moest hij niet in een split second beslissen, zonder dat hij tijd had om diep na te denken? Jazeker, en dat is ook zo sterk. Zijn beslissing was geen willekeurige gok, maar gebaseerd op jarenlange ervaring waarin hij zijn kennis, intuïtie en oordeel had gescherpt. Juist doordat hij zijn eigen denken zo goed kende, kon hij op dat cruciale moment het protocol loslaten en vertrouwen op zijn eigen beoordeling, tegen alle druk in.

Dit raakt de essentie van zelfonderzoek: het gaat niet alleen om die vele, losse momenten van zelfonderzoek, maar om een diep begrip van je eigen denken dat je juist in kritieke momenten helpt betere beslissingen te nemen. Sully's jarenlange training stelde hem in staat om zelfs zonder tijd voor een uitgebreide analyse zijn gedachten te vertrouwen.

Arthur Japin schrijft het in *Een schitterend gebrek* prachtig op: 'De rede (...) biedt ons vele mogelijkheden tegelijk. De intuïtie kiest daaruit feilloos de beste.'

Elke dag staan we voor onze eigen kleine 'Sully-momenten': die vergadering waar iedereen enthousiast ja knikt terwijl jouw onderbuik schreeuwt: dit gaat niet werken. Het moment dat je beseft dat je relatie niet meer klopt, terwijl alle hokjes op papier zijn aangevinkt – goede baan, mooi huis, leuke vakanties. Of als je na drie jaar in die 'perfecte baan' moet erkennen dat je er doodongelukkig van wordt.

Dit is waar we voor staan: hoe maak je keuzes – jóúw keuzes – in een wereld die steeds complexer wordt? Hoe weet je wat echt bij je past als je socialmediafeeds je vertellen wat je zou moeten willen? Hoe vertrouw je je eigen denken als er overal experts, goeroes en algoritmes zijn die claimen het beter te weten?

Ik wil graag een gedicht met je delen dat voor mij de essentie vangt van waar dit boek over gaat. Het is van de Poolse dichteres Wisława Szymborska en het raakt precies de kern: we staan allemaal op een podium zonder script, improviseren ons een weg door het leven, zonder repetitiemogelijkheid.

Leven voor de vuist weg

Leven voor de vuist weg.
Voorstelling zonder repeteren.
Lichaam zonder passen.
Hoofd zonder overleg.
De rol die ik speel, ken ik niet.
Ik weet alleen: hij is van mij, mag niet geruild.
Waar het stuk over gaat,
moet ik maar raden op het toneel.
Beroerd voorbereid op de eer van het leven,
kan ik het opgelegde tempo nauwelijks aan.
Ik improviseer, hoewel ik walg van improviseren.
Bij elke stap struikel ik over mijn ondeskundigheid.
Mijn manier van doen riekt naar de provincie.
Mijn instincten zijn die van een dilettant.
De plankenkoorts die mijn excuus is, vernedert me nog meer.
Verzachtende omstandigheden ervaar ik als wreed.
Woorden en reflexen kun je niet terugtrekken,
te veel sterren om te tellen,
een karakter dat je als een jas al rennend dichtknoopt –
ziedaar de treurige gevolgen van dat overhaasten.

Als je maar voor één woensdag bijtijds kon oefenen,
tenminste één donderdag een keertje mocht herhalen!
Maar nee, daar komt de vrijdag al met een mij onbekend scenario.
'Is dat fatsoenlijk?' vraag ik
(met schorre stem,
want ik mag achter de coulissen niet eens mijn keel schrapen).
Het is een illusie te denken dat het maar een vluchtig examen is,
dat in een provisoire ruimte afgelegd wordt. Nee.
Ik sta te midden van de decors en zie hoe stevig ze zijn.
Word getroffen door de precisie van de vele rekwisieten.
Het draaimechanisme van de vloer werkt al een poos.
Zelfs de grootste toneellampen branden allemaal.
Nee, geen twijfel aan dat dit de première is.
En dat wat ik ook doe,
voor altijd verandert in wat ik heb gedaan.

Dit gedicht slaat de spijker op de kop: je bent hier, nu, op het toneel dat we 'het leven' noemen. Jij moet het doen. Niet je ouders, niet je vrienden, niet je leraren of de instagoeroes, niet de toneelknechten, niet de technicus. Je hebt geen regisseur die je vertelt wat 'het goede' is, geen souffleur die je van de juiste tekst voorziet, geen decorbouwer die de boel zowel handig als theatraal voor je klaar heeft gezet.

Dat is zowel een bevrijdende als angstige gedachte. Bevrijdend, want: er is zo veel mogelijk, en ik mag het allemaal zelf bepalen. Angstig, want: er is zo veel mogelijk, en ik moet het allemaal zelf bepalen.

Áls je het allemaal zelf mag (moet) bepalen, áls de keuzes legio zijn, áls er niemand is die je van een stappenplan voorziet, dan is dat dus precies wat je te doen hebt: denkwerk, zelfonderzoek. Hoe beter je weet wie je bent, waar je voor staat en wat je te doen hebt, hoe beter je in staat bent het leven te scheppen dat bij jóú past. Je zult dus gereedschap moeten verzamelen dat je kunt gebruiken om jóúw toneelstuk vorm te geven.

‘Maar waar vind je dan die antwoorden?’ vragen mensen vaak. ‘In jezelf,’ is dan het clichéantwoord. Klinkt mooi, maar hoe kom je daar? Ga je mediteren op een berg? Ga je hardlopen om je hoofd leeg te maken in de hoop dat de inzichten zich vanzelf bij je melden?

Stuk voor stuk zijn dat fijne manieren om mentaal en soms fysiek in beweging te komen. Maar ik denk dat je er dan nog niet helemaal bent; we hebben ook behoefte aan goed denkwerk. Systematisch, methodisch zelfonderzoek.

Met dit boek wil ik je praktische handvatten bieden voor goed, gedegen én leuk denkwerk; fris, geestig, verrassend en verdiepend. Het hoeft geen ‘moetje’ te zijn, niet eenzaam, zwaar of ingewikkeld. Zelfonderzoek kan ook licht, praktisch en tegelijk stevig, diepgaand, en methodisch zijn.

Je kent vast van die gesprekken met een ander waardoor je zelf aan het denken wordt gezet. De ander weet je precies die vragen te stellen of perspectieven aan te reiken die jou verder helpen. Hoe fijn is het als je dat, die ander – een beetje – voor jezelf kunt zijn. Dit boek geeft je handvatten hóé.

Zelfonderzoek: denken over je denken

Misschien vraag je je af: is dit een psychologisch boek? Gaat dit over jezelf leren kennen zoals in therapie of coaching?

Ja en nee. Dit boek gaat over denken over je denken. En dat is natuurlijk altijd ook een beetje psychologisch – je onderzoekt immers jezelf, jij bént het object van je denken.

Je onderzoekt wat je gelooft, hoe je je verhoudt tot anderen, hoe je je opstelt in lastige situaties. Je denken heeft psychologische kanten, omdat jij als mens niet los verkrijgbaar bent van je verleden, je ervaringen, je emoties.

Maar dit boek kiest een andere insteek. Geen therapie, geen analyse van je verleden, geen zoektocht naar genezing. Wel de bereidheid én vaardigheden om je gedachten te bevragen, systematisch en precies.

Waar psychologie vaak zoekt naar de oorsprong van gedrag en zich vervolgens richt op heling van je mentale klachten – *waarom doe ik dit zo? Wat heb ik nodig om me beter te voelen?* – zoekt de praktische filosofie naar helderheid en waarheid – *wat denk ik hier precies? Klopt dat? Is er een betere, meer ware gedachte mogelijk?*

De gereedschappen die je hier leert zijn universeel. Ze zijn toepasbaar in filosofische gesprekken, waar ik ze leerde, maar ook in coaching, in therapie, in onderwijs, in gesprekken met je kind, collega of grootmoeder. Ik heb er in dit boek voor gekozen ze in te zetten voor solozelfonderzoek. Je bent je eigen *critical friend*, je eigen denkgenoot.

En ja, als je aan de slag gaat met je denken, verandert dat ook hoe je je verhoudt tot de wereld. Zelfonderzoek is niet alleen een denkoefening. Het is ook een oefening in zijn. Hoe je je opstelt. Wat je kiest, waar je voor staat. Maar daar komen we vanzelf op.

Wat kun je verwachten?

Dit boek bestaat uit zeven hoofdstukken die in samenhang met elkaar zijn opgebouwd. Elk hoofdstuk verdiept en versterkt het voorgaande.

We beginnen bij de basis: wat is zelfonderzoek eigenlijk, waarom is het nodig, en waarin onderscheidt het zich van bijvoorbeeld zelfreflectie of evaluatie? Dat doen we niet om te vertragen of om 'eerst maar wat theorie te behandelen', maar omdat goed denken begint met begrijpen wát je doet als je denkt. Wie zichzelf wil onderzoeken, heeft zicht nodig op diens eigen gewoontes, aannames en automatismen.

Dus, wat gaan we doen? Welke reis gaan we samen maken?

In **Hoofdstuk 1** kijken we naar het cruciale verschil tussen mijmeren onder de douche en systematisch je denken onderzoeken. Je leert waarom zelfonderzoek je helpt om uit je vaste denkpatronen te stappen en dat het meer oplevert dan alleen 'even reflecteren'.

In **Hoofdstuk 2** kijken we naar het verschil tussen associatief breinsurfen en doelbewust denken, waarom je brein van nature liever lui is dan wijs, en hoe je die neiging kunt herkennen.

Hoofdstuk 3 toont je de mentale gewoontes die je moet beoefenen om scherp te denken – van het bewust vertragen van je gedachten tot het durven benoemen van wat je écht denkt. Je ontdekt waarom zelfonderzoek meer is dan alleen de juiste techniek.

In **Hoofdstuk 4** vind je concrete tools om je gedachten te ontleden, testen en aanscherpen. Je krijgt krachtige denkgereedschappen aangereikt die filosofen al eeuwen gebruiken, maar dan praktisch vertaald naar jouw dagelijkse denkvragen.

Dan duiken we in **Hoofdstuk 5** de praktijk in: je ziet dan hoe je de gereedschappen dagelijks kunt gebruiken, met twee manieren om ze toe te passen: een soort van stappenplan en een denkgesprek met jezelf. Je leert hier hoe je je eigen gedachten systematisch onderzoekt, wanneer je welk gereedschap inzet, en hoe je omgaat met de onverwachte inzichten die je tegenkomt. Met praktijkvoorbeelden die laten zien hoe anderen hun hardnekkige vraagstukken ontrafelden.

'Geen tijd', 'te druk', 'morgen misschien': is dit voor jou herkenbaar?

Hoofdstuk 6 confronteert je met redenen waarom we zelfonderzoek vermijden en laat zien hoe je de telefoon weglegt, de weerstand herkent en toch aan de slag gaat. Je ontdekt waarom echte groei altijd een beetje ongemakkelijk voelt én waarom je na je zelfonderzoek niet op je krent moet blijven zitten.

Je persoonlijke denkpatronen hebben een veel grotere impact dan je denkt.

Hoofdstuk 7, het laatste, toont de rimpeleffecten van helder denken: hoe jouw zelfonderzoek relaties verandert, teams transformeert en zelfs maatschappelijke discussies kan verrijken. Met een uitdagende blik op wat er gebeurt als een hele cultuur stopt met kritisch denken.

In de **Appendix** vind je voor elk denkgereedschap een aantal oefeningen om je tanden in te zetten. Zo kun je echt praktisch aan de slag om de materie goed te begrijpen en in te zetten in je eigen denken.

Je hoeft het boek niet van voor naar achter te lezen om er iets aan te hebben – dat kan wel, maar het hoeft niet. Een doeboek als dit kun je op meerdere manieren gebruiken:

Als doorlopende training: een pittige denktraining

Lees het boek van voor naar achter en doe de oefeningen in de aangeboden volgorde. Je bouwt dan systematisch je denkkracht op: van basisvaardigheden naar complexere toepassingen.

Als gereedschapskist: pak alleen wat je nu nodig hebt
Gebruik de inhoudsopgave om direct naar specifieke hoofdstukken of oefeningen te springen die je op dit moment nodig hebt of waar je nieuwsgierig naar bent.

Als uitnodiging tot voortdurende reflectie
Bij elk hoofdstuk vind je 'Even tussen jou en jou'-vragen. Door deze te beantwoorden (het liefst schriftelijk) ontwikkel je gaandeweg je eigen denk- en onderzoekroutines. Het is een uitnodiging, geen verplichting. (Als of ik jou iets zou kunnen verplichten vanaf dit papier, kom op zeg.) Het kan wel je denken verhelderen en verdiepen.

Sla hoofdstukken over, blader terug, zoek nog eens die ene oefening op, maak er jouw proces van. Zie het als een combinatie van handleiding, inspiratiebron en gereedschapskist. Begin gewoon waar jouw vraag of nieuwsgierigheid zit. En onthoud vooral dit: dit boek is niet zozeer een leesboek. Het is meer een doeboek.

Praktische tips tijdens het lezen

- Houd een notitieboek bij de hand voor de oefeningen
- Neem de tijd voor de reflectievragen
- Markeer passages die je raken of waar je later op terug wilt komen
- Maak gebruik van de downloadbare werkbladen op www.eventussenmijenmij.nl
- Op deze website vind je ook extra leesmateriaal, een lijst met boeken voor verdere verdieping en hoofdstukken die dit boek niet hebben gehaald – de gekilde darlings

Even tussen jou en jou

- Waarom heb jij dit boek opengeslagen? Wat maakt dat jij iets wilt leren over goed en effectief nadenken over jezelf, je gedachten en je handelen? Wat is jouw drijfveer om hier niet alleen een boek over te lezen maar er ook echt iets mee te gaan doen?

Even tussen jou en mij: dit boek was er bijna niet geweest

Dit boek en ik... we hebben een haat-liefdeverhouding. Vooral liefde, hoor, gelukkig. Ik heb namelijk een paar bezwaren bij mijn eigen boek. Ik heb me zelfs weleens afgevraagd of ik het überhaupt had moeten schrijven.

Waarom heb je het dan toch gedaan, hoor ik je denken. Goede vraag!

Omdat de voordelen van goed zelfonderzoek uiteindelijk groter zijn dan deze bezwaren. Maar ik zou een waardeloze praktisch filosoof zijn als ik deze problemen onder het tapijt zou vegen. Het hele idee van praktische filosofie is immers dat je juist de lastige vragen niet uit de weg gaat. Dat je bereid bent om jezelf, je eigen denken en vooronderstellingen – en in dit geval ook je eigen boek – kritisch te bevragen.

Tijdens het schrijven ben ik diep in de materie van zelfonderzoek, reflecteren en kritisch denken gedoken. Ik heb onderzoeken gelezen, andere boeken bestudeerd, met collega's gesproken. En steeds weer kwam ik uit bij drie fundamentele problemen die je moet kennen voor je aan dit avontuur begint.

1 Je kunt jezelf niet in je nek kijken

We zitten allemaal vast in onze eigen bubbel van vooroordelen en blinde vlekken. Die zitten zo diep dat we ze zelf nauwelijks zien. Het is als proberen je eigen nek te bekijken zonder spiegel – dat lukt gewoon niet. Voor dit boek is dat wat problematisch omdat je in je eentje maar beperkt zicht hebt op je eigen denkfouten, aannames en gekleurde brillen. En dat terwijl zelfonderzoek daar juist over gáát. Als ik zeg 'onderzoek je eigen denken', maar je kunt je eigen vertekeningen niet herkennen, dan vraag ik je eigenlijk iets onmogelijks. Je kunt niet zien wat je niet kunt zien. Daarmee stelt dit eerste probleem de hele opzet van dit boek op scherp: kun je zelfonderzoek überhaupt wel solo doen?

Om zicht te krijgen op je blinde vlekken heb je een soort *otherness* nodig (bij gebrek aan een Nederlands woord dat de lading dekt). Dat kan een ander mens zijn, iemand die anders denkt dan jij, waardoor je je realiseert dat wat voor jou heel normaal en vanzelfsprekend is, ook vanuit een heel ander perspectief bekeken kan worden. Het kan ook een andere cultuur zijn; wanneer je reist en je begeeft in een cultuur die wezenlijk verschilt van de jouwe, word je op die manier geconfronteerd met een otherness, waardoor je eigen denken en handelen zich ineens scherper aftekent. Ik merkte dit zelf toen ik in India was. Alles wat ik daar 'raar' of 'inefficiënt' vond (auto's, fietsen, koeien, tuktuks, mensen, alles door elkaar, en ook: tijd is flexibel, afspraken zijn vloeibaar), zei vooral iets over mijn westerse blik.

Een ander mens, het bezoeken van een andere cultuur, het lezen van teksten van een filosoof, een gedicht of toneelstuk, een activiteit die je nog nooit hebt gedaan; het zijn allemaal slijpstenen om je eigen denken aan te scherpen, omdat het je confronteert met iets wat niet-jij is. Tegenwoordig vind je otherness zelfs in gesprek met een kunstmatige gesprekspartner zoals een AI-hulpmiddel. Hoewel een AI-hulpmiddel zoals ChatGPT of Claude geen echt bewustzijn heeft, kan zo'n systeem onverwachte vragen stellen of verrassende perspectieven aandragen die je eigen denkpatronen uitdagen.

Die otherness zul je, als je aan zelfonderzoek wilt doen, dus actief moeten opzoeken. En daar wringt nog iets: onze (sociale) media zijn erop gericht om ons meer van hetzelfde voor te schotelen. De algoritmes serveren je precies wat je al kent, wat je al gelooft, waar je het al mee eens bent. Je Instagram-feed, je LinkedIn-tijdlijn, zelfs je nieuwsberichten – ze bevestigen vooral wat je toch al dacht. De confrontatie met otherness is daar-

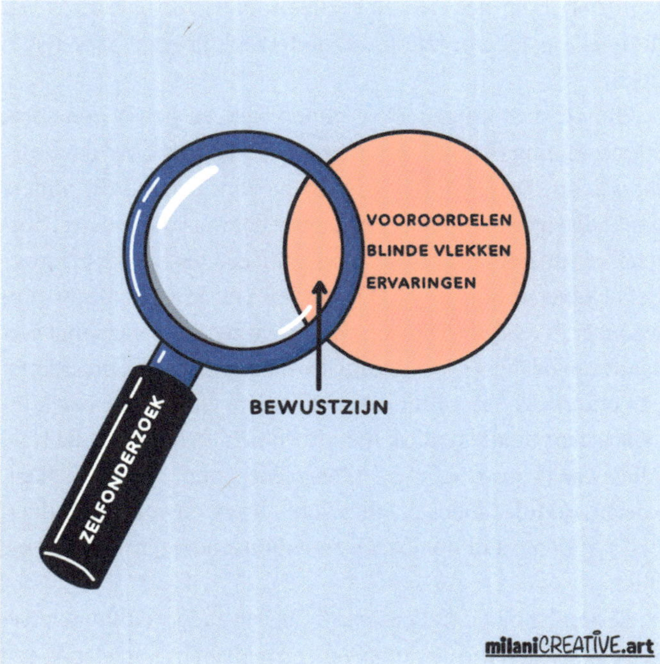

door zo schaars dat je voor je het weet gelooft dat jouw perspectief hét perspectief is.

2 Je brein is een meester-oplichter

'*The mind is excellent at self-deception*,' zei mijn Russische collega Viktoria in een van onze gesprekken. En ze heeft gelijk. We zijn kampioenen in onszelf voor de gek houden.

Echt zelfonderzoek is soms als naar de tandarts gaan voor een grondige controle. Je weet dat er mogelijk iets onprettigs wordt gevonden. Waarschijnlijk krijg je wéér te horen dat je beter had moeten flossen. Misschien moet er zelfs geboord worden. Niet gek dat veel mensen tandartsbezoekjes uitstellen, of helemaal vermijden.

Zo is het ook met denktraining: je komt er wellicht achter dat je slordig denkt, drogredenen gebruikt, geen enkel argument hebt voor je bewering, dat je jezelf tegenspreekt, kortom, dat dat denken van jou op sommige punten van bullshitterij aan elkaar hangt.

Je brein wil dat liever niet. Het springt weg van ongemak als een kat van een hete kachel. Of het verzint ter plekke een prachtig verhaal waarom alles precies goed is zoals het is.

Door aan zelfonderzoek te doen word je meegenomen naar een afgrond en uitgenodigd om daarin te kijken. Dat brengt een spanning met zich mee die we doorgaans slecht verdragen. De meeste mensen, zeker ongetrainde denkers, zijn heel goed in het ontsnappen aan die spanning.

Ik zie het bij mezelf en bij anderen: we zijn ongelooflijk creatief in het verzinnen van excuses en verklaringen. 'Ik ben gewoon iemand die...' 'Zo zit ik nou eenmaal in elkaar...' 'Dat komt doordat vroeger...' We hebben altijd wel een verhaal, een werkend narratief, klaarliggen dat ons gedrag verklaart én rechtvaardigt.

Ik heb me regelmatig op mijn hoofd gekrabd en me afgevraagd: als ons brein zo geniaal is in onszelf, ons ego, te beschermen en mooie verhalen en rationalisaties te verzinnen, heeft het dan wel zin om een boek te schrijven over zelfonderzoek?

Viktoria zegt ook altijd: '*The mind either jumps or dives.*' Je springt weg van de spanning, of je duikt er zo diep in dat je erin verdrinkt. En dat brengt ons bij het derde probleem.

3 Je kunt je erin verliezen, dat zelfonderzoek

Ken je die mensen die permanent 'in therapie' zijn? Die van workshop naar retreat hoppen, van ademsessie naar familieopstelling? Die zichzelf constant zo grondig onderzoeken dat ze vergeten te leven?

Ik ken ze wel. Ik heb iemand eens horen verzuchten: 'Op een gegeven moment had ik drie verschillende therapeuten, deed ik aan yoga, meditatie én mindfulness, en was ik meer bezig met het analyseren van mijn leven dan met het leven zelf.' Zij stopte een jaar lang met alles wat leek op zelfhulp. 'En daar knapte ik enorm van op!' zei ze.

In het Engels noemen ze dat heel mooi *analysis paralysis*, een soort verlamming die optreedt omdat je alleen maar opgeslokt wordt door je introspectie.

Dat is probleem drie: je kunt verdrinken in zelfonderzoek. Eindeloos rondjes blijven draaien op een zelfreflectieve rotonde zonder ooit een afslag te nemen – je analyseert en onderzoekt tot je een ons weegt, maar komt nooit tot actie.

Voor je het weet ben je permanent bezig met je eigen proces, je eigen groei, je eigen ontwikkeling. De buitenwereld vervaagt tot een vage schim op de achtergrond van jouw oneindige zelfonderzoek.

Ik heb een tijdje in een opleiding rondgehangen waar 'jouw persoonlijke proces' de hele tijd aanwezig was. Mijn ervaring: dat navelstaren maakt je doorgaans geen leuker (of helder denkend) mens. Je zit zo dicht op jezelf dat je jezelf niet meer goed ziet. En de wereld om je heen ook niet.

Waarom je dit boek toch zou moeten lezen

Deze bezwaren zijn reëel, ze verdienen het om serieus genomen te worden. Maar ze zijn geen reden om níét aan zelfonderzoek te doen; ze zijn een reden om het goed te doen.

Vergelijk het maar weer met sporten: natuurlijk is trainen met een personal trainer effectiever dan alleen. Je krijgt betere feedback, je techniek wordt gecorrigeerd, je wordt harder uitgedaagd. Maar betekent dat dat je die solo-workout maar moet skippen? Natuurlijk niet, de basis die je in je eentje legt, maakt de training met de professional juist effectiever.

Dit boek zorgt er niet voor dat je ineens wél je blinde vlekken glashelder ziet, of écht diepe, onbewuste vooronderstellingen uit je binnenste kunt opdiepen – dat kun je vaak beter door sa-

men met een ander te denken die je scherp bevraagt. Zelfonderzoek kent dus zijn beperkingen. Maar het geeft je wel de basistools om beter te worden in het deel dat je wél alleen kunt doen. Het leert je de basisprincipes van kritisch denken, het reikt je mentale tools aan om je gedachten te onderzoeken, en het helpt je om de valkuilen te herkennen en er (meestal) omheen te navigeren.

En dat is belangrijk. Niet omdat ik vind dat we nog meer met onszelf bezig moeten zijn (integendeel). Maar omdat mentaal sterke individuen samen sterke gemeenschappen vormen. Omdat we een wereld nodig hebben met mensen die helder kunnen denken, die hun eigen aannames durven bevragen, en die vervolgens ook in actie durven komen.

1

Zelfonderzoek onderzocht

Waarom reflecteren niet genoeg is

Waar hebben we het over? We doen alvast wat begripsonderzoek

Voordat je een onderwerp in duikt, is het handig om eerst goed af te bakenen wat het onderwerp precies ís – en ook waar het ophoudt.

Een van de filosofische principes, technieken zo je wilt, is begripsonderzoek; wat bedoelen we precies met concept X of Y? Wat is het verschil met andere begrippen en waarom kiezen we voor deze en niet die?

Als je je in de wereld van persoonlijke ontwikkeling, praktische filosofie en psychologie begeeft, kom je woorden als zelfreflectie, evaluatie en zelfonderzoek tegen. Je zou het jezelf makkelijk kunnen maken door het allemaal op één hoop te gooien en als synoniemen te beschouwen. Maar nee, het hele idee van kritisch, methodisch, analytisch werken, is dat je het jezelf juist moeilijk maakt. Dat je denkwerk doet.

Laten we daarom eerst deze begrippen onderzoeken: reflecteren, evalueren en zelfonderzoek. Daarmee zie je direct een klein voorbeeld van een denkvaardigheid (begripsonderzoek) in de praktijk; begripsonderzoek is belangrijk, daarover leer je verderop in dit boek meer.

Reflecteren: spontaan mentaal freewheelen

'Ik doe eigenlijk wel veel aan zelfreflectie,' zei Harald tegen me. 'Als ik fiets, onder de douche sta of in de auto zit, dan denk ik na over wat er gebeurd is die dag. Over gesprekken die ik had, over wat ik anders had kunnen doen.'

'Maar?' vroeg ik.

'Maar op de een of andere manier vergeet ik dan weer wat ik had bedacht. Of ik kom telkens op dezelfde gedachten uit. Het leidt niet echt ergens toe.'

Haralds ervaring is heel herkenbaar. Veel mensen doen op die manier aan zelfreflectie: tijdens een wandeling, onder de douche of in de auto blik je terug op een (moment van) je dag.

Als Harald onder de douche staat te mijmeren over zijn dag, is hij aan het reflecteren. Reflecteren is het spontaan terugkijken op ervaringen en nadenken over je gevoelens, gedachten en gedrag. Het gebeurt vaak tussendoor, zonder specifiek plan of structuur.

De antwoorden die zich aandienen zijn veelal psychologisch en verklarend van aard:

- 'Ik voelde me in een hoek gedrukt, daardoor reageerde ik zo fel.'
- 'Ik dacht: ze denkt vast dat ik gek ben, omdat ik dat gevoel vaak heb gehad als kind, op school en in het gezin.'
- 'Ik was heel moe en had haast, ik reageerde feller dan nodig. Volgende keer moet ik even opletten en excuses aanbieden.'

Wat er níét gebeurt bij zelfreflectie is het gestructureerd en methodisch analyseren, toetsen en bevragen van je eigen gedachten, waarden, vooronderstellingen en overtuigingen. Je onderzoekt je denken en argumenten niet op waarheid, geldigheid, consistentie. Je vraagt je niet af: klopt het, wat ik daar dacht?

Het doel van reflecteren is eigenlijk altijd persoonlijke ontwikkeling; je wilt 'een beter mens' worden. Dat is nog een vaag begrip, maar dat is wel het idee. Mensen doen doorgaans niet aan zelfreflectie met de intentie om er horkeriger uit te komen.

Zelfreflectie is fijn, nuttig. Maar het is vaak ook willekeurig en mist de diepgang van grondige, methodische analyse van je eigen denken en overtuigingen. Zelfreflectie roept nog weleens beelden en associaties op waarbij mensen spontaan moeilijk gaan kijken, in de collegebanken bijvoorbeeld. Probeer het woord 'reflectieverslag' maar eens uit te spreken voor studenten, kijk hoever je komt voordat je overstemd wordt door gezucht en gesteun.

Bovendien is zelfreflectie ontzettend lastig. Ons ego heeft allerlei uitvluchten en mechanismes om onszelf te beschermen tegen gevoelens van schaamte, falen en frustratie.

In haar boek *Mijn ego heeft altijd gelijk* legt hoogleraar sociale psychologie Roos Vonk glashelder uit hoe we allemaal een mentale innerlijke apotheek hebben om onszelf ongemak en schaamte te besparen. In onze mentale apotheek liggen allerlei denkfouten klaar die ons ego beschermen tegen ongemak en schaamte – handig, maar ze houden ons ook weg van eerlijk denken. 'Hij was gewoon een eikel' is sneller gedacht dan: wat deed ík eigenlijk? Roos Vonk laat in haar boek zien hoe briljant we zijn in het recht lullen van kromme situaties.

Continu is ons brein op de achtergrond bezig ons ego te redden uit sociaalpsychologische nood, vooral in sociale situaties, maar ook daarbuiten. 'Medicijnen' als de confirmation bias (informatie zoeken en interpreteren op zo'n manier dat het bevestigt wat je al denkt), de *self-serving bias* (waarbij je successen aan jezelf toeschrijft en mislukkingen aan de omstandigheden) of de fundamentele attributiefout (als het misgaat bij een ander ligt het aan diens (in)competentie, als het bij jou misgaat ligt dat aan de omstandigheden) en vele, vele andere denkfouten tieren welig in ons onbewuste.

Die innerlijke apotheek, die onbewuste processen waarmee we ons ego beschermen, legt als het ware een sluier over dat wat er aan de hand was; het is soms te spannend om dingen te zien zoals ze waren, gedachten écht te denken en te verwoorden. Daarom creëert ons brein een vangnet, een escape in de vorm van sussen, recht lullen en goedpraten. Heel fijn, want het houdt je comfortabel. En onwenselijk, want het houdt je... comfortabel.

Groei en zelfkennis vindt doorgaans niet plaats in het comfortabele, maar daarbuiten. Omdat ons onbewuste, ons ego, zo goed is in onszelf voor de gek houden, heb je vaardigheden nodig om daardoorheen te prikken. Die vaardigheden vind je in dat wat filosofen constant doen: kritisch denken.

Evalueren: toetsen aan criteria

'Als ik aan zelfreflectie doe,' vertelde Efraim, 'kijk ik aan het eind van mijn werkdag of ik mijn doelen heb gehaald. Of ik efficiënt heb gewerkt, of mijn acties klopten met wat ik wilde bereiken.'

Wat Efraim beschrijft is geen reflectie maar evaluatie. Bij evalueren toets je je prestaties, gedrag of ervaringen aan vooraf gestelde criteria. Je vraagt je af:

- Is het gelukt wat ik wilde bereiken?
- Heb ik effectief gehandeld?
- Wat ging goed en wat kan beter?

Evalueren is vaak iets gestructureerder dan reflecteren. Je hebt een duidelijk kader waartegen je jezelf afzet.

Maar ook hier zit een beperking: je bevraagt de criteria zelf niet.

Je onderzoekt bijvoorbeeld niet of je doelen wel de juiste waren, of je überhaupt doelen zou moeten hebben of wat 'een doel' precies is.

Het verschil tussen reflectie en evaluatie zit hem dus in het vertrekpunt: bij reflectie begin je open en onderzoekend, bij evaluatie begin je met een idee van wat 'goed' en 'wenselijk' of 'verkeerd' en 'onwenselijk' is.

Beide zijn waardevol, maar ze dienen verschillende doelen. Door dit onderscheid te kennen kun je bewuster kiezen welke benadering past bij wat je wilt bereiken.

En dan: zelfonderzoek

Wat is zelfonderzoek dan? Hoe verschilt dat van de andere twee? Laten we even beginnen met een – gesimplificeerd – voorbeeld.

Anna is projectmanager en merkt dat ze zich regelmatig ergert aan haar collega Tim, die zijn deadlines vaak niet haalt.

Als Anna reflecteert, denkt ze na over haar gevoelens en gedachten bij de situatie. Ze probeert die gevoelens en gedachten te interpreteren en verklaren: ik voel me gefrustreerd als Tim weer te laat is met zijn deel. Waarschijnlijk omdat ik zelf altijd op tijd ben en punctualiteit belangrijk vind. Misschien moet ik wat geduldiger zijn.

Als Anna evalueert, toetst ze de situatie aan criteria: was mijn reactie professioneel? Heb ik duidelijk gecommuniceerd? Wat kan ik anders doen om de deadlines te halen? Of ze pakt het handboek van de organisatie erbij: wat hebben wij afgesproken over deadlines?

Als Anna aan zelfonderzoek doet, doet ze iets anders:

- Ze onderzoekt haar denken: wat versta ik precies onder 'professionaliteit'?
- Ze bevraagt haar aannames: is punctualiteit altijd belangrijk? Waar baseer ik dat op? Welke argumenten heb ik daarvoor?
- Ze analyseert haar waardeoordelen: wat maakt iemand tot een 'goede' collega?

- Ze zoekt naar blinde vlekken: welke andere perspectieven zie ik over het hoofd? Wat zijn de beste argumenten tégen mijn eigen overtuiging dat een deadline altijd gehaald moet worden?

Zie je het verschil in actie? Ik zal nergens beweren dat het een altijd beter is dan het ander. Ik wil simpelweg dat je je bewust bent van je opties.

'Kunnen we het niet gewoon op één hoop gooien? Reflecteren, zelfonderzoek, maakt niet uit toch?' vroeg een deelnemer tijdens een workshop. 'Hebben we echt een derde begrip nodig?'

Op zich geen gekke vraag, maar toch pleit ik voor zelfonderzoek als derde begrip. Waarom? Omdat zelfreflectie vaak te vrijblijvend blijft – wat mijmeren onder de douche, wat gedachten tijdens het autorijden. En evaluatie is weliswaar systematischer, maar blijft binnen vooraf bepaalde kaders zonder die kaders zelf ter discussie te stellen.

Zelfonderzoek gaat een stap verder. Het is als het verschil tussen naar een landschap kijken (reflectie), het landschap in kaart brengen (evaluatie) en daadwerkelijk de grond omwoelen om te zien wat eronder zit (zelfonderzoek).

Het is juist dat derde begrip, zelfonderzoek, dat je met praktisch filosofisch denkgereedschap kunt doen en dat een ander resultaat heeft dan reflectie en evaluatie.

Een definitie dan. Mijn definitie van zelfonderzoek zou zijn:

> *Het systematisch, kritisch en methodisch analyseren, toetsen en bevragen van je eigen ideeën, overtuigingen, waarden en vooronderstellingen.*

Kortom: denken over je eigen denken.

Bij zelfonderzoek stel je vragen als:

- Klopt het wat ik hier denk?
- Is dit een goed argument of praat ik mezelf iets aan?
- Volgt de conclusie die ik hier trek logischerwijs uit mijn eerdere gedachten?
- Welke denkfout maak ik mogelijk?
- Welke andere perspectieven zijn er op deze kwestie?
- Wat moet ik als 'waar' beschouwen om dit te kunnen denken?
- Als ik dit vind, wat betekent dat dan voor andere situaties?

Het is niet altijd comfortabel – sterker nog, als het comfortabel voelt, doe je het mogelijk niet grondig genoeg. Je zult jezelf betrappen op denkfouten, op redenaties die niet kloppen, op vooronderstellingen die je nooit onderzocht hebt. Maar juist in dat ongemak schuilt de groei.

Er zit ook een element van evaluatie in: je toetst je gedachten aan logica, aan consistentie, aan houdbaarheid. Maar anders dan bij een 'gewone' evaluatie onderzoek je ook de criteria zelf. Niet alleen: heb ik dit goed aangepakt? Maar ook: wat versta ik eigenlijk onder 'goed' en waarom?

Het doel? Helderder denken. Schoner denken. Doordachter denken. En uiteindelijk: wijzer worden over jezelf en je plek in de wereld.

Als je deze drie vormen kent – reflectie, evaluatie en zelfonderzoek – wordt het makkelijker ze bewust in te zetten. Die gedachten tijdens je autorit? Dat is reflectie. Prima, maar wellicht niet grondig genoeg. Dat lijstje plus- en minpunten in de vergadering? Dat is evaluatie. Nuttig, maar misschien te beperkt. Echt zelfonderzoek gaat dieper en vraagt meer van je. En het levert ook iets anders op.

Even tussen jou en jou

- Nu je meer weet over de verschillen tussen reflecteren, evalueren en zelfonderzoek, kun je voor jezelf benoemen wat jij meestal doet? Reflecteer je? Evalueer je vooral?
- Als je reflecteert, wat doe je dan precies? Herken je het vluchtige karakter ervan?
- Welke onbewuste criteria hanteer jij als je evalueert?
- Als je nu denkt aan 'zelfonderzoek', wat komt er dan bij je op?

Je wordt wat je denkt

'Ik ben niet goed in voetbal.' Met dat kleine zinnetje bestempelen kinderen op het schoolplein zichzelf tot niet-voetballer. Ze gaan aan de kant staan tijdens de pauze, kiezen een andere sport bij gym, zeggen 'nee' als vriendjes vragen om mee te doen. Twintig jaar later hoor je datzelfde kind – maar in volwassen uitvoering – zeggen: 'Zie je wel, ik kan niet voetballen.'

Natuurlijk kan hij niet voetballen. Niemand wordt geboren met een voetbal aan de voet, zelfs Messi niet. Oké, die net wel, maar hij is echt een uitzondering. De rest van ons gewone stervelingen moet toch echt met vallen en opstaan 'leren voetballen'. Maar door te geloven dat je 'niet goed bent in voetbal' vermijd je precies die activiteiten die je er beter in zouden maken.

Dit mechanisme beperkt zich niet tot voetbal of sport, het raakt de kern van wie we denken te zijn en wat we denken te kunnen. Marscha liet me dat glashelder zien toen ze bij me kwam voor een denkgesprek.

Ze runde al jaren een praktijk als hondengedragstherapeut. Met succes – de paar klanten die ze had waren laaiend enthousiast. Maar het lukte haar niet om genoeg nieuwe klanten te krijgen. 'Ik ben gewoon niet zo goed in sales,' zei ze. 'Dat verkoperige, dat gladde, dat is niks voor mij.'

Die overtuiging had grotere gevolgen dan het missen van een potje voetbal op het schoolplein. Door te geloven dat ze 'niet goed was in sales' vermeed Marscha elk verkoopgesprek. Door geen verkoopgesprekken te voeren werd ze er ook niet beter in. En zo werd haar overtuiging elke dag opnieuw bevestigd: 'Zie je wel, ik ben gewoon niet zo'n goede verkoper.'

Het werkt als een trekkerspoor in een modderig pad. Elke keer dat je dezelfde gedachte denkt (ik ben niet creatief, presenteren is niks voor mij), wordt dat spoor dieper. Zonder dat je het doorhebt, verandert een losse gedachte in een identiteit. Wie weleens met z'n fiets in zo'n trekkerspoor is beland, weet: hoe dieper het spoor, hoe moeilijker het is om er nog uit te sturen. Je landt geheid op je bakkes.

Het lastige is: we weten vaak niet eens waar onze overtuigingen vandaan komen. Je adopteert ze tijdens je leven van je ouders ('Je bent net als je vader, niet handig met cijfers'), leraren ('Je bent meer een doener dan een denker'), vrienden, media en de maatschappij. Het is als een grabbelton waar je blind in rondvoelt. Je trekt er overtuigingen uit zonder ze te toetsen, zonder je af te vragen of ze wel kloppen – en stopt ze linea recta in je rugzak.

Natuurlijk heeft niet iedereen dezelfde startpositie. Ik zal bijvoorbeeld niet snel een concertpianist worden met mijn kleine handen. Maar daar gaat het niet om. We nemen vaak dingen als 'waarheid' aan die eigenlijk voorspellingen zijn – selffulfilling prophecy's omdat we ernaar gaan leven.

Denkwerk betekent dat je die grabbelton eindelijk eens omkeert en kritisch kijkt naar wat eruit rolt. Want hier is het punt: je wordt wat je denkt. En: je kunt kiezen wát je denkt. Die keuze begint met het onderzoeken van je gedachten, met het bevragen van je overtuigingen. Het is de enige manier om te voorkomen dat je over twintig jaar nog steeds aan de kant staat, wachtend op een potje dat je allang had kunnen meespelen.

Zelfonderzoek: word je daar een beter mens van?

Dit inzicht – dat je letterlijk wordt wat je denkt – maakt al een beetje duidelijk waarom zelfonderzoek zo waardevol is. Maar wat levert het je dan concreet op? Waarom zou je tijd en energie steken in het onderzoeken van je eigen denken? Er zijn immers ook mensen die nevernooitniet aan zelfonderzoek doen, die glijden gewoon lekker door hun dagen en hebben het ook naar hun zin, gaan naar het werk, even de hond uitlaten, maaltijdsalade halen bij de Appie, even netflixen voor het slapengaan, nog een keer rondje met het hondje, huppakee heerliedepeerlie. Het is ook gedoe, zelfonderzoek, het kost tijd, moeite en meer van die dingen. Waarom zou je?

Omdat je anders geleefd wordt door je onbewuste overtuigingen. Voor sommige mensen is dat vast prima. Lekker comfortabel, geen gedoe. Maar voor mij niet, en ik vermoed voor jou ook niet – anders was je nooit aan dit boek begonnen. Daarom: concrete voordelen van zelfonderzoek, stuk voor stuk praktisch toepasbaar in je dagelijks leven. Een zogezegd 'wat heb ik er precies aan'-lijstje. En er is nog een voordeel: als je halverwege even vastloopt of je motivatie kwijt bent, herinnert dit lijstje je eraan waar je het allemaal voor doet.

Hier zijn de belangrijkste voordelen die zelfonderzoek je kan brengen:

1 Kritisch denkvermogen

Onafhankelijker denken

Kritisch denkvermogen betekent onafhankelijker denken. Met zelfonderzoek ontwikkel je een soort bullshitradar, voor het denken van anderen en dat van jezelf. Het stelt je in staat om onderscheid te maken tussen wat je écht weet en wat je denkt te weten. Het besef dat veel 'waarheden' in je hoofd eigenlijk aanvechtbare aannames zijn, schept vrijheid en ruimte in je denken.

Denk maar eens aan hoe vaak je je hebt laten misleiden door je eigen gedachten: hij vindt me vast niet aardig, ik ben nu eenmaal niet creatief, het is normaal om je zo te voelen in deze situatie. We accepteren zulke gedachten vaak zonder bewijsmateriaal, zonder kritische blik.

Met een getraind kritisch denkvermogen doorzie je deze zelfmisleiding beter. Je herkent denkfouten bij jezelf zoals overhaaste conclusies, valse oorzaak-gevolgverbanden en selectieve waarneming. Je ziet helderder wanneer je redeneert vanuit frustratie, angst of wensdenken in plaats van feiten. Je betrapt jezelf op het verdraaien van informatie om je overtuiging te bevestigen.

Deze vaardigheid verandert hoe je naar de wereld kijkt. Je wordt minder manipuleerbaar. Je wordt ook minder kwetsbaar voor desinformatie. In een wereld waar iedereen met grote stelligheid van alles beweert, waar het onderscheid tussen echt en niet echt vervaagt, waar fake news gewoon tussen het nieuws staat, is onafhankelijk, autonoom denken misschien wel de grootste vrijheid die er is.

In discussies en gesprekken merk je het verschil als je onafhankelijker denkt: je argumenten worden sterker omdat ze gestoeld zijn op daadwerkelijk bewijs in plaats van op onderbuikgevoelens. Je kunt beter uitleggen waarom je iets vindt, niet alleen dát je het vindt. En als je moeite hebt je mening te verwoorden – of er überhaupt een te vormen – is kritisch denkvermogen precies wat je nodig hebt.

Uiteindelijk bouw je vertrouwen op in je eigen oordeelsvermogen. Niet het overmoedige vertrouwen van 'ik heb altijd gelijk', maar het rustige vertrouwen van 'ik kan uitzoeken wat waar is en wat wijs is'. En dat is misschien wel de grootste winst.

2 Emotionele precisie

Van 'ergens pijn' naar precieze diagnose

Als we het over emoties hebben, zijn we vaak helemaal niet zo helder. 'Ik voel me rot,' zeg je tegen een vriend. Maar wat voel je dan precies? Angst? Teleurstelling? Machteloosheid?

Emotionele precisie geeft je een taal voor wat er binnen in je gebeurt.

Door zelfonderzoek leer je nauwkeuriger te kijken naar wat er in je omgaat – dat je vervolgens ook beter kunt benoemen. Het is als het verschil tussen 'ik heb ergens pijn' en precies kunnen aanwijzen waar het zeer doet. Met emotionele precisie transformeer je vage, overweldigende gevoelens naar specifieke, benoembare ervaringen.

Je kunt er ook helderder over praten met anderen. 'Ik voel me rot' wordt 'Ik ben teleurgesteld omdat ik zo had gehoopt dat...' Over die precisie beschikken is heel fijn – voor jezelf én in je gesprekken met anderen.

Deze vaardigheid doorbreekt de macht die onbenoemde emoties over je hebben. Wat je kunt benoemen, kun je hanteren. Vage emoties krijgen je in hun greep; benoemde emoties bieden je inzicht en zijn een interessante informatiebron.

3 Authentieke keuzes

Van gewoonte naar bewuste keuze

'Ik mag deze mensen heel graag, maar ze stemmen op een partij waar ik niks mee kan,' vertelt een vriendin. 'Ik ga die gesprekken uit de weg. Om ongemak te voorkomen, denk ik. Maar eigenlijk wil ik me wel uitspreken. Nu verloochen ik mezelf, en dat voelt niet goed.'

Een mooi voorbeeld van incongruentie: je denken, voelen en handelen liggen niet op één lijn. Je kent het vast: je zegt 'ja' terwijl je 'nee' voelt. Je slikt kritiek in waar je die beter had kunnen geven. Je ontwijkt een vraag, waar je later spijt van hebt. En dan is er dat moment in de auto, waarop je jezelf op je kop gaat zitten geven: ik had dát moeten zeggen! Of ik had zus en zo moeten doen/niet moeten doen!

Door zelfonderzoek ontdek je steeds scherper wat écht bij je past. Wat je belangrijke waarden zijn, waar je grenzen liggen, wat voor jou een no-go is. Die helderheid werkt door in alles: je vriendschappen worden echter, je werk bevredigender, je relaties dieper. Je weet immers beter wat je te zoeken – en te vermijden – hebt.

4 Mentale weerbaarheid

Steviger in je schoenen

Als je regelmatig sport, worden de klussen thuis een stuk lichter om uit te voeren. Een volle wateremmer sjouwen, die zware bank verplaatsen; dat lukt beter als je fysiek fit en sterk bent.

Zo werkt het ook met mentale training; helder denken zorgt ervoor dat je minder snel gevloerd wordt door problemen. Die training betaalt zich uit als het leven je uitdaagt. Je wordt weerbaarder.

In crisissituaties blijf je helderder denken. Waar anderen in paniek raken, kun jij een stap terug doen en de situatie overzien. Je bent niet immuun voor emoties, maar je wordt er niet door overspoeld.

Je zelfbeeld wordt minder afhankelijk van externe omstandigheden. Een slechte dag maakt je geen slecht mens. Een tegenslag definieert je niet. Je kunt onderscheid maken tussen wat er gebeurt en wie je bent.

5 Relativeringsvermogen

Van enorme berg naar molshoop

Die presentatie die niet liep zoals je wilde. Die opmerking van je collega die je dwarszit. Die deadline die je niet haalde. Hoe groot maak je het in je hoofd? Door zelfonderzoek leer je kijken naar je eigen gedachten: waarom vind ik dit zo belangrijk? Wat zég ik hier nu precies? Klopt dat ook? Welk bewijs heb ik ervoor? Wat zegt mijn reactie over mijn kijk op de wereld?

Praktisch filosofisch zelfonderzoek leert je hoofdzaken van bijzaken te scheiden, je gedachten in een breder perspectief te plaatsen, te zien wanneer je van een molshoop onbewust een berg aan het maken bent. Je ontwikkelt het vermogen om te onderscheiden tussen wat belangrijk is en wat zich als belangrijk voordoet.

Er zijn van die mensen met een bepaalde lichtheid over zich. Die zichzelf én het leven niet helemaal uitgevogeld hoeven te hebben. Die met aandacht luisteren en toch die twinkeling in hun ogen houden. Die stevig staan zonder star te worden. Het zijn vaak mensen die zichzelf goed kennen, maar ook weten dat ze nog lang niet uitgeleerd zijn. Die nieuwsgierig blijven naar zichzelf en naar anderen. Die kunnen spelen met verschillende perspectieven, omdat ze niet vastzitten in één manier van kijken.

Door praktische filosofie kun je die lichtheid ontwikkelen. Je leert met een frisse blik naar jezelf te kijken. Je ontdekt humor in je eigen patronen. Je wordt vrijer, speelser in je denken, met meer zelfspot.

6 Denkvreugde

Plezier in puzzelen met je eigen puinhoop

Los van al het 'nut', van al het 'wat heb ik eraan' is het ook de moeite waard om gewoon te zeggen: het levert plezier op, dat denken, dat gevlooi met concepten, beweringen en argumenten, vooronderstellingen en interpretaties.

In workshops en denkgesprekken kan ik het moment dat het kwartje valt, en dat frustratie plaatsmaakt voor lol, bijna aanwijzen. Dat moment dat iemand iets begrijpt over zichzelf, kan lachen om onjuiste aannames en verbanden, om loze argumenten. Dan ontstaat er een soort twinkeling in de ogen, omdat mensen doorkrijgen dat er een hele speeltuin van denkdingen op ze ligt te wachten.

Het is de vreugde van het begrijpen, van het doorgronden,

van wijzer worden. Het plezier zit in het moment dat je een gedachtepatroon ontrafelt. In de helderheid die ontstaat als je ontdekt hoe jouw denken werkt. In het besef dat een gedachte die je altijd voor 'waar' hield, eigenlijk een aanname is – en dat je dus vrijer bent dan je dacht.

Want als je eenmaal de smaak te pakken hebt, is er weinig wat meer voldoening geeft dan helder denken.

7 Praktische wijsheid

Van kennis naar wijsheid

Kennis hebben is één ding. Weten hoe je die moet toepassen is een tweede. Maar échte wijsheid? Dat is weten waarom je doet wat je doet, en of dat het juiste is om te doen.

Filosoof Menno de Bree geeft in *Filosofie Magazine* een goed voorbeeld: 'Neem dokters in opleiding: die moeten in de eerste plaats een enorme berg feitenkennis tot zich nemen, en ook weten waar je die kennis kunt verkrijgen. Daarnaast krijgen ze veel competentietrainingen, en leren ze bijvoorbeeld om slechtnieuwsgesprekken te voeren. Maar er wordt relatief weinig aandacht besteed aan praktische wijsheid, aan het leren maken van morele denkstappen en het afwegen van verschillende morele argumenten.'[2]

Door zelfonderzoek ontwikkel je wat de oude Grieken *phronèsis* noemden: praktische wijsheid.[3] Het vermogen om in specifieke situaties te zien wat er werkelijk toe doet. Om morele denkstappen te maken en verschillende perspectieven tegen elkaar af te wegen.

Deze wijsheid gaat verder dan feitenkennis of vaardigheden. Het is het vermogen om te zien wat een situatie van je vraagt. Om intelligent en weloverwogen te handelen, juist als er geen kant-en-klare antwoorden zijn. Om steeds opnieuw te onderzoeken of je het juiste doet – niet alleen of je het goed doet.

In een tijd waarin we elkaar makkelijk wegzetten als 'dom

rechts' of 'woke links' kan dit soort praktische wijsheid ons helpen het gesprek open te houden. Het helpt je om je oordeel even uit te stellen, vragen te stellen in plaats van standpunten te poneren, en zo ruimte te houden voor wederzijds begrip – ook als je het fundamenteel oneens bent.

Zo wordt praktische wijsheid geen einddoel maar een voortdurende oefening. Een manier van kijken en denken die je steeds verder aanscherpt en verfijnt, die met je meebeweegt omdat het leven je uitdaagt tot steeds opnieuw afwegen, kiezen, nadenken.

De dag dat ik een kip doodde

We hadden de kippen net een paar weken toen ik voor werk een paar dagen wegging.

De dag dat ik thuiskwam, een zomerse zaterdag, was mooi; de zon scheen, de kat en de hond kwamen me gedag zeggen.

Onze zoon van anderhalf kroop op schoot toen ik aan de tuintafel ging zitten.

De kippetjes scharrelden gezellig om ons heen. Een van de dames, Doortje, zag er niet goed uit; haar veren waren uitgevallen, ze hinkte wat en ze was sloom en afwezig. We bekeken haar eens goed, raadpleegden Google en belden de kippenspecialist van de boerderijwinkel. Na behandeling met medicijnen zetten we haar rustig in het hok.

De volgende ochtend: mijn man stond pannenkoekjes te bakken, de kippen liepen allemaal buiten, behalve... juist. Ik keek in het hok en daar lag ze, ogen half dicht, van de stok gevallen en niet meer op haar pootjes te krijgen.

Ik wist hoe laat het was: Doortje ging het niet redden. Wat nu? De opties: een dierenarts zien te vinden op zondag, tegen beter weten in nog wat aanmodderen met medicijnen, een buurmens bellen die hier raad mee wist, of de kip zelf doden.

Ik maakte razendsnel een rondje langs de opties. Een dierenarts betekende voor Doortje: in een reismandje, autorit, kille dierenartspraktijk. Anderhalf uur extra lijden. Medicijnen zouden haar lijden ook alleen maar verlengen. Aanmodderen zou ik doen uit ongemak, om niet te hoeven doen wat eigenlijk moest gebeuren. Een buurmens bellen had gekund, maar dit was mijn verantwoordelijkheid. En soms hoort daarbij dat je een kip uit haar lijden verlost.

Dat ik zo snel tot die keuze kwam, was omdat ik het denkwerk ervoor al had gedaan. Bij het adopteren van de kippen had ik dit scenario al overdacht: soms worden ze ziek of raken gewond. Als het nodig is, moet ik ze uit hun lijden kunnen verlossen. En ook draag ik de gedachte al langer met me mee dat als je dieren eet, je ook bereid moet zijn er een te doden. In theorie dan toch.

Terwijl man en kind aan de havermoutpannenkoekjes zaten, bekeek ik YouTube-filmpjes over verschillende manieren om een kip snel en pijnloos te doden. Na een aantal video's wist ik: nu moet ik kiezen. Meer kijken zou alleen uitstel zijn. Ik koos voor de bijl uit het houthok.

Het was rot, naar, afschuwelijk. Huilend en 'sorrysorrysorry' mompelend heb ik Doortje afgemaakt. Maar ik wist dat dit de diervriendelijkste optie was – meer lijden was haar bespaard gebleven.

Later vertelde ik dit verhaal aan een vriendin. Ze zei: 'Wat daadkrachtig van je. Ik heb ook kippen gehad, maar ik had dit niet gedurfd.'

Ik realiseerde me: dit was niet alleen daadkracht. Dit was voorbereiding. Ik kon dit doen, omdat ik het denkwerk al had gedaan – eerder, op een rustig moment, zonder druk. Toen dacht ik al na over wat ik belangrijk vond: voor de kippen (vrij kunnen scharrelen, snel einde als het nodig was), voor mezelf (alleen goed vlees eten, bereid zijn zelf te doden), en als algemene waarde: mijn eigen ongemak gaat niet vóór doen wat ethisch goed is.

Daar kijk ik nu met gemoedsrust op terug. Het was misschien iets anders dan 155 passagiers boven de Hudson, maar de vraag was dezelfde: wat doe je als je alleen nog kunt terugvallen op je voorbereiding?

Even tussen jou en jou

- Heb jij weleens een beslissing moeten nemen die tegen je gevoel inging, maar wel klopte met je waarden? Wat hielp je toen?
- Kun jij een moment terughalen waarop je terugviel op eerdere overwegingen of zelfonderzoek?
- In wat voor situaties zou jij willen dat je vooraf al beter had nagedacht over wat je belangrijk vindt?
- Waarin wil jij voorbereid zijn – niet met een plan, maar met helderheid?
- Wat betekent verantwoordelijkheid nemen voor jou, in het klein?

In dit hoofdstuk zagen we waarom zelfonderzoek zo waardevol is. Je hebt ontdekt dat je verder moet gaan dan reflecteren of evalueren om echt inzicht te krijgen in wat je denkt én hoe je denkt.

Maar wat betekent dat precies, dat 'denken'? Wat doen we eigenlijk, als we denken? Waar hebben we het precies over als we het hebben over 'denken als ambacht'? Want niet alles wat zich in je hoofd afspeelt ís denken. Sterker nog, vaak dénken we vooral dat we denken...

2

In de rondte pruttelen of methodisch te werk gaan

Wat je doet als je denkt

Ik geef een cursus 'praktische filosofie' aan een groepje volwassenen, op de maandagavond in een kunstencentrum. Na mijn introductie over de cursus en wat we gaan doen zegt een van de cursisten: 'Ik weet niet of ik hier goed zit. Ik denk doorgaans gewoon al veel te veel.'

'Wat bedoel je als je zegt dat je te veel "denkt"?' vraag ik.

'Nou, gewoon,' zegt ze. 'Er gaan allerlei gedachten door mijn hoofd, heel snel en heel veel. Ik spring van de hak op de tak. Het is gewoon nooit stil in mijn hoofd.'

'Wat je nu omschrijft is precies níét denken,' zeg ik. Ze kijkt me glazig aan.

Ik vraag aan de groep om mee te denken: wat zouden andere woorden kunnen zijn voor dit 'denken'? Wat is deze cursiste hier waarschijnlijk aan het doen?

De rest blijft even stil. 'Piekeren,' oppert iemand.

'Zorgen maken,' zegt een ander.

Er volgen nog een paar opties: associëren, fantaseren, tobben, mijmeren.

Ik kijk de betreffende dame weer aan. 'Klopt dat? Is dat wat je bedoelt met "ik denk al te veel"?'

'Ja,' zegt ze. 'Dat klopt. Dat komt inderdaad dichter in de buurt van wat ik dan aan het doen ben.'

Breinsurfen

Piekeren, fantaseren, associëren, zorgen maken, tobben, mijmeren. *Worrying*, zouden de Engelsen zo mooi zeggen. Je bent een soort surfer; je surft wat mee op iedere golf die zich aandient. Je maakt geen gedachten af, je associeert er vrolijk op los, hoppa, de volgende golf; je bent aan het breinsurfen.

Dát is vaak wat iemand bedoelt als diegene zegt: 'Ik denk te veel.'

En dat klopt niet. Er is een wereld van verschil tussen 'denken' en 'breinsurfen'.

Nu weet ik ook wel dat je strikt genomen al die bezigheden die zich afspelen in je hoofd 'denken' kunt noemen. Denken zou je als een paraplu kunnen zien, en al die varianten hangen eronder. Ze spelen zich immers allemaal af in je bovenkamer en veel mensen noemen het dús 'denken'. Het probleem met een parapludefinitie is dat niemand weet wat je dan echt bedoelt.

Fantaseer je? Maak je je zorgen? Pieker je? Of denk je constructief?

Voor de rest van dit boek, en in het algemeen, zou ik het concept 'denken' graag willen reserveren voor een specifiekere activiteit. Specifieker dan 'dat wat zich in je hoofd afspeelt'. Dit is precies een van die concepten die we te pas en te onpas gebruiken, zonder helder te hebben of af te bakenen waar het precies om gaat.

Denken afbakenen

Wat mij betreft laat 'denken' zich het beste als volgt omschrijven:

> *Denken is het mentale proces van bewust redeneren, overwegen, beoordelen van ideeën, informatie of situaties.*

Dat ene woordje, 'bewust', is cruciaal. Als je iets onbewust aan het doen bent, zit je alweer in de hoek van mijmeren, fantaseren, fladderen in je eigen bovenkamer.

Denken betekent ook structuur en orde aanbrengen door middel van concepten. Je probeert de wereld te begrijpen en te structureren door er woorden aan te geven. Dat maakt denken doorgaans ook heel talig. Tuurlijk, we zien ook beelden en horen ook geluiden, maar als ik dat aan jou wil uitleggen bedien ik me van taal. Woorden doen er dus toe in het praktisch filosofische vak; je wilt precies zijn, doorzoeken tot je het woord of concept hebt gevonden dat het dichtst benadert wat je nu eigenlijk wilt zeggen.

Zo zie je ook direct hoe je 'slordig' kunt denken; concepten niet onderzoeken, woorden willekeurig of door elkaar gebruiken, niet precies zijn; allemaal voorbeelden van 'slordig denken'.

Het verschil tussen denken en breinsurfen; verschillende uitkomsten

Er zijn een paar duidelijke verschillen aan te wijzen tussen denken en al die anderen dingen die we – tot nu toe – 'denken' hebben genoemd.

- Denken is productief: het produceert ideeën. Concepten. Breinsurfen produceert niks. Hooguit stress en zorgen. In het resultaat van je denken zit samenhang. Het resultaat van breinsurfen is een hoopje onvolledige ideeën, zorgen of associaties.
- Denken kun je terughalen: je kunt je eigen denkstapjes herinneren en zien hoe het ene logischerwijs leidt tot het andere.
- Denken vertraagt. Stilstaan bij een idee, dat van meerdere kanten onderzoeken, en dan pas een volgend stapje. Breinsurfen versnelt: je begint bij idee A en voor je het weet ben je via X, P, C, bij B.

- Denken gaat gepaard met een kalme staat van zijn. Je observeert en puzzelt rustig. Breinsurfen is een drukke aap op je schouder die zit te tetteren, zonder samenhangend geheel. De boeddhisten noemen dat de monkey mind. Denken is als een panda, breinsurfen is als een chimpansee met Red Bull.
- Denken is bewust: je probeert een denkpuzzel op te lossen. Je hebt een vraagstuk dat je systematisch te lijf gaat, met logica, argumenten, redeneringen en deductie. Breinsurfen is onbewust. Je weet vaak niet meer wat je tien seconden eerder dacht. Een idee valt je plots in. Hoe kom ik hier nou weer op, vraag je je dan af.
- Denken is gestructureerd: je gaat logisch van hypothese A naar B, zoekt bewust naar overeenkomsten en verschillen tussen ideeën, concepten, meningen. Breinsurfen is ongestructureerd, chaotisch. Je monkey mind springt van de hak op de tak, zonder richting of doel.

Kahnemans twee systemen

Het verschil tussen denken en breinsurfen komt niet uit de lucht vallen; die heeft een wetenschappelijke basis. Die neiging tot breinsurfen die ik beschrijf is wat Nobelprijswinnaar Daniel Kahneman 'Systeem 1' noemt in zijn boek *Thinking, Fast and Slow*. (De Nederlandse titel *Ons feilbare denken* vind ik eigenlijk veel te braaf voor zo'n revolutionair werk, maar dat terzijde.)

Systeem 1 is het evolutionair oudere deel van ons denken: razendsnel, intuïtief, automatisch en moeiteloos. Het werkt continu op de achtergrond en verwerkt indrukken zonder dat je het doorhebt. Dit is het systeem dat je helpt om in een fractie van een seconde gevaar te herkennen, emoties op gezichten te lezen, of de afstand tot een object in te schatten. Systeem 1 is onmisbaar voor ons dagelijks functioneren en heeft ons als soort in staat gesteld te overleven. Maar het heeft zo zijn beperkingen – het is gevoelig voor cognitieve vertekeningen en neemt vaak genoegen met een aannemelijk verhaal in plaats van een grondige analyse.

Daartegenover staat Systeem 2: langzaam, analytisch, gestructureerd en inspannend. Dat is wat ik hier 'denken' noem. Als je Systeem 2 inschakelt, vertraag je bewust, je richt je aandacht, je volgt logische stappen. Het kost energie, tijd, denkkracht. Je hebt hier geen automatische piloot beschikbaar.

Ik merk zelf heel goed dat ik overschakel op Systeem 2 als ik mijn routineklussen even onderbreek en ga zitten voor een sudokupuzzel. Ik vóél als het ware hoe er een knopje omgaat in mijn bovenkamer. Bij een sudoku moet je bewust nadenken, patronen analyseren en mogelijkheden systematisch uitsluiten – allemaal klassieke Systeem 2-activiteiten.

Kahneman toonde aan dat Systeem 1, het snelle denken, voortdurend aan het werk is. Het interpreteert indrukken, gevoelens en neigingen die, als ze door Systeem 2 – een soort poortwachter – worden goedgekeurd, veranderen in overtuigingen en concrete acties. Het probleem is dat Systeem 2 lui is. Het wil energie besparen en accepteert daarom vaak klakkeloos wat Systeem 1 aandraagt. Dat verklaart waarom we zo makkelijk vervallen in denkfouten en vooroordelen.

Het grappige is: we denken allemaal dat we vooral Systeem 2 gebruiken, terwijl we de hele dag door vooral op de automatische piloot van Systeem 1 rondhuppelen.

Zelfonderzoek is in feite het trainen van je Systeem 2 om alerter te zijn, kritischer te kijken naar wat Systeem 1 je voorschotelt. Het is precies daarom dat echt denkwerk zo vermoeiend voelt – je traint een spier die je nauwelijks gebruikt, maar die wel het verschil maakt tussen breinsurfen en echt denken.

Denken vraagt dus structuur en discipline. Dát ontwikkel je door te oefenen. Je begint met kleine momenten van alertheid, van echte aandacht voor wat er in je kop omgaat. Tot je steeds vaker dat knopje vindt waarmee je van breinsurfen naar denken schakelt. De 'sudoku-knop', zeg maar. Tot je de monkey in je mind niet langer onderdanig volgt, maar hem op z'n plek kunt zetten met een vriendelijk maar beslist 'even stoppen met tetteren, ik ben aan het denken'.

Liever lui dan wijs

Nu we weten dat betekenisvol denken bewust, gestructureerd en verdiepend is, staan we voor een nieuw probleem: ons brein heeft daar – meestal – eigenlijk helemaal geen zin in.

'Ik las laatst nog dat...' Het is een klassieke openingszin geworden, doet het ook goed op verjaardagen. En dan volgt er een stelling met vaak magere onderbouwing.

Vraag dan voor de grap eens door. Waar las je dat precies? Wanneer was dat? Wat stond er nog meer in dat artikel? De antwoorden blijven vaak vaag. We onthouden de conclusie, vergeten de onderbouwing.

Een pakkende quote op Instagram? Doorschuiven maar. Een overtuigend klinkend LinkedIn-bericht? Delen die handel. Een stevige uitspraak van een 'expert'? Moet wel waar zijn.

Een snedige tweet scoort beter dan een doordachte analyse. Een pakkende oneliner levert meer likes op dan een genuanceerd betoog. We delen liever een sensationeel artikel dan dat we controleren of het klopt. Dat is heel logisch; we zijn niet geprogrammeerd voor onderzoek, we zijn geprogrammeerd voor efficiëntie.

Ons brein is geoptimaliseerd voor overleving, niet voor wijsheid. Het is geprogrammeerd om energie te besparen waar mogelijk. En denken kost energie, veel energie. Je hersenen verbruiken zo'n 20 procent van je totale energie, terwijl ze maar 2 procent van je lichaamsgewicht uitmaken.[4]

Geen wonder dat je brein graag op de automatische piloot draait. Jij wilt misschien wijzer worden, je denken trainen, jezelf onderdompelen in praktische filosofie, je brein heeft andere prioriteiten.

Dat wil vooral comfort, bestaande overtuigingen behouden, zekerheid, ongemak vermijden, scoren met meningen en de zorgvuldig opgebouwde identiteit beschermen en vooral niet ter discussie stellen.

Kortom: jou zo gevaarloos en efficiënt mogelijk de dag door

slepen, dát is prioriteit nummer één van onze bovenkamer. Dat heeft tot gevolg dat we, vaak onbewust, het ongemak van het échte denk- en onderzoekswerk vermijden.

Als je goed observeert kun je jezelf er soms op betrappen:

- Hoe vaak deel je een artikel zonder het helemaal te lezen?
- Neem je een uitspraak voor waar aan omdat die je bevalt?
- Zeg je 'ik heb gehoord dat...' zonder te weten waar je het hoorde?
- Vermijd je informatie die je standpunt onderuit zou kunnen halen?
- Kies je voor een snelle conclusie in plaats van verder onderzoek?

Dit zijn geen verwijten, het is hoe we in elkaar zitten. Ik ook. Ook ik betrap mezelf nog weleens op voorbarige conclusies, iets te snel delen van een post zonder hem helemaal te doorgronden, verwijzen naar artikelen of onderzoeken die ik vluchtig heb doorgelezen.

We zijn evolutionair geprogrammeerd om de makkelijke weg te kiezen. Om energie te bewaren voor als er echt gevaar dreigt. Dat was handig toen we nog op de savanne leefden.

Maar nu? Nu houdt het ons dom. Onthoud dus als je je eigen denken wilt trainen: je brein is liever lui dan wijs.

De kunst is om dit te herkennen en er toch doorheen te breken. Om je luie brein te erkennen én te overrulen. Wijsheid vraagt namelijk om inspanning. Om het verlaten van gebaande paden. Om het aangaan van ongemak. Om het doen van écht onderzoek.

Hoe doe je dat? Door:

1. Je luie brein te herkennen (wil je snel scoren of heb je onderzoek gedaan?)
2. Bronnen te checken (waar komt deze informatie vandaan?)

3 Door te vragen (wat wordt hier precies beweerd?)
4 Tegenbewijs te zoeken (wat zeggen critici hiervan?)
5 Je oordeel uit te stellen (eerst onderzoeken, dan concluderen)

Want ja, er is ook goed nieuws: hoe vaker je kiest voor de wijze in plaats van de luie optie, hoe makkelijker het wordt. Je brein komt erachter dat die nieuwe route interessant is. Dat echt onderzoek meer voldoening geeft dan snelle likes. Dat nuance rijker is dan simplisme.

Liever lui dan wijs: een gesprek over wolven in een Franse bistro

Laat me je meenemen naar een Franse bistro, waar mijn vriend Matthijs onlangs een etentje had met zijn oude jeugdvriend Jasper. De coquilles waren lekker, de wijn idem dito, en het gesprek kwam op het onderwerp 'wolven in Nederland'.

Voor ons – voor Matthijs en mij – is dat geen theoretisch onderwerp.

Wij wonen aan de rand van het Drents-Friese Wold, midden in wolvengebied. Meerdere keren per week zien we hier wolvensporen langs het huis. De schapen van de buren zijn doodgebeten, een ruiter te paard is achtervolgd door een wolf – terwijl ik dit typ kijk ik naar het pad waar dat gebeurde. In een dorp verderop is een erfhond door een wolf aangevallen, een jongen vond zijn pony 's ochtends dood in de wei. In de supermarkt en het dorpshuis horen we de verhalen uit eerste hand van buren en mensen uit de dorpen om ons heen.

Jasper woont in een keurig Utrechts buurtje, zijn kinderen gaan naar de basisschool om de hoek. Zijn kennis over wolven komt uitsluitend van (social) media. 'We kunnen toch gewoon leren samenleven met die wilde dieren?' zei hij stellig. 'Ze zijn prachtig en ze horen hier.'

Jasper werd steeds fanatieker in zijn standpunt. De boeren en hobbydierhouders moesten 'gewoon' hun vee beschermen. Je kunt toch 'gewoon' wolfwerende omheiningen plaatsen? In andere delen van de wereld leven ze al heel lang 'gewoon' samen met wolven. Hij had gehoord dat ezels heel goed werken tegen wolven. Of anders 'gewoon' een paar kuddebeschermingshonden bij je vee zetten.

Matthijs ging in gesprek met Jaspers 'luie brein': hij vroeg door, legde uit, gaf tegenargumenten.

Matthijs vertelde bijvoorbeeld dat kuddewaakhonden misschien interessant klinken, tot je je realiseert dat ze een godsvermogen kosten aan aanschaf, voer en dierenartskosten. Dat het niet per se makkelijke honden zijn. En dat ze de wolf vooral afschrikken door keihard te blaffen – ook 's nachts. Vinden de buren leuk.

Hij vertelde over onze kinderdagopvang, die niet meer met de kindjes het bos in gaat – dat bos dat pal achter het gebouw ligt – omdat daar wolven zijn gesignaleerd. 'Wel jammer,' zei hij, 'want die kinderen hadden het geweldig naar hun zin in het bos.' Hij deelde de verhalen van mensen uit de buurt, vertelde over wolf-mens-paard-hond-kind-incidenten die de media niet hebben gehaald. Niet om Jasper van mening te laten veranderen, maar om nuances aan te dragen, meerdere perspectieven aan te bieden op een complex vraagstuk.

Jasper werd gaandeweg steeds stiller. Hij begon zich stilletjesaan te realiseren wat hij eigenlijk allemaal níét wist.

De dag na hun etentje belde Jasper Matthijs op en kwam even terug op hun wolvendiscussie. Hij had er nog eens over nagedacht. 'Ik was wel een beetje fel, geloof ik,' zei hij. 'Ik wist heel veel niet van wat je me vertelde. Ik snapte nooit waar die mensen op het platteland zich druk over maakten, een paar wolven. Maar na jouw uitleg... dan is het allemaal inderdaad nog niet zo simpel, zo zwart-wit als ik dacht.'

Dit is wat er gebeurt als je je luie brein overwint en échte interesse toont. Je erkent wat je niet weet. Je luistert naar ervaringen uit eerste hand. Je stelt je oordeel uit. Je durft je mening bij te stellen. Niet direct, ín het moment of tijdens de discussie, maar soms wel daarna; als je de boel even laat bezinken, je eigen en andermans uitspraken nog eens tegen het licht houdt.

Het is ook niet per se zo dat je direct je standpunt totaal herziet: ervaringen uit eerste hand zijn zelden voldoende om een hele visie omheen te bouwen. Maar je komt in ieder geval uit je eigen koker. En je wordt ontvankelijker. Leniger. En, uiteindelijk, wijzer.

Want dat is misschien wel het grootste probleem met ons luie denken: we realiseren ons vaak niet eens wat we allemaal níét weten. We baseren onze opinies op magere bronnen: wat berichten op social media, wat *snippets* uit het nieuws, wat verhalen van horen zeggen.

Maar er is hoop. Zoals Jasper laat zien, kun je door die eerste luie reactie heen breken en kiezen voor echt onderzoek.

Dat kost meer energie, en is ongemakkelijker, maar het levert zoveel meer op dan oppervlakkig gelijk hebben.

Even tussen jou en jou

- Welke zinnen zeg jij over jezelf die beginnen met 'ik ben gewoon iemand die...' of 'ik ben gewoon niet zo goed in...'?
- Welk effect heeft dat (op je leven, werk, relaties, gezondheid)?
- Heb je die ideeën onderzocht? Of neem je ze simpelweg voor waar aan?

En voelen dan?

Misschien denk je nu dat ik pleit voor een puur rationele benadering, alsof emoties er niet toe doen. Maar dat zou een misverstand zijn. Emoties zijn juist van groot belang, het zijn signalen die je informeren over wat er in je omgaat: hoe je ergens over denkt, waar je grenzen liggen, of wanneer het tijd is om je uit te spreken of juist terug te trekken. Het zou onverstandig zijn om die signalen zomaar te negeren.

Toch nemen we emoties vaak te serieus, soms lijken ze zelfs onze enige leidraad te zijn. Maar 'het voelt gewoon zo' is zelden een stevige basis voor belangrijke beslissingen. Emoties zijn immers grillig en veranderlijk: hoe je op maandagochtend reageert na een slechte nacht, kan totaal anders zijn dan hoe je dezelfde situatie op dinsdagochtend ervaart na een goede nachtrust. Vaak weten we niet eens precies waarom we voelen wat we voelen. Is het een herinnering die wordt opgeroepen? Een conflict met je partner dat je onbewust projecteert op je collega? Of zorgen over iets heel anders die je blik vertroebelen? Spelen hormonen – zeker bij vrouwen – een rol in waarom je je nu zus voelt en gisteren zo? Meestal hebben we daar weinig inzicht in.

Hier komt de ratio in beeld. Je kunt je verstand inzetten om je emoties onder de loep te nemen. Ons lichaam zendt voortdurend signalen uit: buikpijn van de zenuwen, hartkloppingen van verliefdheid, gebalde vuisten van frustratie. Maar hoe vaak dalen we werkelijk af van hoofd naar hart of onderbuik om eens kritisch te onderzoeken wat daar gebeurt?

Voor een praktisch filosoof zijn emoties geen eindpunt, maar een startpunt voor denken en vragen stellen. Ze nodigen uit om stil te staan bij wat je voelt én waarom. Je lichaam geeft belangrijke signalen, maar die vragen om een kritische blik. Want emoties zijn veranderlijk, afhankelijk van context en perspectief. Ze zijn waardevol, maar niet onfeilbaar.

Het doel is niet om de waarheid te vinden – die blijft vaak buiten bereik. Wat je wel kunt doen, is je denkvermogen trainen om leniger te worden. Hoe meer perspectieven je kunt innemen, hoe beter je in staat bent om je emoties in een breder kader te plaatsen en ze constructief te gebruiken.

Praktische filosofie: de ideale sportschool voor je geest

Nu we een beter beeld hebben van wat echt denken inhoudt – en hoe moeilijk ons brein het maakt om dat te doen – kunnen we begrijpen waarom denktechnieken uit de praktische filosofie zo'n goede basis vormen voor zelfonderzoek.

Anders dan psychologie, die vooral verklaart waaróm je denkt zoals je denkt, geeft praktische filosofie je concrete methoden om je gedachten systematisch te onderzoeken en te beoordelen.

Anders dan spirituele of op affirmatie gebaseerde benaderingen ('je kunt het, tijger!'), die vaak uitgaan van bepaalde waarheidsaanspraken of overtuigingen, leert praktische filosofie je om elke aanname kritisch te bevragen – ook die van de methode zelf.

Anders dan pure zelfhulp, die meestal oplossingen of antwoorden aandraagt, biedt praktische filosofie je een set denkvaardigheden die je zelf kunt toepassen op steeds nieuwe situaties.

Praktische filosofie is een discipline van gestructureerd, kritisch denken die zich al duizenden jaren ontwikkelt en verfijnt. Het geeft je het gereedschap om zélf je denken te onderzoeken, zonder je een bepaalde visie, inhoud of uitkomst op te dringen. Het leert je niet wát je moet denken, maar hóé je kunt denken.

En begrijp me niet verkeerd: ik maak zelf óók gebruik van die andere benaderingen. Ik ga naar een psycholoog als ik vastloop, ik mediteer regelmatig, met of zonder affirmaties, en ik lees gerust een goed zelfhulpboek.

Praktische filosofie komt voor mij nooit 'in plaats van' maar 'ernaast'.

In mijn ervaring is er niets zo krachtig om je eigen denken te onderzoeken als de praktische filosofie, juist omdát ze losstaat van inhoud, richting of dogma. Het radicale bevragen van álles – zelfs de methode zelf – is wat mij persoonlijk de meeste vrijheid geeft.

Denken als troost

Denken, afstand nemen en je eigen denken veralgemeniseren kan ook troostend werken. Door je persoonlijke verwarring of pijn te abstraheren, te conceptualiseren, en te onderzoeken als een denkprobleem wordt het draaglijker. Het lijden wordt minder rauw op het moment dat je het niet alleen ondergaat, maar het ook onderzoekt. Je verheft je boven het particuliere en plaatst je vraag in een bredere context – niet om het kleiner te maken, maar om het te kunnen dragen. De pijn is er nog, maar het denken biedt je houvast. Filosofie wordt dan een vorm van geestelijke ademhaling. Een plek waar je naartoe kunt als het schuurt. Het denken zelf biedt troost.

Filosofie is toch stoffig studeerkamergedoe?

'Filosofie? Dat is toch dat studeerkamergedoe van oude mannen die eindeloos discussiëren over de vraag of deze tafel wel écht bestaat?'

Gelukkig hoor ik dit soort opmerkingen steeds minder, maar jaren geleden was het vaak de reactie als ik op een verjaardag vertelde wat mijn werk is.

Een van de leukste: een deelnemer kwam naar me toe na een lezing over *Socrates op sneakers*, boek in de hand. 'Socrates... ik had er nog nooit van gehoord. Ik dacht dat het een dj was!'

Filosofie had lang het imago van baardige mannen in stoffige werkkamers die eindeloos discussiëren over materie die voor de gewone mens onbegrijpelijk was. Vaag. Abstract. Zweverig. Ingewikkeld. Maar dat beeld kantelt gelukkig. Steeds meer mensen ontdekken de waarde van filosofisch gereedschap in het dagelijks leven – juist als je géén filosoof bent.

Die vooroordelen over 'zweverige' filosofie zijn begrijpelijk. De meeste mensen denken bij filosofie aan de academische variant – die je studeert aan de universiteit. En dat is een rijk vakgebied: filosofen buigen zich daar over ethiek, logica, kennisleer, bewustzijn, rechtvaardigheid. Ze analyseren ideeën, schrijven boeken, ontwikkelen theorieën, bekritiseren elkaars ideeën, bouwen voort op het werk van de grote denkers uit de geschiedenis én verkennen compleet nieuwe terreinen. Hun werk is van onschatbare waarde: het vormt ons denken over wetenschap, ethiek, politiek en eigenlijk alle grote vraagstukken waar we als mensheid mee worstelen.

Maar – en hier komt het verschil met praktische filosofie – hun primaire doel is het ontwikkelen van kennis en inzicht, niet per se het direct toepasbaar maken daarvan in het dagelijks leven.

Menno Lievers, docent aan de Universiteit Utrecht, gaf hiervan een mooie definitie in NRC: '(...) academische filosofie is de filosofie die aan universiteiten wordt gedoceerd, op basis van de canon van de geschiedenis van de wijsbegeerte. De academische filosofie richt zich dus vooral op zichzelf, terwijl publieksfilosofie zich richt op "het" publieke debat en zich daadwerkelijk met de maatschappij moeit.'[5]

Het is zoiets als een medisch handboek en een EHBO-cursus. Dat dikke handboek is fascinerend en leerzaam. Dat pak je uit de kast als je de Latijnse namen van diverse organen en weefsels wilt bestuderen. Maar als je met je duim tussen de deur zit, heb je meer aan praktische EHBO-vaardigheden.

Broccoli: moet je dat puur eten of mag er een sausje over?

Het zou te makkelijk zijn om te doen alsof academische en praktische filosofie gezellig hand in hand gaan. Er bestaat een zekere spanning tussen deze twee werelden. Academische filosofen verwijten praktische filosofen soms dat ze complexe ideeën te veel versimpelen.

Dat ze eeuwenoude denkers als Socrates, Epictetus of de stoïcijnen 'gebruiken' voor snelle levenslessen of oppervlakkige zelfhulp. 'Filosofie als fastfood', noemen ze het soms schamper. Toen Alain de Botton (in een item van *Nieuwsuur* grappend 'de hogepriester van de publieksfilosofie' genoemd) filosofie toegankelijk wilde maken voor een breed publiek, werd hij fel bekritiseerd door academici. Hij zou filosofie reduceren tot zelfhulp, tot snelle oplossingen, tot fastfood voor de geest.[6] Waar de academici vinden dat je broccoli 'puur' moet leren eten, vindt Alain de Botton dat je broccoli soms best beter te pruimen mag maken met een beetje suiker. Of een sausje.

En ergens hebben ze een punt. Het is inderdaad risicovol om rijke filosofische tradities te reduceren tot hapklare brokken wijsheid. Als je Nietzsches 'God is dood' op een tegeltje zet, of Kant in een Instagramquote probeert te persen, mis je zeg maar een beetje context. Grote denkers verdienen die context, nuance en verdieping.

Maar de praktische filosofen hebben óók een punt. Wat heb je aan al die wijsheid als ze opgesloten blijft in de universiteit? Filosofie was ooit van iedereen. Het speelde zich af op marktpleinen, in gesprekken tussen gewone mensen zoals jij en ik. Het was een zoektocht naar wijsheid, naar beter leven, naar helderder denken. Niet om punten te scoren in een voetnotenstrijd, maar om scherp te blijven op jezelf en de wereld.

Praktische filosofie is wat mij betreft niet simpelweg 'filosofie light'. Ze is een ander ambacht, gericht op het oefenen van denken in de praktijk. Het is maar net waar je interesse naar uitgaat.

Denken als ambacht

Praktische filosofie draait dus niet om het citeren van Kant of Heidegger. Het gaat om het oefenen van denkvaardigheden: logisch redeneren, begrippen onderzoeken, aannames bevragen. Denken is een ambacht. Net als muziek maken, smeden of brood bakken – hoe vaker je oefent, hoe vaardiger je wordt.

Een ex-vriend van me was hoefsmid. Gefascineerd kon ik kijken naar hoe zijn handen moeiteloos deden wat ik nooit zou durven. IJzer in het vuur, rookpluimen, een precieze slag op het aambeeld, het hoefijzer nét passend op die ene hoef. Het zag er zo makkelijk, zo soepel en krachtig uit, maar het was gewoon vakmanschap. Oefening. Vlieguren. Denken werkt net zo. Je wordt er beter in door het te doen. Door te oefenen. Door af te kijken van iemand die wat meer vlieguren heeft dan jij.

Je vindt praktisch filosofen op allerlei plekken. In organisaties bijvoorbeeld, waar ze scherpe vragen stellen in leiderschapstrajecten of morele gesprekken begeleiden. Maar ook gewoon een-op-een, in een denkgesprek, met mensen die ergens in vastlopen of helderheid zoeken. Ze luisteren, vragen door, leggen bloot waar het denken wringt. Wat wordt hier eigenlijk gedacht? En klopt dat wel?

Praktische filosofie in één zin

Je hebt nu een indruk van wat een praktisch filosoof doet. Maar misschien vraag je je nog af: waar hebben we het nou precies over? Wat ís praktische filosofie in de kern?

Daarom – toch lekker om bij de hand te hebben – mijn definitie:

Praktische filosofie is een verzameling denktechnieken en onderzoeksmethoden die je helpen om systematischer en helderder na te denken over je vragen, overtuigingen en vooronderstellingen – met als doel jezelf, de wereld en jouw plek daarin beter te begrijpen.

Die technieken komen uit dezelfde denktraditie als de academische filosofie, maar zijn bedoeld om toegepast te worden in jouw leven. En het begint vaak bij een signaal, een symptoom:

- Ik merk dat ik allergisch word van mijn collega
- Ik twijfel aan álles wat ik doe
- Ik mis iets, maar ik weet niet wat
- Ik wil niet mee naar het vriendenweekend, maar durf het niet te zeggen

Een praktisch filosoof maakt van zo'n ervaring een denkvraag. Bijvoorbeeld:

- Wat is een goede beslissing?
- Wat betekent voldoening in werk?
- Wat is vriendschap?

Je koppelt dus iets concreets uit je dagelijks leven aan een fundamentele, abstractere vraag. En met behulp van verschillende technieken – zoals redeneren, problematiseren, bevragen en conceptualiseren – ga je daarmee aan de slag. Je doel is dan niet om de boel zo snel mogelijk op te lossen en hoppa, weer door met je leven. Je doel is wijzer worden.

Zo vaak krijg je zo'n kans niet

Laatst dacht ik: ik moet die ene samenwerking toch maar gewoon aangaan. Zo vaak krijg je zo'n kans niet.

Maar het zat me niet lekker. Ik piekerde, voelde stress bij elk mailtje en bleef maar tegen dat besluit aanhikken. Ik durfde ook niet goed 'nee' te zeggen, want ik wist dat ik de tegenpartij zou teleurstellen.

Symptomatisch gedrag zou je kunnen zeggen: onrust, twijfel, druk, en een hoop varianten van 'gottegot, wat zullen ze wel niet van me denken'. En dus stelde ik mezelf geen coachvraag maar een denkvraag.

Niet: wat wil ik nu echt, maar:

- Wanneer is iets een kans?
- Moet je een kans altijd pakken?
- Wanneer mag je iemand teleurstellen?

Dit viel niet echt in de categorie 'existentieel vraagstuk', maar het leidde wel tot denken over wat ik dacht – en daarmee tot heldere inzichten en een doordacht besluit. (Ik heb netjes afgezegd. En ja, ze waren teleurgesteld.)

Daar had ik wat technieken voor nodig, én een denkhouding die zich niet richt op oplossen maar onderzoeken.

In het volgende hoofdstuk ontdek je hoe je je denkhouding kunt trainen en ontwikkelen: van vertraging tot onthechting.

3

Wat je nodig hebt voor goed denkwerk

Waarom James Blunt een goede praktisch filosoof zou zijn

Denkwerk is als zuurdesembrood: gebaat bij zorgvuldigheid

Ik heb sinds een paar weken een nieuwe hobby. Twee eigenlijk. De eerste: waterverven. Dat is een verhaal voor een andere keer. De tweede: zuurdesembrood bakken.

Als ik in een nieuwe hobby duik, ga ik helemaal all-in: ik bestel een basisset van de juiste spulletjes, lees de instructies, kijk filmpjes en ga aan de slag. Als het braafste meisje van de klas volg ik wat de juf zegt. In het begin.

Als het de eerste keren goed uitpakt, heb ik er een handje van overmoedig te worden en te denken: ik weet wel hoe het moet, ik probeer gewoon wat. Zo ook met dat zuurdesembrood; waar ik de eerste twee broden letter voor letter het recept volgde, alles tot op de milligram afwoog, werd ik daarna wat... losser. Slordiger. Oké, slordiger.

Op een avond wilde ik nieuw deeg maken. Ik had haast, een drukke dag gehad, de keuken was al een rommeltje, ik had een jengelende peuter aan m'n broekspijp hangen en mentaal en fysiek vooral heel veel zin om met chocoladekoekjes op de bank te ploffen. Geen excuus, hè, maar toch; ik was er niet helemaal bij, wil ik maar zeggen. Ik mikte de weegschaal op het aanrecht, gooide bloem, desem en water in de kom, dacht wel ergens in de verte: goh, dit is wel een beetje meer en heel anders dan de vorige keren, en goh wat een enorme bol eigenlijk en wat droog en hard toch ook wel... Meteen daarna stelde ik mezelf gerust: ach, dat komt wel goed. Maar net als bij veel dingen in het leven: als je de basisregels negeert, komt het niet goed. Mijn eerste broden waren gelukt omdat ik wél zorgvuldig was. Dit brood mislukte omdat ik het proces onderschatte. Het bleek één grote bonk kleiachtige toestand. Niet geschikt om te eten, wel geschikt om je vijand van een afstand knap bewusteloos mee te gooien.

Kortom, het brood belandde in de prullenbak.

Zo is het ook met denken en zelfonderzoek. Je kunt niet zomaar wat ingrediënten bij elkaar gooien en verwachten dat er een analyse tevoorschijn komt. Zonder de juiste voorbereiding, zonder zorgvuldig te kijken naar je uitgangspunten, eindig je met een klonterige warboel van halve gedachten en aannames.

Een grondhouding, mentale gewoontes, denkgereedschap en wat praktische randvoorwaarden

Om effectief aan kritisch denken – en dus ook aan zelfonderzoek – te kunnen doen heb je vier essentiële componenten nodig:

- Een filosofische grondhouding die je onderzoek mogelijk maakt
- Mentale gewoontes die je dagelijks traint
- Specifieke denktechnieken die je als gereedschap inzet
- Een aantal praktische randvoorwaarden die bijdragen aan de succesvolheid der dingen

Voordat je met pen, papier, thee en chocolade aan een zelfonderzoekmoment gaat beginnen, wil je deze dingen graag op orde hebben.

'*A fool with a tool is still a fool*,' zeggen de Engelsen. Wat mij betreft geldt dat niet alleen voor hamers, beitels en pikhouwelen, maar ook voor denkgereedschappen. Ik kan je alle denkgereedschappen ter wereld geven, als je niet óók nieuwsgierig bent naar wát je denkt en hóé je denkt, als je niet de moed hebt om je eigen denken te onderzoeken, als je niet kunt vertragen, conclusies even kunt laten voor wat ze zijn, als je een kat geen kat durft te noemen, dan heb je niks aan denkgereedschappen en oefeningen. Dan blijf je nog steeds wat aan de oppervlakte pulken en dat is nou net niet de bedoeling.

Een filosofische houding: basisvoorwaarde én resultaat

Praktische filosofie is geen theekransje waarin je vrijblijvend kunt spuien wat je wilt. Het is geen dagboek waarin je je gedachten kunt minddumpen. Het is ook geen zelfevaluatie waarbij je jezelf de maat neemt, en al helemaal geen bezigheid waarbij je je eigen overtuigingen blijft herhalen en bevestigen. Nee, zelfonderzoek is de oprechte wens om wijzer te worden over je eigen denken. En daarvoor heb je een filosofische houding nodig.

Een filosofische houding is een vragende houding. Een vraag is pas een vraag als je A) het antwoord niet weet, B) je realiseert dat je het antwoord niet weet en C) het antwoord wél wilt weten. En ook D) bereid bent om ieder antwoord te horen.

Een vragende houding ontwikkelen betekent dus dat je erkent dat je iets niet weet over jezelf – én je bent je bewust van dat nietweten.

En in plaats van dat ongemakkelijk te vinden word je er nieuwsgierig naar.

Om tot nieuwe inzichten over jezelf te komen moet je je eerste gedachten, oordelen en overtuigingen even in de koelkast kunnen zetten, om ze later met frisse blik te kunnen onderzoeken. Je gaat vragen stellen bij wat je altijd vanzelfsprekend vond, ideeën toetsen die je klakkeloos hebt overgenomen, argumenten onderzoeken die je eigenlijk nooit hebt bevraagd.

Dat vraagt een openheid naar jezelf, het loslaten van 'gelijk willen hebben', en een drive om wijzer te willen worden. Want als je stiekem toch vooral je bestaande ideeën wilt bevestigen, is je zelfonderzoek al snel gedoemd te mislukken.

Het bijzondere aan die filosofische houding is: je hebt haar nodig om echt aan zelfonderzoek te kunnen doen, én je ontwikkelt haar door... zelfonderzoek te doen. Het is een voorwaarde én een resultaat tegelijk. Een beetje zoals je ritmegevoel nodig hebt om te leren drummen, terwijl het drummen zelf je ritmegevoel ontwikkelt.

Die houding heb je niet van de ene op de andere dag – die zul je moeten trainen.

Als je maar één ding onthoudt: aandacht is alles

Een denkende houding is allereerst een houding van aandacht. Aandachtig kijken, luisteren, denken.

Aandacht is misschien wel het allerbelangrijkst. In het denken, en in het leven ook trouwens.

Belangrijker dan alle andere houdingen, technische gereedschappen en gewoontes. Als je aandacht hebt voor wat je zegt, waarom je iets zegt, waar je dat op baseert, ben je al een heel eind.

Want zonder aandacht kun je niet echt onthechten – je merkt niet eens op waar je aan gehecht bent, zoals aan die ene discussie die je nog steeds wilt winnen van je partner, drie jaar na dato, of je zelfbeeld tijdens dat feedbackgesprek met je leidinggevende. Zonder aandacht kun je je niet verwonderen – je ziet het bijzondere in het alledaagse niet. Zonder aandacht kun je niet nieuwsgierig zijn – je mist de details die vragen oproepen. Zonder aandacht geen moed – je ontwijkt ongemakkelijke waarnemingen.

Aandacht zorgt ervoor dat je preciezer formuleert, dat je nuances opmerkt die je anders zou missen. Het voorkomt slordig denken en overhaaste conclusies.

Aandacht is daarbij niet passief – het is een actieve keuze om je focus ergens op te richten. Het vraagt oefening om die aandacht vast te houden, om steeds weer terug te keren naar wat er precies gebeurt in je denken. Het is als een spier die je traint: hoe meer je het oefent, hoe sterker je vermogen tot aandacht wordt. Een cursist noemde wat wij doen ook wel 'actieve mindfulness'.

Die aandacht werkt op verschillende niveaus: je hebt aandacht voor wat je zegt, voor wat je denkt, voor hoe je denkt, en voor de effecten van je denken op jezelf en anderen. Het maakt je tot een scherpere analyticus – je ziet patronen die je eerder miste, je merkt verbanden op die je anders over het hoofd zou zien.

Zonder aandacht valt het je ook niet op wanneer je jezelf tegenspreekt. Zonder aandacht mis je de subtiele aannames in je eigen denken. Je hoeft niet een volleerd logicus te zijn om te zien dat er iets niet helemaal klopt wanneer je met aandacht luistert naar de volgende uitspraak: 'Ik vind dat iedereen vrij moet zijn om te doen wat hij wil, maar ze moeten zich wel aan de regels houden.'

Aandacht is dus niet zomaar een van de componenten van een filosofische houding – het is de basis. Zonder aandacht zijn alle andere filosofische houdingen en technieken niet meer dan los zand. Laten we kijken naar die andere componenten, met 'aandacht' als rode draad in je achterhoofd.

Een basishouding

- *Onthechting*
  Het vermogen om afstand te nemen zorgt voor helderheid. Je krijgt meer zicht op wat je denkt en hoe je denkt. Als je er te dicht met je neus bovenop zit, zie je de dingen niet helder.
- *Verwondering*
  Na onthechting komt het vermogen om met frisse ogen te kijken, je te verwonderen over het vanzelfsprekende.
- *Nieuwsgierigheid*
  Verwondering leidt natuurlijk tot nieuwsgierigheid – de drang om te begrijpen.

- *Moed*
  Als je eenmaal nieuwsgierig bent, heb je moed nodig om door te zetten in je onderzoek, ook als het ongemakkelijk wordt.
- *Liefde voor niet-weten*
  Dit volgt logisch uit de vorige – als je moedig genoeg bent om echt te onderzoeken, ontdek je dat niet-weten waardevol is.
- *Honger naar wijsheid*
  Dit is het resultaat van al het voorgaande – een blijvende drive om dieper te graven en meer te begrijpen.

Onthechting: één stap achteruit is eigenlijk twee stappen vooruit

Een denkhouding begint bij onthechting – de kunst om niet vast te zitten aan je directe reacties, oordelen en overtuigingen. Het is niet het kluizenaarachtige 'los van alles zijn', maar een actieve vorm van afstand nemen die je scherper laat kijken.

Onthechting is meer dan een techniek of gewoonte – het is een fundamentele keuze om niet samen te vallen met je gedachten, emoties en oordelen. Het betekent dat je:

- Je gedachten kunt zien zonder er direct in mee te gaan
- Je emoties kunt voelen zonder erdoor overspoeld te worden
- Je oordelen kunt opmerken zonder ze meteen als waarheid aan te nemen
- Je kunt kijken naar wat er is, in plaats van wat je wilt zien

Voor zelfonderzoek is deze houding essentieel. Zonder onthechting zit je te dicht op je eigen ervaringen om ze helder te kunnen zien. Het is als een schilderij – als je met je neus op het doek staat zie je alleen verfklodders. Pas als je een stap terug doet, zie je het hele beeld.

Deze houding helpt je om los te komen van alles waar je normaal gesproken direct op reageert:

- De uitslag van die sollicitatie waar je zo op hoopte

- De kritiek van je collega die je raakte
- De resultaten van je project die tegenvielen
- De reactie van je kind op je advies
- Je eigen overtuigingen waar je zo zeker van was

Onthechting is geen afstandelijkheid of onverschilligheid. Het is juist een vorm van betrokken onderzoek. Je neemt afstand om beter te kunnen kijken, scherper te kunnen denken en vrijer te kunnen kiezen hoe je reageert.

Het is een houding die je ontwikkelt door bewuste oefening en die steeds natuurlijker wordt naarmate je haar meer beoefent. Een praktisch filosoof kiest ervoor om deze houding aan te nemen, niet omdat het makkelijk is, maar omdat het noodzakelijk is voor helder denken.

James Blunt: kampioen onthechten

Ik heb weinig met zijn muziek, maar op een ander vlak is James Blunt een beetje mijn superheld. James Blunt wordt regelmatig online te kakken gezet. Om zijn muziek, zijn stem, zijn hoofd, zijn alles eigenlijk.

In plaats van zich te verdedigen reageert hij met droge zelfspot – hij schept er genoegen in om de ander op een geestige manier van repliek te dienen.

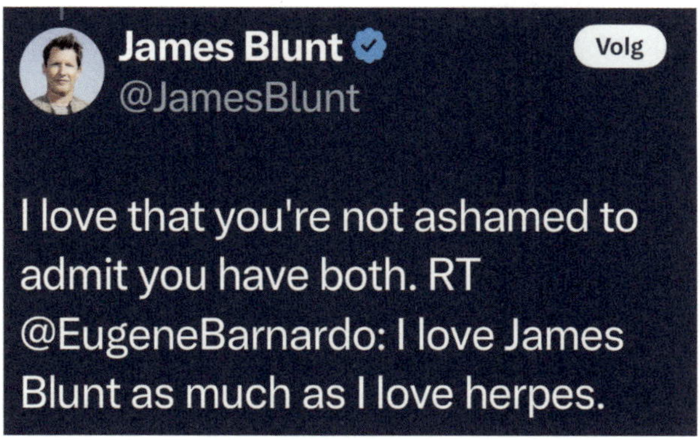

Hij laat op een luchtige en scherpe manier zien hoe je je niet hoeft te identificeren met wat anderen over je zeggen.

Ik kan hier dus smakelijk om lachen: dit is – vind ik – een prachtig voorbeeld van onthechting. James Blunt onthecht zich hier van de mening van anderen. Hij observeert, speelt ermee, en kiest zijn eigen reactie.

Zelfspot is daarvan het resultaat: zonder onthechting geen zelfspot. In mijn ervaring zijn mensen die zichzelf goed op de hak kunnen nemen vaak de leukste. Mensen die geen zelfspot hebben daarentegen vind ik... lastig.

Zelfonderzoek vraagt hetzelfde: een stap terug kunnen zetten, niet meteen samen te vallen met je eerste reactie, en ruimte creëren om scherper te kijken.

Pas als je niet meer samenvalt met je gedachten, kun je ze echt onderzoeken.

Verwondering: kijk met je ogen van vroeger

Verwondering is het vermogen om met nieuwe ogen te kijken naar wat je altijd als 'normaal' beschouwde. Het is alsof je even uit je eigen denken stapt en denkt: hé, dit is eigenlijk best bijzonder.

Het begint bij kleine dingen: waarom voel ik me altijd verantwoordelijk als iemand anders chagrijnig is? Waarom zeg ik 'sorry' als iemand anders tegen mij aan loopt? Waarom vind ik het zo belangrijk wat anderen van me denken?

Die verwonderingsspier kun je de hele dag trainen. Je kunt je verwonderen over je eigen gedachten (interessant dat dít mijn eerste gedachte is), je reacties (interessant dat ik hier boos om word), je gewoontes (grappig dat ik altijd eerst mijn mail check), maar ook over andere dagelijkse fenomenen of rituelen. Waarom dragen we op begrafenissen zwart? Waarom zeggen we 'gezondheid' als iemand niest? Waarom vinden we het normaal om acht uur per dag in een kantoor te zitten staren naar een scherm? Waarom zijn onbewerkte groenten en fruit veel duurder dan ongezond, bewerkt voedsel?

Een vragende houding begint bij deze fundamentele verwondering over wat 'normaal' lijkt: als je basishouding verwondering is, ligt de wijsheid voor het oprapen.

Nieuwsgierigheid: willen weten hoe het zit

Je brein is een oordelenmachine. Nog voor je 's ochtends je eerste koffie ophebt, heb je al tientallen oordelen geveld: over het weer, over je haar dat niet goed zit, over die irritante buurman die zijn auto weer verkeerd heeft geparkeerd, over je partner die nog steeds na al die jaren zijn schoenen onderaan de trap zet zodat je met je handen vol was over de betreffende schoenen lazert. (Die laatste ben ik zelf.)

En dat oordelen stopt niet bij het weer of je haar. Je brein oordeelt net zo hard over wat anderen zeggen, over hoe een gesprek verloopt, en zelfs over je eigen gedachten. Wat een idiote opmerking, waarom dénk ik dit nou weer, wat ben ik toch een muts/bitch/idioot/sukkel.

De kunst is om die oordelende houding tijdelijk op te schorten en in plaats daarvan nieuwsgierig te worden. In plaats van wat een stomme opmerking denk je: interessant, waarom zeg ik dit? Welke aanname doe ik hier precies? Welke feiten heb ik nog niet gecheckt?

Verwondering en nieuwsgierigheid gaan hand in hand.

Met verwondering zie je dat iets niet vanzelfsprekend is. Met nieuwsgierigheid ga je op onderzoek uit om te begrijpen hoe het echt zit.

Samen vormen deze twee componenten de basis voor elk goed zelfonderzoek: eerst de verwondering (goh, geinig, interessant, opvallend), dan de nieuwsgierigheid die je aanzet tot echt onderzoek (maar hoe zit het dan precies?).

Moed: doorgaan, ook als het even niet zo leuk is

Moed associëren we misschien eerder met brandweermensen die een brandend huis in rennen, met klokkenluiders die misstanden aan de kaak stellen of met mensen die vrijwillig het kerstdiner met hun schoonfamilie organiseren.

Maar wie weleens écht naar zichzelf heeft gekeken, weet dat voor goed zelfonderzoek wel degelijk moed nodig is. De denkpatronen, vooronderstellingen en ideeën die je tegenkomt zijn soms niet leuk, kunnen confronterend zijn en ongemakkelijk.

Waarom is het zo moeilijk om naar onszelf te kijken? Omdat we meestal een zorgvuldig geconstrueerd zelfbeeld hebben opgebouwd. Een verhaal over wie we zijn, wat we kunnen, waar we voor staan. Echt zelfonderzoek kan dat verhaal flink door elkaar schudden.

Het is pijnlijk om toe te geven dat je misschien helemaal niet zo geduldig bent als je dacht. Of dat die baan waar je al jaren in zit, je eigenlijk doodongelukkig maakt. Of dat je, ondanks al je mooie praatjes over authenticiteit, vooral bezig bent anderen te pleasen.

We hebben allemaal blinde vlekken, gedragspatronen en overtuigingen waar we liever niet te lang bij stilstaan. Want zodra je ze écht onder ogen ziet, kun je ze niet meer niet-zien. Je kunt dan niet meer terug naar de comfortabele ontkenning.

Zelfonderzoek vraagt moed om:

- **Je overtuigingen los te laten** Je identiteit is opgebouwd uit verhalen die je jezelf vertelt: 'Ik ben nu eenmaal X of Y', 'dat kan ik niet', 'zo doen wij dat in onze familie'. Het vraagt moed om deze verhalen ter discussie te stellen.
- **Je zelfbeeld bij te stellen** We hebben allemaal een beeld van wie we zijn of zouden moeten zijn. Soms blijkt uit zelfonderzoek dat dit beeld niet klopt met de realiteit. Het vraagt moed om die discrepantie onder ogen te zien.
- **Door het ongemak heen te bewegen** Net als bij fysieke training is er vaak een punt van weerstand. Een punt waarop je liever zou stoppen (meestal dat punt waarop je iets stoms of pijnlijks moet toegeven aan jezelf). Het vraagt moed om door dat ongemak heen te gaan.

Liefde voor niet-weten: twijfelen aan je eigen gelijk is sexy

We zijn dol op antwoorden. Op zekerheid. Op weten waar we aan toe zijn. Dat is begrijpelijk – zoals we hebben gezien is ons brein geprogrammeerd om naar duidelijkheid te zoeken. Als je een vraag hebt, wil je een antwoord. Als je een probleem ziet, wil je een oplossing. En wel nu meteen graag.

Maar voor echt zelfonderzoek heb je ook het vermogen nodig om het niet-weten te verdragen. Om te kunnen zeggen: 'Dit weet ik nog niet' of 'Hier ben ik nog niet uit' – en dat vervolgens ook écht uit te houden. Het betekent dat je vragen durft te stellen zonder meteen antwoorden te eisen. Dat je kunt blijven in die open ruimte van onderzoek.

Dat is ongemakkelijk. We voelen ons kwetsbaar als we iets

niet weten. Alsof we tekortschieten, alsof we gefaald hebben. In onze prestatiemaatschappij is niet-weten verdacht, en falen iets om snel te verbergen. Dus grijpen we vaak naar snelle conclusies, naar oppervlakkige antwoorden, naar schijnzekerheden. Liever een half antwoord dan helemaal geen antwoord.

Maar juist in die ruimte van niet-weten gebeurt het échte onderzoek. Daar kun je vrij kijken, zonder dat je vastzit aan wat je al dacht te weten. Daar ontstaan nieuwe inzichten, andere perspectieven.

Het vraagt oefening om deze toestand van niet-weten te verdragen. Om niet meteen je onzekerheid weg te organiseren of je ongemak te verdoven met snelle conclusies. Maar het is essentieel voor goed zelfonderzoek. Niet omdat je nooit meer tot conclusies mag komen, maar omdat te snel naar antwoorden grijpen je beperkt in wat je kunt ontdekken.

Ik ervoer dit zelf in een vorige relatie. Die relatie zat niet lekker en liep eigenlijk al op de klippen, maar ik wilde dat een lange tijd niet toegeven. Ik 'wist' immers dat we bij elkaar hoorden. De relatie verbreken voelde enorm eng – alles wat ik had opgebouwd zou ik moeten achterlaten, dacht ik. Mijn zekerheid over 'hoe het hoorde te zijn' en 'wat er zou gaan gebeuren' blokkeerde elk echt onderzoek. Pas toen ik een paar dagen alleen wegging en mezelf toestond om in het niet-weten te stappen – misschien weet ik eigenlijk helemaal niet wat goed voor me is, misschien weet ik niet precies wat ik wel en niet moet achterlaten – kon ik de situatie helder zien. In die ruimte van niet-weten, zonder mijn oude overtuigingen als filter, werd zichtbaar wat ik al maanden had weggedrukt.

Honger naar wijsheid

We hebben het in dit boek steeds over wijzer worden door zelfonderzoek. Maar wat is wijsheid eigenlijk? Het is geen feitenkennis – je kunt ontzettend veel weten en toch niet wijs zijn. Het is ook niet hetzelfde als intelligentie of slim zijn. Wijsheid gaat dieper – het is het vermogen om inzicht te hebben in jezelf, anderen, het leven en jouw plek daarin, en daar weloverwogen mee om te gaan.

Als praktisch filosoof heb je een fundamentele drang om wijzer te worden. Niet omdat het je per se gelukkiger maakt – integendeel, soms word je er vooral onrustig van. Als je bijvoorbeeld ontdekt dat bepaalde overtuigingen waar je je leven op hebt gebouwd, eigenlijk niet kloppen. Of als je ziet dat een belangrijk aspect van je identiteit vooral gebaseerd is op wat anderen van je verwachten.

Toch blijf je zoeken, blijf je vragen stellen, blijf je onderzoeken. Omdat die drang naar begrip, naar dieper inzicht, fundamenteel is. Het is die innerlijke stem die blijft vragen: maar hoe zit dit nu echt? Wat betekent dit eigenlijk?

Het vraagt om tijd, om doordenken, om steeds opnieuw kijken. Soms moet je iets wat je altijd als waarheid hebt aangenomen eerst helemaal afbreken voordat je tot nieuwe inzichten kunt komen. Lange tijd dacht ik bijvoorbeeld dat sterk zijn betekende: alles zelf doen. Geen hulp vragen, niet klagen, gewoon doorgaan.

Pas toen ik vastliep, lichtelijk opbrandde, en die overtuiging begon te bevragen, kwam ik erachter dat dat 'sterk zijn' eigenlijk een manier was om geen afhankelijkheid te hoeven voelen. En dat echte kracht soms juist zit in durven leunen, twijfelen, toegeven dat je het even niet weet.

Dat inzicht kwam pas toen ik het oude idee van 'ik moet het alleen kunnen' durfde af te breken.

Je kunt deze drang naar wijsheid tijdelijk negeren of onderdrukken. Maar hij gaat niet weg. Hij blijft knagen, blijft vragen, blijft aandacht eisen. Tot je er gehoor aan geeft en begint met het echte werk: onderzoeken, bevragen, doordenken.

Vragen stellen als essentie van de filosofische houding

Wat doe je concreet als je je onthecht van een uitkomst, als je nieuwsgierig bent, iets niet weet én je daar bewust van bent, en je wijzer wilt worden? Vaak stel je dan een vraag. Een filosofische houding is vooral een vragende houding. Dat is wat je vaak zult doen in de praktijk: vragen stellen bij wat je zegt, wat je denkt, hoe je denkt en waarom je dat denkt.

Niet zomaar een verzameling losse vragen, maar vragen die je bij de lurven pakken en niet meer loslaten. Dit 'socratisch doorvragen' – vernoemd naar de filosoof die bekendstond om zijn eindeloze vragen – is net zo goed een houding, als een mentale gewoonte, als een concreet gereedschap dat je bewust kunt inzetten. Later, in hoofdstuk 4 en 5, komen we daar uitgebreid op terug.

Even tussen jou en jou

- Als je zo naar deze houdingen kijkt, waar scoor je al hoog en waar nog niet? (Als je écht eerlijk bent dan, hè!)
- Welke van deze houdingen wil je meer beoefenen? Is er iemand in je omgeving die dat goed beheerst en van wie je het kunt afkijken?
- Is er iets in bovenstaande paragraaf wat je verbaasde? Irriteerde? Verraste? Weet je je eigen gedachten nog toen je het las?

Mentale gewoontes

Naast een filosofische houding zijn er ook een paar mentale gewoontes die je wilt trainen als je je eigen praktisch filosoof, je eigen critical friend wilt zijn:

1 Vertraag
2 Observeer: betrap je denken op heterdaad
3 Wees gevoelig voor taal
4 Keep it simple, stupid

5 Noem een kat een kat. Geen cavia met een snor
6 Doe een bewering in plaats van een particuliere mededeling
7 Omarm voorlopigheid

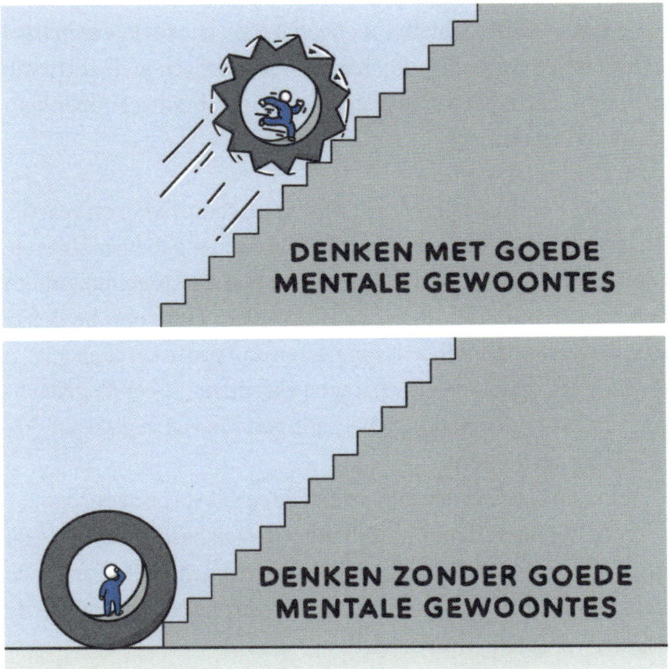

1 Vertraag

Je weet nu: als je niet bewust vertraagt, neigt je brein ernaar om van gedachte naar gedachte te springen, te breinsurfen. Van 'ik moet nog boodschappen doen' naar 'wat zei mijn collega nou eigenlijk precies?' naar 'waarom reageerde ik zo fel op die opmerking?'

Je brein is een bordercollie wat dat betreft: als jij het niet in de gaten houdt, geen taakje geeft, verzínt het zelf een taakje. Meestal is dat een ongewild taakje (de kussens van de bank kapotscheuren, je gympen opvreten, knagen aan de deurpost).

Mijn eigen hond Ravi, een echte bordercollie, is écht zo. Als ik hem geen taak geef, verzint hij er een. Ravi moet ik niet loslaten in een wei met koeien; hij heeft ze in no time bij elkaar in een hoek gezet. Zonder te vragen.

Je eigen bordercolliebrein doet dat ook: dat zoekt ergens wel een paar fictieve koeien om in een hoek te drijven in de vorm van piekeren, herhalen wat je gisteren al dacht, boodschappenlijstjes afwerken en meer.

Tenzij je vertraagt.

Door te vertragen creëer je ruimte tussen prikkel en reactie. Tussen de vraag en je antwoord. Tussen een gebeurtenis en je interpretatie ervan. In die ruimte ontstaat de mogelijkheid om eerst te structureren, dan pas te reageren. Om eerst helder te krijgen wat je eigenlijk wilt zeggen, en dan pas te spreken.

Voor zelfonderzoek is vertragen essentieel. Je eerste gedachten zijn vaak oppervlakkige herhalingen van wat je gisteren ook al voorbij liet komen.

Je eerste antwoorden zijn zelden de eerlijkste antwoorden.

Voor het interessantere spul moet je vaak harder werken – en dus, gek genoeg, vertragen. Door te vertragen geef je jezelf de kans om voorbij de automatische reacties te kijken, voorbij de sociaal wenselijke antwoorden.

Als je vertragen tot een gewoonte maakt, merk je dat je gedachten helderder worden. Je laat het stof eerst even neerdalen voordat je wat doet of zegt. Je reageert minder impulsief. Je ziet beter wat er werkelijk aan de hand is, in je eigen denken, en in interacties met anderen.

Hoe kun je 'vertragen' beoefenen?

Vertragen kun je de hele dag door trainen. Van het inschenken van je eerste kop koffie tot vertragen bij het naar bed gaan. Maar speciaal voor vertragen in je denken, een paar tips.

- *Trek je denken en spreken uit elkaar*
  In onze workshops en trainingen doen we heel vaak een oefening waarbij mensen een dialoog voeren en verplicht één minuut stil moeten zijn voordat ze wat mogen zeggen. Na de eerste onwennigheid (en ongeduld hier en daar) is de reactie altijd: 'Hèhè, wat fijn eigenlijk. Ik spreek echt scherper, duidelijker en beknopter door die vertraagde denktijd vooraf.'
- *Schrijf in plaats van hinein te fantaseren*
  Schrijf je gedachten op, liefst met pen en papier in plaats van typend. Dan móét je wel vertragen. Het zorgt er ook voor dat je gedachten afmaakt in plaats van halverwege een zin over je onzekerheid over je werk via een associatie naar dat de hondenbrokken op zijn naar een gedachte over die ene mail en vervolgens over de rottende broccoli in de koelkast... Nou ja, je snapt 'm.
- *Wees alert bij irritatie, zenuwen, betrokkenheid en passie*
  Juist als je vuurtje wordt opgestookt is het lastig vertragen. Ben je geïrriteerd, gepassioneerd, erg betrokken, let dan op. Je neiging zal zijn om te versnellen, en hier gaat vertragen je juist helpen. In plaats van je mee te laten slepen door je primaire reactie kom je met een doordachtere variant.

Even tussen jou en jou

- Vertraag jij al? Of spreek je terwijl je ook nog aan het bedenken bent wat je eigenlijk wilt gaan zeggen?
- Wat is je grootste valkuil als het gaat om vertragen?
- Hoe zou jij meer vertraging kunnen beoefenen?

2 Observeer: betrap je denken op heterdaad

Vorige week stond ik in de rij bij de supermarkt toen een norse caissière mijn 'Goedemiddag!' negeerde. Wat een chagrijn, flitste het direct door mijn hoofd, gevolgd door: zeker ongesteld of zo, gevolgd door: jeetje, Elk, wat een walgelijk seksistisch cliché. Al wás ze ongesteld! Vrouwen reduceren tot hun hormonen is precies dat soort diepgewortelde vrouwenhaat die je zelf zo bekritiseert bij anderen. Ik corrigeerde mezelf: misschien heeft ze gewoon een slechte dag.

Om af te sluiten met: hmmm, misschien heb ík gewoon een slechte dag.

Op dat moment betrapte ik mijn gedachten op heterdaad: hoe snel ik oordeelde, mezelf terechtwees en dat direct probeerde te verzachten.

Om je eigen denken te kunnen onderzoeken, moet je het eerst kunnen 'vangen'. Dat klinkt vanzelfsprekend, maar is het niet. De meeste mensen die aan zelfonderzoek willen doen, beginnen met nadenken over wat ze eerder hebben gedacht. Ze reconstrueren hun gedachten achteraf, zoals een detective die aankomt wanneer de overval al gepleegd is. Liever zie je die overval daadwerkelijk voor je; dat maakt het makkelijker onderzoeken wie wat met wie precies heeft uitgevreten. Wanneer je gedachten achteraf reconstrueert voeg je automatisch interpretaties toe, filter je makkelijk uit wat je eigenlijk niet wilt zien en je mist de exacte volgorde van je gedachtenketen.

De uitnodiging is dus om je gedachten te observeren terwijl ze zich voordoen. Zodat je er later nog eens kritisch naar kunt kijken. Je wilt die gedachte zo letterlijk mogen vangen. Dat is heel moeilijk, meestal is ze alweer voorbij voor je het doorhebt, maar soms lukt het. Deze vaardigheid – je denken op heterdaad betrappen – helpt je bij gedegen zelfonderzoek. Je kunt immers niet onderzoeken wat je niet eerst helder voor je hebt.

Hoe ontwikkel je deze vaardigheid?

1 Observeer in het moment

Begin met gedachten te observeren terwijl ze zich ontvouwen:

- De eerste automatische gedachte
- De tweede gedachte die daarop reageert
- De derde gedachte die vaak oordeelt over de eerste twee
- De impliciete aannames onder elke gedachte

2 Leer patronen herkennen

Let vooral op:

- Welke triggers zetten bepaalde gedachten in gang?
- Welke vaste reacties heb je op specifieke situaties?
- Waar zitten je mentale 'shortcuts' en automatismen?
- Wanneer start je interne dialoog?

Even tussen jou en jou

- Lukt het jou (soms) om ín het moment te vangen wat je denkt?
- Heb je daar al patronen in herkend? Welke zijn dat?
- Verdenk je jezelf ervan dat je je denken achteraf oppoetst, mooier maakt dan het was?

3 Wees gevoelig voor taal

Taal doet meer dan beschrijven – taal vormt hoe we de werkelijkheid zien en interpreteren. Het maakt uit welke woorden we kiezen, want daarmee bepalen we het perspectief.

Dat spul dat we op onze gewassen spuiten, noem je dat 'pesticiden', 'landbouwgif' of 'gewasbeschermingsmiddelen'?

Spreek je van een 'reorganisatie', een 'efficiëntieslag' of een 'bezuinigingsronde'?

Elke keuze creëert een ander frame, benadrukt andere aspecten, voegt emotionele lading toe of haalt die juist weg.

Kijk voor de grap de komende tijd eens kritischer naar krantenkoppen. Staat daar 'Vrouwen aangerand tijdens festival' of 'Mannen randen vrouwen aan tijdens festival'?

'Mondkapjesdeal blijkt financieel debacle' of 'vws-ambtenaren geven zonder controle 100 miljoen aan niet-bestaand bedrijf'?

Het verschil is meer dan grammatica – het verschuift de hele focus.

Dit is geen woordspelletje – het gaat om macht. Want wie bepaalt hoe we iets noemen, bepaalt voor een groot deel hoe we erover denken.

Deze gevoeligheid voor taal is een essentiële mentale gewoonte voor scherp denken. Het gaat verder dan alleen opletten wat je zegt – het is een constante alertheid op hoe taal je denken vormt en stuurt.

Waarom is deze gewoonte zo belangrijk?

- Je ziet helderder hoe taal je denken beïnvloedt
- Je herkent frames en verborgen aannames in je eigen en andermans taalgebruik
- Je kunt bewuster kiezen hoe je zelf dingen benoemt
- Je wordt minder vatbaar voor manipulatieve taal
- Je versterkt je vermogen tot kritisch denken

Hoe train je deze gewoonte?

Het trainen van deze gewoonte begint bij het herkennen van subtiele taalkeuzes. Let bijvoorbeeld op hoe vaak we passieve constructies gebruiken als we verantwoordelijkheid liever niet benoemen. 'Er wordt besloten dat...' klinkt heel anders dan 'Het management besluit...' Ook verhullende woorden zijn veelzeggend – waarom noemen we iets een 'uitdaging' als we eigenlijk een 'probleem' bedoelen? En wat zeggen onze favoriete metaforen en uitdrukkingen over hoe we het leven zien? Is tijd echt geld? Is het leven werkelijk een strijd? Worden kinderen die vragen echt overgeslagen?

Natuurlijk zitten er ook valkuilen aan deze alertheid op taal. Het is verleidelijk om in taalkundig purisme te vervallen, waarbij de vorm belangrijker wordt dan de inhoud. Of je analyseert elke woordkeuze zo grondig dat natuurlijke communicatie stokt. Sommigen worden cynisch over taalgebruik in plaats van constructief, of gaan anderen de les lezen over hun taalgebruik in plaats van dat ze zelf bewuster worden. Neem bijvoorbeeld een werkoverleg. Je hoort: 'Er moeten helaas wat efficiencyslagen gemaakt worden.' Train jezelf om direct te herkennen:

- De passieve constructie die verantwoordelijkheid verhult

- Het eufemisme 'efficiencyslagen' voor 'bezuinigingen'
- Het woord 'moeten' dat suggereert dat er geen keuze is

Als je eenmaal ziet hoe taal perspectief en macht beïnvloedt, kun je bewuster kiezen hoe je zelf dingen benoemt.

Even tussen jou en jou

- Wat is jou houding tegenover taal? Ben je zorgvuldig of juist niet? Vind je taal belangrijk of zie je het als een middel tot een doel?
- Erger je je aan spelfouten (zoals die ene, net, stukkie terug), of ben je pragmatisch; 'als de ander het maar begrijpt is het toch prima'?
- Welke woorden gebruik jij vaak zonder erbij na te denken?
- Welke taal verhult jouw verantwoordelijkheid?
- Hoe zou je je eigen gedachten anders kunnen formuleren?

4 Keep it simple, stupid. Of: simpel is pas echt lastig

Op de een of andere manier hebben we bedacht dat ingewikkeld taalgebruik je slimmer laat lijken. Sommige mensen zijn echt aan het trainen voor het NK ingewikkeld gewauwel. Maar het tegenovergestelde is waar: iets helder en eenvoudig kunnen uitleggen, dát toont echt begrip.

Soms maken we dingen onnodig complex om slim te klinken. Wij, mijn collega-praktisch filosofen en ik, geven vaak keynotes en trainingen binnen organisaties. De teksten die we vinden op de websites van die organisaties, of de uitspraken die we horen bij vergaderingen... Als praktisch filosoof trekken we regelmatig een wenkbrauw op.

'Het strategische momentum binnen de organisatie vraagt om een iteratief proces van adaptieve besluitvorming.'

Dit betekent: **we moeten flexibel blijven.**

'De intrinsieke waarde van een betekenisvolle interactie ligt in de intersubjectieve erkenning van het narratief.'
Dit betekent: **een goed gesprek is belangrijk.**

Waarom maken we dingen zo complex? Vaak om onze eigen onzekerheid te verbergen. Wollige taal verhult een gebrek aan helderheid. En soms gewoon omdat we denken dat het zo hoort in bepaalde contexten – op het werk, in academische kringen, of tijdens vergaderingen.

Maar bij deze heb jij mijn volledige toestemming om het niet te doen. Houd het simpel. Als je het zo kunt uitleggen dat een twaalfjarige je begrijpt, zit je goed. Kijkt die denkbeeldige twaalfjarige je meewarig aan... doe nog maar een poging.

Bij zelfonderzoek helpt eenvoud je om tot de kern te komen. Door complexe gedachten terug te brengen tot hun essentie, zie je vaak pas wat er écht speelt. Vraag je daarom regelmatig af: kan ik dit simpeler zeggen? Vaak onthult die vraag wat je eigenlijk probeert te verbergen.

Hoe train je het simpel houden?

- De uitleg-aan-een-kind-test: probeer je gedachte uit te leggen alsof je het aan een twaalfjarige vertelt
- Schrap jargon en vaktermen waar mogelijk
- Als je merkt dat je zin langer wordt dan vijftien tot twintig woorden, is het tijd om opnieuw te beginnen

Eenvoud betekent niet oppervlakkig of simplistisch zijn. Het betekent juist dat je complex materiaal zó goed begrijpt dat je de kern ervan helder kunt overbrengen. In zelfonderzoek is het je grootste vriend.

Even tussen jou en jou

- Hoe zit het met jouw slimmigheidssyndroom? Maak je je er schuldig aan?

- Wanneer heb jij de neiging slimmer uit de hoek te willen komen? Bij welk type mensen doe je dat en wanneer?
- Wat zou er gebeuren als je de boel versimpelt? Waar ben je dan bang voor?

5 Noem een kat een kat, niet een cavia met een snor

Een van mijn leraren praktische filosofie, Oscar Brenifier, zei ooit tegen me: '*You have to call a cat, a cat. It is not a dog with a moustache.*' In mijn workshops vertaal ik dat als 'noem een kat een kat, en geen cavia met een snor'.

Dat klinkt grappig, maar raakt aan iets belangrijks: we zijn vaak bang om dingen te benoemen zoals ze zijn. We verzachten, verhullen, verpakken. We zijn meesters geworden in het verzinnen van mooie woorden voor lelijke dingen. We noemen het geen ruzie maar een 'meningsverschil', geen lafheid maar 'voorzichtigheid', geen roddelen maar 'even bijpraten'. Denken als een praktisch filosoof betekent de moed opbrengen om dingen te benoemen zoals ze zijn. Je noemt een kat een kat, en niet een cavia met een snor.

Ik betrap mezelf er ook op. 'Ik ben gewoon iemand die graag controle houdt' klinkt een stuk prettiger dan 'ik ben een controlfreak die anderen gek maakt met mijn bemoeizucht'. 'Ik ben nogal direct' heb ik liever dan 'ik kan behoorlijk bot uit de hoek komen als iets me niet zint'.

Een voorbeeld: een van mijn cursisten, Iris, zei tegen me: 'Ik verwonder me vaak over het gedrag van één bepaalde collega.'

Wat bleek? De collega in kwestie had een mail gestuurd met daarin wat ongezouten kritiek, en dit was niet de eerste keer. Toen ik haar vroeg wat daar dan mee was, zei ze: 'Nou, ik vind gewoon dat je dat niet zo moet doen. Ik vind dat irritant. Zeg het me dan gewoon in mijn gezicht in plaats van laf in een mailtje.'

Toen ik haar vroeg: 'Bedoel je dan nog steeds "verwonderen", of hebben we het hier over iets anders?' schoot ze in de lach.

'Nee, eigenlijk niet,' zei ze. 'Ik bedoel eigenlijk dat ik me gewoon kapot erger. Ik vind het stom en irritant dat ze haar kritiek in een mailtje spuit.'

Dit gebeurt heel vaak; we gebruiken vage of mooie woorden die van alles kunnen betekenen om maar niet duidelijk te hoeven zijn. Een getrainde praktisch filosoof, een analytisch luisteraar, heeft een antenne voor dit fenomeen en registreert de signaalwoorden waaruit blijkt dat iemand zit te 'cavia-met-snorren'.

Dat is ook meteen het moment om iemand mee te nemen naar wat diegene daar aan het doen is (mooie verdoezelwoorden gebruiken) én naar wat hij eigenlijk echt wil zeggen (dat hij boos is, geïrriteerd, het belachelijk vindt dat ze een zeur is!).

In de filosofische praktijk en in denkwerk willen we immers geen zelfcensuur, daar wordt het doorgaans niet helderder van.

Zinnetjes waaruit blijkt dat je zit te 'cavia-met-snorren' zijn bijvoorbeeld: 'ik vind het *fascinerend* hoe jij...', 'ik vind het altijd heel *bijzonder* wanneer mensen...', 'het is echt *wonderlijk* dat...' Die zouden een belletje moeten doen rinkelen.

Hier thuis maken wij ons ook regelmatig schuldig aan de cavia-met-snor trouwens, hoor. Matthijs zegt bijvoorbeeld regelmatig tegen mij dat hij mijn manier van de vaatwasser inruimen fascinerend vindt. Waarop ik dan antwoord dat zijn omgang met het fenomeen 'tijd' mij immer blijft verbazen.

Begrijp je het niet of ben je het er niet mee eens?

Een cavia-met-snor die ik even apart wil noemen is de ik-begrijp-het-niet-variant. Je claimt iets niet te begrijpen, terwijl je intonatie, mimiek en lichaamstaal iets anders vertellen: je begrijpt het donders goed, je vindt er alleen iets van.

'Ik begrijp níét hoe je dat kunt zeggen!'

'Kijk, mensen die tegen vaccineren zijn, die begrijp ik gewoon écht niet!'

'Mensen die nog steeds vlees eten, dat snáp ik gewoon niet!'

De kat hier is: 'ik vind het idioot wat je daar zegt', of 'mensen die tegen vaccineren zijn, zijn domme/stomme/rare mensen'.

We doen dit om een mening te geven zonder er verantwoording voor te hoeven afleggen. Je begrijpt het immers 'zogenaamd' niet. De ander heeft alleen vrijwel altijd door dat er iets nét niet helemaal klopt. Je zegt dat het gaat om 'begrijpen', maar ondertussen...

Soms begrijp je natuurlijk écht iets niet. Dat klinkt anders. Dan stel je een oprechte vraag: 'Waar komt dit idee vandaan?'

Ook in zelfonderzoek maken we ons hier schuldig aan: 'ik begrijp niet hoe ik zo heb kunnen reageren' of 'ik snap ook niet waarom ik dat zei'.

De kat hier zou zijn: 'ik vind het echt knap stom van mezelf dat ik zo reageerde', of 'ik wilde haar kwetsen omdat ik zelf boos was'. Daar ben je niet zomaar – dat vergt graafwerk zonder zelfcensuur.

Even tussen jou en jou

- Maak jij je ook schuldig aan het cavia-met-snor-fenomeen?
- Gebruik je soms de signaalwoorden om iets anders níét te hoeven zeggen?
- Welke kat durf jij geen kat te noemen? Waar ben je bang voor?
- Wanneer doe je dat?
- Veins jij weleens onbegrip terwijl je er eigenlijk iets van vindt? Wat zit daaronder, denk je?

En dan nu: de anti-walvis-tips – een voorbeeld

Ik sta in een danszaal met rode muren en een grote spiegel. De dansgroep: hobbyisten, voornamelijk dames van middelbare leeftijd. De jongste is ergens in de twintig, de meesten zijn veertig of ouder. Ik ben zelf op dat moment ergens begin dertig.

Onze choreograaf Marcel – jong, hip en een ontzettend goede danser – leert ons een nieuwe beweging: een zwoele lichaamsrol over de grond. Door je knieën zakken, plat op de grond gaan liggen en dan als een soort menselijke burrito over de grond rollen en opstaan. In het ritme van de muziek.

Voor ons, gewone stervelingen, is dit een uitdaging. Marcel demonstreert het alsof zwaartekracht voor hem meer een suggestie is dan een natuurwet. We proberen hem na te doen, 'rollebolling' over de vloer.

Na enkele pogingen staan we hijgend rechtop. Marcel kijkt tevreden. 'De choreo komt er steeds meer in,' zegt hij. Hij klapt in zijn handen, klaar voor de volgende aanwijzing. 'En dan nu: de anti-walvis-tips.'

Ik staar hem aan. De rest begint te giechelen. Zei hij dat nou echt?

Marcel vervolgt: 'Laten we het maar gewoon zeggen zoals het is, als je zo'n *body roll* doet, loop je het risico dat het eruitziet als een stelletje aangespoelde potvissen in plaats van soepele dansers.'

In de spiegel zie ik twintig monden openvallen, gevolgd door bevrijdend gelach. Want als ik eerlijk ben, lijken we inderdaad meer op een zeehondenverzameling in Pieterburen dan op sensuele dansgodinnen.

Marcels directheid blijkt precies wat we nodig hebben. Want niemand van ons ambieert een carrière in het zeehondenbassin. We hangen aan zijn lippen en volgen elke aanwijzing met hernieuwde toewijding, vastbesloten om van logge strandvondsten tot iets met enige gratie te transformeren.

Na de les besef ik dat die directheid goud waard is. Vaak zijn we bang om dingen te benoemen zoals ze zijn. Ik ook, als erelid van de Vereniging voor het Brave-Meisjessyndroom. Maar juist door het beestje bij de naam te noemen, wordt het helder genoeg om ermee te werken.

Net zoals wij, die aan het eind van de les transformeerden van gestrande zeezoogdieren naar... nou ja, op zijn minst elegantere dansers in wording.

Durf dus etiketten te plakken in het dagelijks leven. Op situaties, op gedrag, op jezelf. Dat lijkt spannend of eng, maar het is ook heel helder en daardoor bevrijdend. Ik weet van mezelf dat ik pretentieus kan zijn, kattig, kortaf, afwezig, een pleaser en nog veel, veel meer. Hoe duidelijker ik dat voor mezelf heb, hoe scherper ik het zie, hoe meer ik er zicht op heb. En hoe meer ik ermee kan werken.

6 Doe een bewering in plaats van een particuliere mededeling

- 'Ik voel me zo aangevallen door wat Robin zei.'
- 'Ik geloof dat mensen tegenwoordig te individualistisch zijn.'
- 'Volgens mij is deze organisatie niet zo inclusief als we denken.'

Dit soort uitspraken hoor je vaak – misschien herken je ze ook wel van jezelf. Het zijn particuliere mededelingen: ze vertellen vooral iets over jouw gevoel of mening. En hoewel die gevoelens en meningen er heus toe doen, zijn ze lastig te onderzoeken. Want hoe toets je een gevoel? Hoe onderzoek je een persoonlijke mening? Welke argumenten zijn er tegen 'ik voel me aangevallen'?

Voor zelfonderzoek heb je meer aan beweringen – uitspraken die iets zeggen over de werkelijkheid. Neem die eerste uitspraak over Robin. Als je 'ik voel me aangevallen' verandert in 'Robin valt me aan', heb je ineens een bewering die je kunt onderzoeken. Want wat deed Robin precies? Welk gedrag zie je als 'aanvallen'?

Of neem die uitspraak over individualisme. 'Ik geloof dat mensen tegenwoordig te individualistisch zijn' is een particuliere mening. Maar 'De Nederlandse samenleving is individualistischer dan tien jaar geleden' is een bewering die je kunt proberen te toetsen. Je kunt er argumenten voor en tegen zoeken, voorbeelden verzamelen, patronen ontdekken.

Het mooie aan beweringen is dat je ze kunt onderzoeken op

hun houdbaarheid. Je kunt vragen stellen als:

- Klopt dit met wat ik zie?
- Welk bewijs heb ik hiervoor?
- Welke tegenvoorbeelden zijn er?

Het doel is niet om nooit meer particuliere mededelingen te doen – die hebben ook hun plek en waarde. Maar voor zelfonderzoek wil je beweringen die je kunt toetsen. Want dan kun je echt onderzoeken of wat je denkt ook klopt met de werkelijkheid.

Die neiging om onze gedachten te verpakken als 'ik vind' of 'volgens mij' is geen toeval. Door iets als een persoonlijke mening te presenteren maken we onszelf minder kwetsbaar. Het is veiliger – niemand kan immers zeggen dat jouw gevoel 'niet klopt'. Het is een soort beschermende mist die we optrekken: als iemand het er niet mee eens is, kunnen we altijd zeggen 'ja maar dit is gewoon hoe ík het zie'.

Een bewering vraagt meer moed. Als je zegt 'deze organisatie is niet efficiënt' in plaats van 'ik vind dat deze organisatie niet efficiënt is', neem je een standpunt in. Je kunt erop bevraagd worden. Je moet het kunnen onderbouwen. Dat is spannender dan je gedachten verpakken als particuliere mening.

Ook als je nog niet precies weet wat je vindt, is het waardevol om van 'ik voel' of 'volgens mij' te bewegen naar concrete beweringen. Door te oefenen met formuleren wat je (voorlopig) denkt, vorm je niet alleen je mening, maar leer je haar ook onderbouwen – of bijstellen.

Bovendien is 'ik vind' of 'volgens mij' meestal overbodig. Als jij een bewering doet, is het vanzelfsprekend dat het jouw perspectief is – dat hoef je er niet nog eens extra bij te vermelden. Het is als een dubbele verzekering: we zijn zo bang om aangevallen te worden op onze gedachten dat we ze bij voorbaat al verzwakken door ze als puur persoonlijk te presenteren.

Hoe train je dit?

1 Let op signaalwoorden voor particuliere mededelingen:

- 'Ik voel...'
- 'Ik geloof...'
- 'Volgens mij...'
- 'Ik vind...'
- 'Wat mij betreft...'
- 'Als je het mij vraagt...'

Deze zinnen kunnen waardevol materiaal bevatten voor zelfonderzoek, maar het is handig om ze eerst om te zetten in beweringen over de werkelijkheid om er goed mee te kunnen werken.

2 Vraag jezelf: wat beweer ik hier eigenlijk over de werkelijkheid? Herformuleer je uitspraak zo dat deze toetsbaar wordt:

- Wie deed precies wat?
- Welk concreet gedrag zie je?
- Welke feiten ondersteunen je punt?

Praktische oefening: van particulier naar toetsbaar

Neem deze particuliere mededelingen en maak er beweringen van:

- 'Ik voel me niet serieus genomen in vergaderingen.'
- 'Ik vind dat jongeren tegenwoordig geen respect meer hebben.'
- 'Volgens mij zijn we niet efficiënt bezig.'

Door je particuliere mededelingen om te zetten in concrete beweringen maak je je gedachten onderzoekbaar, word je preciezer in wat je eigenlijk bedoelt en krijg je materiaal dat je kunt toetsen.

Deze vaardigheid vraagt oefening. Je zult merken dat het in het begin wat onwennig voelt om je persoonlijke gedachten en gevoelens om te zetten in toetsbare beweringen. Maar juist in die vertaalslag – van 'ik voel X' naar 'dit is X' – ontstaat de ruimte voor echt onderzoek.

Even tussen jou en jou

- Als je kijkt naar jouw uitspraken, doe je dan eerder beweringen of particuliere mededelingen? Als je vooral dingen zegt die beginnen met 'ik vind' of 'volgens mij', weet je dan waarom je dat doet?

7 Omarm voorlopigheid

We willen graag zeker zijn van onze zaak. Het liefst hebben we definitieve antwoorden, heldere conclusies, vaststaande feiten. Zeker als het gaat om je eigen identiteit, visies en opvattingen; het voelt best wankel als je even niet weet wie je bent, waar je voor staat of wat je wilt denken.

In zelfonderzoek werkt die hang naar conclusies vaak averechts. Juist door te snel naar zekerheid te grijpen mis je de rijkdom van het onderzoeksproces.

Voorlopigheid vraagt dat je even in het 'niet-weten' durft te blijven hangen. Niet omdat je geen antwoord kúnt vinden, maar omdat je het nog even uitstelt. Even de vraag openlaat. En dat voelt vaak wiebelig. Ongemakkelijk zelfs.

Antropologen noemen dat de liminale fase. Je vindt dit begrip terug in overgangsrituelen van traditionele samenlevingen: bij de stap van kind naar volwassene, van ongehuwd naar gehuwd, van leerling naar meester. In die overgang is er een fase waarin je niet meer bent wie je was, maar ook nog niet bent wie je zult zijn. Het oude losgelaten, het nieuwe nog onbekend.

Danielle Braun noemt dit ook wel het 'Ondertussen'. Ze zegt: 'We denken dat we zo hup kunnen omflappen van A naar B. Maar verandering gaat in drieën. In het "tussenin", in het nietweten, daar gebeurt het.' Ze vergelijkt het met een trapezeartiest: de ene stok al losgelaten, de andere nog niet vastgepakt, letterlijk zwevend, 'ertussenin'.[7]

Die metafoor past prachtig bij zelfonderzoek. Je oude denkpatronen laat je los, je neemt je aannames onder de loep. Maar wat je ervoor terugkrijgt weet je nog niet. Dat maakt het spannend. En soms ronduit vervelend. Alsof je op een feestje staat met je jas al aan: je hoort er niet meer helemaal bij, maar je bent ook nog niet weg. Dat gevoel van ontheemding hoort erbij.

Maar: in dat ongemak zit ruimte. In die onzekere tussenruimte ontstaat groei. Want daar ben je even los van je rollen, overtuigingen en vanzelfsprekendheden. Je hoeft nog niks te bewijzen. Daar kun je opnieuw kiezen: wat houd ik vast, wat laat ik gaan, wat wil ik ontdekken?

Voorlopigheid omarmen betekent dat je je conclusies als werkhypotheses ziet, niet als definitieve waarheden.

Voor zelfonderzoek is deze gewoonte essentieel. Als je te snel denkt 'zo zit het', sluit je je af voor nieuwe inzichten. Door voorlopigheid te omarmen blijf je ontvankelijk voor andere perspectieven, nieuwe informatie, alternatieve interpretaties.

Als je voorlopigheid tot gewoonte maakt, merk je dat je denken flexibeler wordt. Je staat opener voor feedback, voor nieuwe ideeën, voor het bijstellen van je meningen. Je voelt minder de druk om overal direct een definitief standpunt over in te nemen.

Hoe kun je 'voorlopigheid omarmen' beoefenen?

Je kunt deze houding de hele dag door trainen. Een paar praktische tips:

Gebruik voorlopige taal

- Train jezelf in het gebruik van woorden als 'vooralsnog', 'op dit moment denk ik', 'voor zover ik nu kan zien'. Dat is niet slap, zwak of een bewijs van jouw besluiteloosheid, dat is erkenning dat je inzichten kunnen groeien.
- Zelf maak ik er in interviews – waar een journalist of mediamaker toch wel graag een lekker soundbite-achtig, duidelijk antwoord verlangt – vaak een grapje over: 'Ik weet niet of ik

het over een tijdje nog met mezelf eens ben, maar op dit moment zou ik zeggen dat...'

Behandel je conclusies als hypotheses

- Zie je conclusies als werkhypotheses die je kunt toetsen.
- Neem de rol aan van een wetenschapper: die formuleert een hypothese en gaat dan op zoek naar bewijs dat die hypothese kan bevestigen of ontkrachten.

Het verschil met een conclusie is fundamenteel: een hypothese vraagt om onderzoek, een conclusie sluit het denken af. Door je gedachten als hypotheses te behandelen blijf je in een onderzoekende houding.

Je kunt een hypothese ook tijdelijk 'in onderzoek nemen'. Je hoeft niet meteen te weten of het klopt. Je kunt zeggen: 'Interessant dat ik dit denk. Laat ik dit eens een tijdje observeren en kijken of het standhoudt.'

Maak vragen van je stelligheden

De manier om voorlopigheid aan te geven in onze taal? Het vraagteken. Een vraag nodigt uit tot verder denken, een antwoord stopt je denken. Daar kun je dus vrij simpel een gewoonte van maken. Maak van iedere stelligheid die zich aan je opdringt een vraag. Niet één vraag, maar een reeks vragen die steeds dieper gaat. 'Wij moeten meer aan klantcontact doen' wordt:

- 'Moeten wij meer aan klantcontact doen?'
- 'Wat verstaan we onder "meer"?'
- 'En onder "klantcontact"?'
- 'Wie is "we" in deze vraag?'

Even tussen jou en jou

- Ben jij iemand die snel van A naar B wil?
- Kun jij het uithouden in het Ondertussen?
- In welke situatie heb jij onlangs iets ouds losgelaten, zonder dat het nieuwe er al was?

- Hoe sterk hecht jij aan je conclusies? Ben je in staat om ze als voorlopige hypothese te zien?
- Wat gebeurt er bij jou als je een conclusie moet herzien? Vind je dat ongemakkelijk, of maakt het je niet uit? Wat zit daaronder, denk je?

Een schijnbare paradox: duidelijk durven zijn én voorlopigheid beoefenen

De oplettende lezer denkt nu misschien: wacht even, bij punt 6 zeg je dat we geen 'ik vind' moeten gebruiken, en bij punt 7 pleit je juist voor voorlopige taal. Spreek je jezelf niet tegen? (En als je dat niet dacht, denk je het nu 😉)

Wat mij betreft, zit dat – ongeveer – zo: het gaat hier om verschillende momenten in je onderzoeksproces. Bij punt 6 maak je van ononderzochte gevoelens en meningen concrete beweringen. 'Ik voel me buitengesloten' is een vorm van emotionele incontinentie – je spuit je gevoel ongefilterd de wereld in. Om dit te kunnen onderzoeken moet je het eerst vertalen naar een bewering over de werkelijkheid: 'Mijn collega's sluiten me buiten.' Dán pas valt er iets te onderzoeken over dat concept 'buitensluiten': is dat aan de hand of niet?

Punt 7 komt pas daarna: na onderzoek van die bewering kun je tot een voorlopige conclusie komen. Je hebt dan onderzocht wat er precies gebeurt, welke patronen je ziet, welke aannames je had. Je hebt er een toetsbare bewering van gemaakt, die bewering getoetst, en je houdt je conclusie voorlopig.

Menselijk denken heeft dit spanningsveld nodig: voldoende duidelijkheid om verder te komen én voldoende openheid om niet vastgeroest te raken in aannames.

F. Scott Fitzgerald zei ooit, en ik vind deze uitspraak wel mooi: '*Let me make a general observation – the test of a first-rate intelligence is the ability to hold two opposed ideas in the mind at the same time, and still retain the ability to function.*'[8]

Technieken: de denkgereedschappen

De denkgereedschappen komen in het volgende hoofdstuk uitgebreid aan bod, maar omdat we hier een soort van landschapskaart aan het maken zijn, een totale ingrediëntenlijst van zelfonderzoek, vond ik het zinvol ze toch alvast even te noemen.

De denktechnieken zijn je concrete gereedschap voor zelfonderzoek:

Verhelderen

Begripsonderzoek – om precies te weten waar je het over hebt.
Conceptualiseren – om de kern te vangen van wat er speelt.
Vooronderstellingen onderzoeken – om verborgen aannames op te sporen.

Verstevigen

Redeneren – om te controleren of het een echt uit het ander volgt.
Argumenteren – om je gedachten te toetsen op geldigheid.
Problematiseren – om vanzelfsprekendheden kritisch te bevragen.

Vernieuwen

Dialectiek – om tegenstellingen en spanningen in denken te onderzoeken.
Out of the box – om je denken op te rekken voorbij het vertrouwde.

Deze technieken werken we in de volgende hoofdstukken uitgebreid uit. Ze zijn de concrete instrumenten waarmee je je denken aanscherpt.

Dus ter samenvatting: de mentale gewoontes (vertragen, gevoelig worden voor taal, observeren in het moment, een kat een kat noemen, voorlopigheid omarmen et cetera) moet je steeds, continu beoefenen als je aan een beetje leuke en effectieve denkerij en zelfonderzoek wilt doen. Het zijn geen trucjes die je leert, het zijn patronen die je traint.

Terwijl ik dit hoofdstuk schreef, liep ik ergens tegenaan: ik vroeg me soms af wat nu precies waarbij hoort. Is 'verwondering' of 'nieuwsgierigheid' bijvoorbeeld een mentale gewoonte die je kunt trainen, of is dat een grondhouding?

Is 'een kat een kat noemen' niet net zo goed een houding te noemen?

Mijn voorlopige conclusie (*wink wink* ;-)) is dat datgene wat je vaak genoeg beoefent vanzelf een houding wordt. Waar dingen als vertragen, onthechten en een kat een kat noemen wellicht eerst nog vaardigheden zijn die je bewust beoefent, wordt het uiteindelijk onderdeel van wie je bent, en dus van je levenshouding. Zoals fysiek trainen uiteindelijk ook je postuur verandert, vaak zonder dat je het zelf doorhebt.

Praktische randvoorwaarden

Naast de juiste houding, gewoontes en technieken heb je ook een aantal praktische zaken nodig om je zelfonderzoek te laten slagen:

Schrijven om te vertragen

Als mensen een denkgesprek met mij of een van mijn collega's willen voeren, werken we bijna altijd schrijvend. Meestal online via een Google Doc.

Als je aan zelfonderzoek gaat doen, zorg dan dat je dat schrijvend doet.

'Maar ik denk toch liever na?' hoor ik mensen vaak zeggen. Begrijpelijk, schrijven voelt als een extra stap. Toch is er een wezenlijk verschil tussen gewoon wat nadenken en je gedachten op papier zetten; denk ook aan het eerdere hoofdstuk over reflecteren en zelfonderzoek.

- Schrijven dwingt je om één gedachte af te maken voordat je naar de volgende springt.

- Je ziet je gedachten letterlijk voor je, waardoor je ze beter kunt onderzoeken.
- Je kunt later teruglezen wat je precies dacht (niet wat je dénkt dat je dacht).
- Het vertraagt je denken, waardoor je preciezer wordt.

Het hoeft geen literair meesterwerk te worden, maar schrijf wel in volledige zinnen; niet in kernwoorden of losse flodders. Dit lijkt misschien omslachtig, maar het dwingt je om je gedachten helemaal af te maken. Een halve zin leidt tot half denken. Door je gedachten volledig op te schrijven genereer je duidelijk, helder, overzichtelijk onderzoeksmateriaal.

Tijd: kwaliteit boven kwantiteit

Je hebt geen hele middagen nodig om aan zelfonderzoek te doen. Sterker nog, lange sessies zijn vaak minder effectief dan korte, gefocuste momenten. Wat wel werkt:

- Plan twintig of dertig minuten waarin je echt ongestoord kunt zitten.
- Kies één specifiek onderwerp of vraag voor die sessie.
- Zet je telefoon uit of leg hem in een andere ruimte.
- Houd je aan de eindtijd – dit helpt je gefocust te blijven.

Liever drie keer per week een kort, scherp moment (denk: kwartiertje) dan één lange sessie waarin je afdwaalt.

Denkruimte: creëer de juiste omstandigheden

Je brein heeft de juiste omstandigheden nodig om goed te kunnen denken:

- Zoek een plek waar je niet gestoord wordt.
- Zorg voor goed licht en frisse lucht.
- Heb pen en papier bij de hand.
- Creëer een ritueel (bijvoorbeeld theezetten, kaars aan, doe een dansje, zing een lied – *you do you*).
- Kies een moment waarop je nog mentale energie hebt. Voor mij is dat bijvoorbeeld in de ochtend. Als ik 's avonds nog probeer na te denken gaat dat vaak voor geen meter.

De beste plek is er een waar je je op je gemak voelt én alert kunt blijven. Voor sommigen is dat een studeerkamer, voor anderen een café of het park.

Discipline: maak het makkelijk om vol te houden

Discipline klinkt zwaar, maar het gaat vooral om slimme gewoontes creëren:

- Koppel je zelfonderzoek aan iets wat je al doet (bijvoorbeeld je ochtendritueel).

- Begin klein – vijftien minuten is beter dan helemaal niets.
- Houd je spullen op een vaste plek klaar voor gebruik.
- Plan je sessies in je agenda. Deze afspraak met jezelf is even belangrijk als die met je klant, collega of accountant.

Het belangrijkste is regelmaat. Net als bij sporten geldt: beter drie keer per week twintig minuten dan één keer per maand drie uur.

Structuur: maak een plannetje. Vooraf.

Zonder plan wordt zelfonderzoek al snel weer breinsurfen. Je hebt een heldere structuur nodig:

- Kies vooraf wat je wilt onderzoeken (een specifieke gebeurtenis, een terugkerend patroon, een overtuiging die je wilt toetsen).
- Bepaal welke denktechniek je gaat gebruiken (begripsonderzoek? Argumentatie?).
- Selecteer een passende oefening of stappenplan.
- Stel jezelf een concrete onderzoeksvraag.
- Plan wanneer je dit gaat doen en hoeveel tijd je eraan besteedt.

Zelf doe ik dit continu: een klein plannetje maken en uitvoeren. Een tijdje terug merkte ik dat ik ertegen opzag om een bepaald zakelijk gesprek te voeren. Ik werd ongemakkelijk van de persoon met wie ik dat zou moeten gaan doen. (Ik werd natuurlijk ongemakkelijk van mijn ideeën over die persoon, hè, voor de duidelijkheid!)

Op de een of andere manier wilde ik hem steeds te vriend houden waardoor ik níét zei wat ik eigenlijk wel wilde zeggen. Ik plande een halfuur op donderdagochtend, koos begripsonderzoek als techniek, en formuleerde mijn vraag: wat is 'een goede indruk maken'? Toen zag ik ineens: het ging me niet om eerlijkheid of duidelijkheid, maar vooral om aardig gevonden worden. Geen wonder dat ik steeds dichtklapte.

Dit korte, gerichte moment leverde meer inzicht op dan maanden vaag piekeren over hetzelfde onderwerp.

Zelfonderzoek zonder structuur is als een wandeling zonder bestemming – prima voor ontspanning, maar niet als je ergens wilt komen. Met een heldere focus en methode bereik je meer diepgang.

Tot slot: experimenteer

Deze praktische zaken zijn geen strakke regels maar hulpmiddelen. Experimenteer ermee tot je jouw ideale vorm vindt. Misschien werk jij het beste 's ochtends vroeg, of juist 's avonds. Misschien helpt het jou om hardop te praten tijdens het schrijven. Of om eerst te wandelen en dan te schrijven.

Het enige wat écht telt is dat je een vorm vindt die bij jou past én die je helpt om regelmatig aan zelfonderzoek te doen.

4

Denkgereedschappen voor je zelfonderzoek

Hoe je je denken verheldert, versterkt en uitdaagt

Ik vergelijk denken vaak met ademhalen. Dat doen we de hele dag door en meestal niet al te best: onbewust en oppervlakkig.

Pas wanneer je vastloopt of een probleem ervaart, gaat hyperventileren of kortademig wordt, word je je bewust van het proces van ademen zelf. Dan boek je eens een sessie bij een ademcoach en kom je erachter dat je beter en dieper kunt ademen dan je dacht.

Denken is precies zo: ook dat kan een stuk effectiever dan je denkt. Naast de denkhouding en de mentale gewoontes die je eerder leerde zijn er specifieke gereedschappen en oefeningen om je denken aan te scherpen.

1 Gereedschap voor verheldering

Deze helpen je scherp te krijgen wat je precies denkt en waar je het over hebt:

- Begripsonderzoek: wat bedoel je precies met dat woord of concept?
- Conceptualiseren: wat is de kern, de essentie van wat er speelt?
- Vooronderstellingen onderzoeken: welke aannames liggen onder je denken?

2 Gereedschap voor versteviging

Deze helpen je om je gedachten kritisch te toetsen en robuuster te maken:

- Redeneren: volgt het een logisch uit het ander?
- Argumenteren: waarom denk je wat je denkt? Wat zijn je argumenten?
- Problematiseren: waar zitten de barsten in je 'waterdichte' bewering?

3 Gereedschap voor vernieuwing

Deze helpen je om buiten de bestaande kaders te denken en 'nieuw' denken te produceren:

- Dialectiek: hoe kun je tegenstellingen verenigen in een nieuwe synthese?
- Out of the kaders: hoe kun je totaal nieuwe perspectieven vinden?

Deze indeling in drie categorieën – verheldering, versteviging en vernieuwing – is tijdens het schrijven van dit boek ontstaan vanuit een praktisch perspectief. Zo'n indeling is vaak wat kunstmatig, maar maakt die gereedschappen voor nu wel wat overzichtelijker. Het helpt je ook om gericht te kiezen welk gereedschap je in welke situatie nodig hebt. Loop je vast omdat je niet helder hebt wat je bedoelt? Ga naar de eerste categorie. Wil je toetsen of je gedachten standhouden of wat je hebt verhelderd ook nog aanscherpen? Kies iets uit de tweede categorie. Ben je op zoek naar frisse perspectieven? Dan is categorie drie je startpunt. Zo wordt het makkelijker om precies dat gereedschap te pakken dat je op dat moment nodig hebt. Bij elk gereedschap vind je eerst uitleg over wat het is en hoe het werkt, gevolgd door een fijne uitprobeeroefening. Wil je daarna meer, dan vind je in de appendix achter in het boek, 'De werkplaats', complexere oefeningen.

Denkgereedschap: zowel om denken te scheppen als om te beoordelen

Praktische filosofie gaat niet alleen over beter denken, maar ook over het beoordelen van de kwaliteit van je denken. Pas als je weet hoe een stevig argument eruitziet, kun je zien wanneer dat van jou rammelt. Pas als je geoefend bent in het opsporen van vooronderstellingen, kun je zien waar jouw eigen denken zich onbewust vastzet.

Denkgereedschappen gebruik je dus altijd op twee manieren:

- Om te denken
- Om je denken te onderzoeken en verfijnen

Net als een schrijver die zijn schrijfambacht eerst gebruikt om een verhaal te schrijven, en vervolgens redigeert met datzelfde ambacht. Deze twee versterken elkaar voortdurend. Het is als een trainer in onderhandelingsvaardigheden die door het analyseren van andermans onderhandelingen zelf ook weer een betere onderhandelaar wordt. Door steeds te zien waar anderen te snel toegeven, te weinig doorvragen of te veel aannames doen, word je je niet alleen bewuster van deze patronen – je gaat ze zelf ook vermijden.

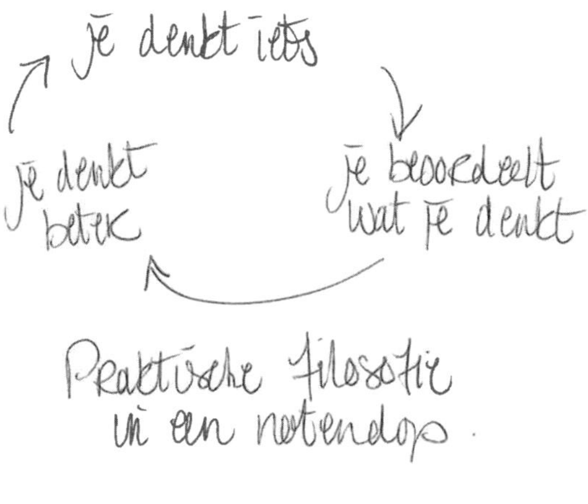

Dit kladje lag een tijd op mijn bureau tijdens het schrijven van dit hoofdstuk. Met mijn beste tekenvaardigheden probeerde ik visueel te maken wat ik schreef. Goed gelukt hé?

Uiteindelijk zul je merken dat je de gereedschappen, als je ze eenmaal kent en beheerst, gewoon vloeiend, intuïtief door elkaar kunt gebruiken. Dat is ook precies de bedoeling. In het aanleren ervan is het alleen wel handig om ze je een voor een, stapsgewijs, eigen te maken.

Je kunt je denkgereedschap vergelijken met de technieken van een ervaren kok. Een kok die tijdens het koken automatisch fruit, bakt, blancheert – zonder erbij stil te staan welke techniek hij precies gebruikt. Maar voordat hij zo vloeiend kon improviseren, heeft hij elke techniek apart geleerd en geoefend.

Zo werkt het ook met jouw denkgereedschappen.

Vragen, vragen, vragen: de manier om een denkgereedschap te activeren

De denkgereedschappen laten zich het best vangen in een vraag. In de praktijk zul je zo'n gereedschap zelden gebruiken als expliciete opdracht aan jezelf ('ik ga nu conceptualiseren'). Wat meestal beter werkt, is dat je jezelf een vraag stelt, waardóór je conceptualiseert.

Je denkt niet: ik ga redeneren. Je vraagt jezelf: klopt dit wel?

Je denkt niet: ik ga vooronderstellingen onderzoeken. Je vraagt: wat neem ik hier voor vanzelfsprekend aan?

De vraag is de vorm waarin denken op gang komt; het is de snelste manier om je denken op gang te brengen. Daarom zie je bij elk gereedschap steeds een aantal voorbeeldvragen staan.

Gereedschap voor verheldering

Dit zijn de gereedschappen die je nodig hebt wanneer je denken nog vaag is. Je voelt dat er iets aan de hand is, maar je kunt het niet scherp krijgen. Of je discussieert met iemand en merkt dat je langs elkaar heen praat omdat jullie verschillende dingen bedoelen. Met deze gereedschappen help je jezelf en anderen om helder te krijgen waar het nu eigenlijk over gaat, wat er speelt, en welke aannames er onder je gedachten liggen. Vaak alleen al door te verhelderen, verdwijnt de helft van het probleem. Je denken wordt meer gefocust, en je ziet scherper wat er aan de hand is.

Begripsonderzoek: wat bedoel je met <insert containerbegrip>?

Ik gaf een lezing aan een veiligheidsregio in het midden van het land. Een veiligheidsregio is een samenwerkingsverband tussen onder andere gemeenten, politie, brandweer, ambulancediensten en andere partners. Het doel ervan: de veiligheid binnen een bepaalde regio te waarborgen.

Na afloop stond ik na te praten met de directeur. Hij vertelde me een uiterst vermakelijk verhaal: 'Een aantal jaren geleden, ik was zelf nog actief bij de brandweer, deden we eens een oefening in Brabant, op de grens van Nederland en België. Grote oefening, bosrijk gebied, veel slachtoffers – je kent het wel, van die scenario's die we naspelen om goed voorbereid te zijn op echte calamiteiten.

We werkten die dag samen met onze Belgische collega's, zoals we dat in de grensstreek vaker doen. Maar er ontstond verwarring. Grote verwarring zelfs. We bleven maar heen en weer communiceren over het aantal slachtoffers en hun status. Waren het er nou twaalf of dertien? Hoe erg waren ze eraan toe? Waren er al een aantal overleden en hoeveel dan? Wie moesten er precies heen en wat was het protocol? Daar werd een poosje over gesteggeld, Nederlanders en Belgen tegenover elkaar. Het werd maar niet duidelijk – totdat een Belgische collega opeens vroeg: "Wacht efkes, "slachtoffers", dat betekent toch dat die reeds zijn overleden?"'

De directeur schoot in de lach. 'Toen viel het kwartje. In België betekent "slachtoffer" in brandweerjargon dat iemand is overleden. Bij ons in Nederland dat iemand gewond is. Hetzelfde woord, totaal andere betekenis! Gelukkig was het een oefening, anders hadden we een serieus probleem gehad.'

Ik vond het een perfect voorbeeld van waarom het zo belangrijk is om precies te zijn met de woorden die je gebruikt. Als zoiets al kan gebeuren met een ogenschijnlijk duidelijk woord als 'slachtoffer', hoe zit het dan met abstractere begrippen als 'vrijheid', 'authenticiteit' of 'rechtvaardigheid'?

Begripsonderzoek is het Zwitsers zakmes van de praktisch filosoof. Hoeveel gesprekken ontsporen er niet omdat mensen verschillende dingen bedoelen met hetzelfde woord? Vrijheid, respect, authenticiteit – klinkt prachtig, maar vraag tien mensen wat het betekent en je krijgt elf antwoorden. Tijd om te snijden, fileren en schuren tot er iets overblijft wat wél hout snijdt.

Waarom begripsonderzoek?

In zelfonderzoek gebruiken we voortdurend grote woorden: geluk, liefde, succes, groei. Maar zolang je niet precies weet wat jij ermee bedoelt, blijft je zelfonderzoek oppervlakkig.

'Ik zoek meer balans in mijn leven.' Oké, leuk, maar wat is balans? Meer yoga? Minder werk? Je koelkast in symmetrie organiseren?

Dit zijn voorbeelden die in je opkomen als je het woord 'balans' hoort, maar nog steeds niet de essentie van het begrip zelf. Dat doen we continu: associëren op een woord in plaats van het begrip zélf onder de loep nemen. We gooien graag grote woorden op tafel, maar vergeten te checken wat we er precies mee bedoelen. En voor je het weet, praat je langs elkaar heen.

'Authenticiteit' bijvoorbeeld. Iedereen wil authentiek zijn, maar wat is het? Betekent het 'trouw aan jezelf'? Wat is dat 'zelf' dan? Is het hetzelfde als 'eerlijk zijn'? Kun je té authentiek zijn? En wanneer is iets niet authentiek? Hoe weet ik dat?

Door dit soort vragen te stellen ontdek je de randen, de contouren én de complexiteit van een begrip.

Hoe doe je begripsonderzoek?

Heel concreet: door het begrip dat je wilt onderzoeken van alle kanten te verkennen, verwante begrippen te onderzoeken, en het op meerdere manieren te gebruiken. Hieronder een eerste kleine oefening om er eens mee te spelen.

1 Op stoom komen: zinnen maken

Om jezelf op gang te helpen: maak eens een aantal verschillende zinnen met het begrip dat je wilt onderzoeken. Dat helpt je vaak al op weg.

2 Zoek verwante begrippen

- Welke woorden lijken erop?
- Wat zijn de subtiele verschillen?

Voorbeeld: wat is het verschil tussen 'alleen zijn' en 'eenzaam zijn'?

3 Onderzoek tegenstellingen

- Wat is het tegenovergestelde?
- Zijn er meerdere tegenstellingen mogelijk?

Voorbeeld: is het tegenovergestelde van 'vrijheid' altijd 'gevangenschap'? Of soms 'structuur'? Of 'verbondenheid'?

4 Zoek de grenzen

- Wanneer is iets wel/niet onder dit begrip te scharen?
- Waar ligt het omslagpunt?

Voorbeeld: wanneer wordt 'spaarzaam' 'gierig'? Waar ligt de grens?

5 Test met voorbeelden

- Verzin concrete situaties
- Kijk of je definitie standhoudt

Voorbeeld: als 'respect' betekent dat je iemands grenzen accepteert, geldt dat dan ook als die grenzen anderen schaden?

De valkuilen

1 Je vastklampen aan de eerste de beste reddingsboei

De grootste fout bij begripsonderzoek? Denken dat je er al bent. We hebben de neiging om de eerste de beste definitie te pakken en te denken: mooi, opgelost! Maar dat is alsof je een moordzaak oplost door de eerste de beste verdachte op te pakken. 'Vrijheid betekent doen wat je wilt.' Oké, en dan? Kun je iemand tot vrijheid dwingen? Is een kind vrij als het alles zelf mag bepalen? Als je denkt dat je er bent, ben je pas net begonnen.

2 De hond die in zijn eigen staart bijt: cirkelredeneringen

Dit is een beetje 'denken op de loopband': je beweegt, maar komt geen meter vooruit.

- 'Liefde is als je van iemand houdt.' Wat betekent 'houden van' dan precies?
- 'Authenticiteit is gewoon... jezelf zijn.' Juist. En wat is 'jezelf zijn'?

Je verklaart het ene woord met het andere, zonder echt iets te zeggen. Een begrip definiëren met zichzelf is als een hond die zijn eigen staart achternazit – die blijft wel lekker bezig, maar wijzer wordt hij niet.

3 Slim en abstract, maar wat héb je eraan?

Soms klinkt een definitie heel slim, totdat je je afvraagt: wat betekent het nou écht?

'Vrijheid is de mogelijkheid om autonoom te handelen vanuit innerlijke authenticiteit.' Oké, mooi gezegd, maar hoe ziet dat er in het dagelijks leven uit?

Je onderzoekt 'authenticiteit' en vindt prachtige definities over 'trouw zijn aan jezelf'. Maar wanneer noem jij iemand 'authentiek'? En wanneer niet? Een begrip krijgt pas betekenis als het landt in jouw leven. Abstracte taal klinkt indrukwekkend, maar als je niet kunt uitleggen wat het concreet betekent, is het weinig waard.

Om jezelf te dwingen concreet te worden kun je de volgende vragen gebruiken: wat zie je als je X ziet? Wat merk je als er X is? Stel er is heel veel X, waar blijkt dat uit?

Hoe voorkom je deze valkuilen?

Door systematisch te werk te gaan kun je deze valkuilen beter vermijden:

- Schrijf al je gedachten en bevindingen op
- Zoek altijd naar concrete voorbeelden uit je eigen leven
- Onderzoek je eigen gebruik van het begrip
- Blijf doorvragen – juist als je denkt dat je het snapt
- Kijk naar de aannames onder je definities

Het vermogen om grondig begripsonderzoek te doen ontwikkelt zich door oefening en geduld. Door alert te zijn op deze valkuilen wordt je onderzoek steeds rijker en geeft het meer inzicht in je denkproces.

Tot slot: pietluttigheid levert je wat op

Begripsonderzoek lijkt misschien pietluttig. Maar juist door precies te zijn creëer je helderheid. Als je weet wat je bedoelt met 'vrijheid' of 'succes', kun je er ook gerichter aan werken.

Soms ontdek je door begripsonderzoek dat wat je dacht te willen, eigenlijk iets anders blijkt te zijn. Dat je 'vrijheid' had geadopteerd, maar eigenlijk 'autonomie' bedoelde. Of dat je 'authenticiteit' wilde maar eigenlijk op zoek was naar 'acceptatie'.

Zo kwam ik zelf een paar jaar geleden tot een – voor mij – belangrijk inzicht. Ik gebruikte vaak het woord 'lichtheid' als kernwaarde. Het was iets waar ik naar verlangde, waar ik mensen op uitzocht, wat ik zelf wilde uitstralen. Maar toen ik me tijdens een oefening afvroeg wat ik daar precies mee bedoelde, begon het te schuiven.

Ik associeerde lichtheid in eerste instantie met humor, speelsheid, relativeren. Maar na verder doorvragen merkte ik dat het die dingen niet per se hoefde te zijn. Lichtheid bleek voor mij vooral te ontstaan in momenten van innerlijke ruimte. Wanneer ik niet volledig samenval met mijn emoties of overtuigingen. Als ik de dingen kan zien zonder ze direct te willen controleren of fixen.

Toen realiseerde ik me: lichtheid is geen waarde op zichzelf, maar een gevolg van iets anders – van onthechting. Sindsdien richt ik me in mijn handelen en reflectie niet meer op 'lichtheid' als doel, maar op het beoefenen van onthechting: verwachtingen loslaten, minder persoonlijk nemen, pauze tussen trigger en reactie. Dat is concreet. En vaak ontstaat daaruit – als bijwerking – de lichtheid waar ik eerder naar zocht.

Dus de volgende keer dat je een groot woord gebruikt in je zelfonderzoek, vraag je af: weet ik eigenlijk wel precies wat ik hiermee bedoel?

Even tussen jou en jou

- Doe je al aan begripsonderzoek? Of nog niet?
- Gebruik jij (in een vergadering of gesprek) weleens begrippen zonder écht helder te hebben of je er wel hetzelfde mee bedoelt als je gesprekspartner?

In de appendix op pagina 300 vind je verschillende oefeningen waarmee je begripsonderzoek kunt verkennen en trainen.

Begripsonderzoek

Definitie

Het systematisch en precies onderzoeken wat een woord of concept inhoudt door het van alle kanten te bekijken, af te bakenen en te toetsen aan voorbeelden.

Wanneer te gebruiken

- Wanneer je vage, grote woorden gebruikt die belangrijk voor je zijn
- Als je vastloopt omdat je niet precies weet wat je eigenlijk bedoelt
- Als je bezig bent met een kernbegrip voor je identiteit of waarden
- Wanneer je merkt dat je een woord vaak gebruikt zonder het ooit echt onderzocht te hebben
- Als je merkt dat jij en anderen langs elkaar heen praten

Vragen om jezelf te stellen

- Wat betekent dit begrip precies?
- Welke kenmerken zijn essentieel voor dit begrip?
- Wanneer valt iets wel/niet onder dit begrip?
- Wat is het tegenovergestelde of wat zijn verwante begrippen?
- Wat zijn concrete voorbeelden van dit begrip in de praktijk?

Conceptualiseren: indikken. Als een espresso

Wat is conceptualiseren?

We beginnen even met een gedachte-experiment, bekijk het volgende plaatje eens:

Gemaakt met Canva AI

Als ik jou vraag om de voorwerpen op het plaatje met één woord te duiden, dan zeg jij hoogstwaarschijnlijk: 'bal'.

Je ziet allemaal verschillende uitingen van het concept, maar je weet toch direct welk centraal begrip hier bedoeld wordt: je herkent overal 'bal' in, ook al zijn het niet dezelfde ballen.

Hetzelfde geldt voor honden. Een chihuahua en een Duitse dog hebben niet veel gemeen qua uiterlijk, en toch: als je er maar één woord aan mag geven, gebruik je 'hond'.

Of neem stoelen – van keukenstoel tot designfauteuil, je herkent als het ware de 'stoelheid' ervan.

Conceptualiseren is je brein dwingen tot kernachtig denken: de vaardigheid om de essentie aan te wijzen door het te benoemen in liefst één, soms twee woorden.

Of theoretischer – maar wel raak: conceptualiseren is het vermogen om de essentie van een complex idee, situatie of gedachte terug te brengen tot een kernachtig begrip, waardoor het inzichtelijker en hanteerbaarder wordt.

Conceptualiseren: denken op de espressostand

Conceptualiseren is een beetje 'denken op espressostand': indikken, concentreren, de smaak versterken. Je pakt een brij aan woorden en destilleert de kern.

Heel handig in het dagelijks leven, voor jezelf én voor je contact met anderen. Sommige mensen hebben er een handje van een boel woorden de ruimte in te slingeren; handig als je daar soep van kunt maken.

Stel je voor: je teamleider houdt een lang verhaal over waarom een project vastloopt. Er komen deadlines voorbij, verantwoordelijkheden, gebrekkige communicatie, en software die niet meewerkt. Je luistert en merkt dat het eigenlijk steeds terugkomt op één punt: niemand voelt zich echt verantwoordelijk.

Dus je zegt: 'Volgens mij hoor ik je vooral zeggen dat er te weinig eigenaarschap is in het team. Klopt dat?'

'Ja, precies dat!' zegt hij dan opgelucht.

Je hebt zijn geratel gedestilleerd tot één centraal concept. Dat geeft, naast een boel helderheid, vaak ook opluchting.

Je vriendin die uitweidt over haar relatieproblemen? Verwachtingen.

De vergadering waarin iedereen zich opwindt over een nieuw beleid? Onzekerheid.

Je eigen eindeloze getwijfel over een beslissing? Controledrang. Afijn, je snapt het.

Als je ergens een woord voor hebt, krijgt het gevoel soms een 'thuis'

In haar boek *Goedbedoeld moeilijk maken* beschrijft vriendin en collega Ariane van Heijningen een situatie waarin zij zelf zocht naar het best passende concept voor haar situatie. Ze neemt ons in haar boek mee naar een avond drie dagen nadat ze hun dochter helpen verhuizen, bij hen thuis, bij Ariane en haar man; ze gaat voor het eerst op kamers.

Ariane beschrijft hoe ze die avond op de bank zit, ze kijkt de huiskamer rond.

Ze schrijft: 'Er hangen foto's van onze dochter aan de muur, maar ze is er niet. De tv staat aan, niet op een zender die zij gekozen zou hebben. Het is onzinnig om nu chips naar haar kamer te brengen. Overdreven om haar het tiende appje in drie dagen te sturen. Ik voel zoveel liefde voor haar en kan er even geen kant mee op.'

Ariane onderzocht toen wat er bij haar vanbinnen gebeurde: 'Welk woord zou ik kunnen vinden dat mij zou helpen de situatie te begrijpen die ik ervoer, maar niet kon duiden?'

Voelde ze verdriet? Nee, dat was het net niet. Eenzaamheid? Nee, dat ook niet.

Uiteindelijk kwam ze tot het concept 'onthande liefde'. Prachtig, toch?

Ze schrijft: 'Dát was waar ik op dat moment aan "leed". Ik kon, toen die woorden in mijn hoofd klonken, nog dieper voelen dat mijn oude manier van liefde geven haar tijd had gehad en dat ik naar nieuwe liefdesgebaren toe zou moeten groeien in de relatie met mijn dochter. Maar daar was ik nog niet op dat moment. Hoe onthand! Met zoveel liefde!'

Precies de juiste woorden vinden voor wat je voelt, zegt, bedoelt, het juiste concept voor de juiste gebeurtenis of gedachte, zorgen voor een dieper begrip – en daarmee ook vaak voor een soort opluchting. Arianes verhaal vind ik een prachtig voorbeeld van wat conceptualiseren kan betekenen.

Even tussen jou en jou

- Is er voor jou een situatie die je bezighoudt, waar je graag een helder concept voor zou willen hebben? Welk concept zou dat kunnen zijn?
- En als je het hebt gevonden, hoe voelt dat?

Waarom is conceptualiseren waardevol voor zelfonderzoek?

1 Het zorgt voor orde in je denken

In plaats van eindeloos te malen over situaties help je jezelf door te vragen: wat is hier nu eigenlijk de kern? Vaak blijkt dat een aantal halve gedachten terug te brengen zijn tot één centraal concept.

2 Het verheldert je emoties

Ken je dat gevoel dat alles één grote emotionele soep is? Door te conceptualiseren kun je onderscheid maken: dit is vooral angst, met wat boosheid eromheen. Het geeft je inzicht in wat er binnen in je omgaat.

3 Je ontdekt je eigen denkpatronen

Door steeds de essentie te vangen ga je patronen zien. Misschien merk je dat verschillende situaties die je dwarszitten allemaal teruggaan naar het thema 'controle' of 'erkenning'.

4 Je krijgt helder inzicht in je eigen gedrag

Hier wordt het spannend. We plakken makkelijk het label 'stoel' op een stoel, maar vinden het lastig om gedrag te benoemen. Toch is het soms nodig om te kunnen zeggen: 'Hier was ik arrogant/bot/ongeduldig/te snel/onaardig.'

5 Het is nuttig in discussies

Als je moeder zegt: 'We moeten kerst bij ons vieren met een kalkoen en een boom en cadeautjes, zo doen we het immers al jaren', dan herken je meteen het kernbegrip 'traditie'. Daardoor kun je gerichter doorvragen: 'Wanneer moet een traditie veranderen?'

Wat zég je en wat ben je aan het dóén?

Bij conceptualiseren kun je op twee niveaus werken:

1 Conceptualiseren op inhoud: wát wordt er gezegd?

Dit is waar mensen meestal aan denken bij conceptualiseren. Je zoekt het kernwoord dat de inhoud vangt:

- Een lange monoloog over klantenservice → snelheid
- Een verhaal over je relatie → vertrouwen
- Een discussie over werkdruk → controle

Je vraagt je hier steeds af: als ik één woord moet kiezen om te vatten waar dit over gaat, wat is dat ene woord dan?

2 Conceptualiseren op handeling en gedrag: wat ben je aan het dóén?

Wanneer ik een keynote of training geef, gebeurt regelmatig het volgende: iemand steekt zijn hand op en zegt: 'Mag ik een vraag stellen?'

Vaak ben ik dan een beetje plagerig en zeg ik: 'Dat hangt ervan af. Wat is het eerste woord van je vraag?'

Bijna altijd zegt diegene dan – na de eerste shock van deze ongewone interventie van mij – iets als 'Ik...' of 'Kan...' of 'Mag...'.

En dan weet ik: wat nu volgt, is geen vraag. Dit wordt een statement, verpákt als een vraag. ('Vind je niet dat dit een beetje simplistisch is?' 'Kan het ook niet zo zijn dat...?') Dit is een voorbeeld van **handeling en gedrag conceptualiseren**. De persoon in kwestie denkt dat hij een vraag stelt, maar als je kijkt naar de kern van wat hij doet, dan is het geen vraag maar een verkapte mening, een verklaring of soms zelfs een oordeel.

Soms gaat het niet om wat iemand zegt, maar om **wat diegene aan het doen is.**

'Ik stel alleen maar een vraag, hoor!' → Ben je echt aan het vragen, of ben je aan het testen?
'Ik begrijp níét waarom je dat zou doen!' → Weet je nog, van het hoofdstuk over cavia-met-snorren? Begrijp je het niet of ben je het er niet mee eens?
'Ik probeer alleen te helpen!' → Help je echt, of wil je controle?

Dit soort conceptualisatie is niet alleen handig in gesprekken met anderen, maar ook voor zelfonderzoek.

Je moet dus ook conceptualiseren wat je doet. Je benoemt wat je aan het dóén bent:

- Ben je aan het uitleggen?
- Stel je een vraag?
- Ben je je aan het verdedigen?
- Geef je een voorbeeld?
- Ben je aan het oordelen?
- Ben je aan het associëren, fantaseren of piekeren?

Dit is krachtig gereedschap voor zelfonderzoek omdat je hiermee patronen in je denken en spreken kunt ontdekken. Misschien merk je dat je snel in de verdediging schiet, meer oordeelt dan vraagt, veel uitlegt en weinig luistert, de neiging hebt tot piekeren of om de hete brij heen draaien.

Door deze handelingen te conceptualiseren ('Ah, ik ben me nu aan het verdedigen in plaats van uitleggen') krijg je grip op hoe je denkt en spreekt. En dat is een cruciaal inzicht in zelfonderzoek: wat je denkt dat je aan het doen bent, is niet altijd wat je écht aan het doen bent.

Vraag je in gesprekken en bij je zelfonderzoek regelmatig af:
- Waar gaat dit over? (INHOUD)
- Wat ben ik aan het doen? (VORM)

Even tussen jou en jou

- Conceptualiseer jij al op inhoud? Hoe en wanneer doe je dat vooral? En wanneer nog niet?
- Conceptualiseer jij al wat je gaat doen (ik ga een vraag stellen, uitleggen, een voorbeeld geven)? En matcht dat ook met wat je daadwerkelijk doet?

Wees precies – vage concepten tellen niet

Het is verleidelijk om in algemeenheden te blijven hangen: 'Ik voel me niet fijn' of 'Het was een rare situatie.' Dat zijn geen concepten, dat zijn vermijdingen. Durf specifieker te zijn. Niet fijn kan 'eenzaam' betekenen, of 'overweldigd'. Raar kan 'grens-

overschrijdend' zijn, 'manipulatief' en nog honderd andere dingen. Wat bedoel je precies?

De tegenhanger doet altijd mee

Een belangrijk inzicht bij conceptualiseren is dat in elk concept het tegendeel al besloten ligt. Je kunt niet over 'kwetsbaarheid' spreken zonder dat 'kracht' meeresoneert. Je kunt 'moed' niet begrijpen zonder dat 'angst' er onderdeel van is.

Je kunt 'groot' niet uitspreken als 'klein' niet zou bestaan. Het een schept het ander. Of kijk naar 'vrijheid' – dit concept krijgt pas betekenis in relatie tot begrenzing. 'Vertrouwen' bestaat niet los van zijn tegenovergestelde (twijfel, wantrouwen); ze definiëren elkaar, geven elkaar vorm en betekenis.

Als iemand bijvoorbeeld zegt dat hij 'rust' zoekt, speelt daar altijd een ervaring van 'onrust' in mee (je weet wel, dat moment dat je vakantie begint en je verzucht: 'Nu ga ik eindelijk écht rust pakken!'). Als je dit beseft, ga je concepten anders zien: niet als geïsoleerde begrippen, maar als spanningsvelden waarin betekenis ontstaat.

Deze inherente verbondenheid met het tegendeel maakt conceptualiseren ook zo krachtig voor zelfonderzoek. Als je merkt dat 'erkenning' een belangrijk concept is in je leven, weet je dat daar een ervaring van 'miskenning' aan ten grondslag ligt. Iemand die spreekt over 'hoop', heeft nu een ervaring van wanhoop. Het een kan niet zonder het ander bestaan – ze zijn twee kanten van dezelfde medaille. Die tegenhanger kun je niet links laten liggen, in de prullenbak kieperen of wegpoetsen, hoe graag je soms ook zou willen.

Het comfortabele concept als bliksemafleider

Een interessant verschijnsel is namelijk: vaak kies je onbewust voor het 'comfortabele' concept, terwijl juist het ongemakkelijke tegendeel de kern raakt. Als iemand steeds benadrukt hoe 'sterk' hij is, ligt daar meestal een diepe zorg over kwetsbaarheid onder. Wie veel spreekt over 'vertrouwen', worstelt mogelijk met twijfel. Het concept dat je als favoriet adopteert verraadt vaak waar je niet wilt kijken.

Het vraagt moed om ook dat andere concept onder ogen te komen. Als je merkt dat je bepaalde woorden vaak gebruikt, vraag je dan eens af: wat is het tegendeel dat ik liever niet zie? Waarom kijk ik daar liever niet naar?

Meestal ligt daar een waardevol inzicht te wachten.

Dit uitgangspunt biedt je een instrument om je eigen en andermans denken scherper te doorzien. Het nodigt uit om verder te kijken dan het genoemde concept alleen en de volledige betekenisruimte te verkennen. En wie weet ontdek je onderweg nog wat over jezelf, al was het maar waarom je altijd zo rusteloos wordt van het woord 'ontspannen'.

Even tussen jou en jou

- Herken je dat: dat je je favoriete concepten vaak gebruikt, en de tegenhanger niet of nauwelijks? Kun je daar juist wél naar kijken?

De valkuilen van conceptualiseren

1 Het all-you-can-eat-concept: te breed

Een veelvoorkomende valkuil is dat we blijven hangen in concepten die te abstract of te breed zijn. We kiezen dan woorden als 'goed', 'vrijheid' of 'leven'. Deze woorden zijn zo omvattend dat ze geen onderscheidend vermogen meer hebben en hun betekenis verliezen.

Stel je voor: je praat met een vriend over zijn nieuwe baan. Hij vertelt enthousiast over zijn fijne collega's, de mogelijkheid om thuis te werken, en hoe hij zijn eigen projecten mag kiezen. Als je dit samenvat met het concept 'goed', mis je de essentie. Het gaat hier specifiek over 'autonomie' – dat is het preciezere concept waar zijn verhaal om draait.

2 Te weinig afstand nemen

Wanneer je emotioneel betrokken bent bij een situatie, wordt het lastiger om helder te conceptualiseren. Je raakt dan verstrikt in je eigen gevoelens en verliest het vermogen om de situatie helder te analyseren.

Bijvoorbeeld: je partner vertelt over een conflict op het werk. Je voelt zijn frustratie, je wordt boos op zijn baas ('Leo ook altijd met zijn gezeik!'), en voor je het weet interpreteer je zijn verhaal vanuit jouw emoties.

Waar het inhoudelijk ging over 'miscommunicatie', maak jij er 'onrecht' van. Maar dat is wat jíj ervaart, niet wat je partner als hoofdconcept op tafel legt.

Je emotionele betrokkenheid vertroebelt je vermogen om het kernconcept zuiver te zien.

3 Te snel tevreden zijn

Een minder opvallende maar belangrijke valkuil is dat we te snel denken 'dit is het concept' en stoppen met zoeken. Vaak ligt er onder het eerste concept dat we vinden nog een preciezer, kernachtiger concept.

Bijvoorbeeld: iemand vertelt over zijn moeite met deadlines halen, vergaderingen bijwonen en e-mails beantwoorden. Je zou kunnen zeggen dat het over 'stress' gaat, maar als je doorzoekt blijkt het eigenlijke concept 'werkdruk' – dat raakt meer de kern.

4 Verwarren van symptoom en oorzaak

Soms grijpen we naar het meest zichtbare concept, terwijl dat eigenlijk een uiting is van iets diepers. Dit vraagt om een grondiger analyse van wat er werkelijk speelt.

Een voorbeeld: je merkt dat je je ergert aan mensen die te laat komen, aan onduidelijke afspraken, aan onverwachte wijzigingen in je agenda. Je zou kunnen zeggen dat het over 'irritatie' gaat, maar dat is het symptoom. Het onderliggende concept is 'controleverlies' of 'flexibiliteit' (twee kanten van dezelfde munt) – de fundamentele spanning die deze situaties oproepen.

Hoe voorkom je deze valkuilen?

Door systematisch te werk te gaan kun je deze valkuilen vermijden:

- Onderzoek bij elk concept of er een preciezer alternatief is
- Creëer bewust emotionele afstand bij persoonlijk beladen situaties
- Toets je concept aan de oorspronkelijke situatie of tekst
- Blijf doorvragen als je denkt een concept gevonden te hebben
- Onderzoek of je concept een symptoom of een oorzaak beschrijft

Het vermogen om scherp te conceptualiseren ontwikkelt zich door oefening en kritisch zelfonderzoek. Door alert te zijn op deze valkuilen wordt je conceptualisering steeds preciezer en bruikbaarder voor je denkproces.

Als je dus weer eens eindeloos loopt te malen over een probleem: denken op de espressostand. Eén kernwoord. De rest is ruis.

Oefeningetje om te beginnen

Kijk eens naar onderstaande spreekwoorden en gezegdes. Kun je die conceptualiseren met één woord, hooguit twee woorden?

De appel valt niet ver van de boom
Je moet niet op één paard wedden
Wat gij niet wilt dat u geschiedt, doe dat ook een ander niet

Eigenlijk zou je kunnen zeggen dat je van alles kunt conceptualiseren: het is bijvoorbeeld een heel goede en leuke oefening om een schilderij, toneelstuk, gedicht of film in één woord te proberen te vangen.

In de appendix op pagina 303 vind je nog veel meer oefeningen om te leren conceptualiseren.

Conceptualiseren

Definitie

Het terugbrengen van een complex idee, situatie, gedachte of gedrag tot één of twee kernwoorden die de essentie vangen, waardoor het inzichtelijker en hanteerbaarder wordt.

Wanneer te gebruiken

- Wanneer je overweldigd wordt door een veelheid aan gedachten of informatie

- Als je de kern van je eigen gedachten wilt vinden
- In gesprekken waar mensen veel woorden gebruiken zonder tot de kern te komen
- Als je een situatie wilt begrijpen door het centrale thema te benoemen

Vragen om jezelf te stellen
- Als ik dit geheel in één woord moet vangen, welk woord is dat dan?
- Wat ben ik hier eigenlijk aan het doen? (conceptualiseren van handeling)
- Waar gaat dit werkelijk over, los van alle details?
- Welk concept verbindt al deze schijnbaar losse elementen?

Vooronderstellingen: van die dingen die je – onbewust – voor waar aanneemt

- 'Als je succesvol wilt zijn, moet je gewoon hard werken.'
- 'Als je van iemand houdt, wil je alles met die persoon delen.'
- 'Een goede moeder is er altijd voor haar kinderen.'

Deze uitspraken klinken misschien vanzelfsprekend. Maar in elk ervan zit een hele wereld aan vooronderstellingen verstopt. Vooronderstellingen zijn de onuitgesproken aannames die je als 'waar' beschouwt, meestal zonder ze ooit echt onderzocht te hebben.

Het belangrijkste gereedschap om vooronderstellingen op te sporen is deze vraag: wat moet ik als 'waar' beschouwen om deze uitspraak te kunnen doen?

Neem bijvoorbeeld de uitspraak: 'We moeten meer vrouwen in de top van het bedrijfsleven krijgen.' Als je je afvraagt wat je als 'waar' moet beschouwen om dit te kunnen zeggen, kom je op vooronderstellingen als:

- Dat er nu te weinig vrouwen in de top zitten
- Dat een gelijkere verdeling beter is
- Dat je dit kunt en moet sturen
- Dat 'de top' een wenselijke plek is om te zijn
- Dat vrouwen daar willen zitten
- ...
- ...

Of neem die eerdere uitspraak: 'Als je succesvol wilt zijn, moet je gewoon hard werken.' Hierin zitten allerlei vooronderstellingen verborgen:

- Dat 'succes' vooral door werk wordt bepaald
- Dat hard werken altijd tot succes leidt
- Dat iedereen dezelfde definitie van 'succes' hanteert
- Dat 'succesvol zijn' iets is wat je moet ambiëren
- ...

'Je moet eerst jezelf kennen voor je anderen kunt helpen.'
Vooronderstelling: zelfkennis komt vóór helpen.
En: zelfkennis is een vaststaand iets.

'Ik heb altijd pech.'
Vooronderstelling: pech is een constante factor.
En: toeval bestaat niet.

Zie je hoe lollig dit spelletje is? En hoe simpel? En hoe waarachtig als je de boel op die manier eens opschudt en gaat bevragen.

Het bijzondere aan vooronderstellingen is dat ze zo vanzelfsprekend lijken dat je ze niet eens als aannames herkent. Ze voelen als 'de waarheid' of 'gezond verstand'. Maar vaak zijn het aangeleerde of overgenomen ideeën die je denken en handelen sturen zonder dat je het doorhebt.

Waarom wil je vooronderstellingen goed kunnen destilleren en onderzoeken?

Voor zelfonderzoek is het cruciaal om je vooronderstellingen te leren herkennen. Want juist omdat ze zo onzichtbaar en vanzelfsprekend zijn, hebben ze enorme invloed op hoe je denkt, voelt en handelt.

Ten eerste **sturen vooronderstellingen je gedrag** zonder dat je het doorhebt. Ze fungeren als onzichtbare beslisregels die bepalen hoe je situaties interpreteert en erop reageert.

Neem Thomas, salesmanager van een groot team. Hij ziet de resultaten teruglopen en voert direct meer controles in: hij plant extra voortgangsgesprekken, stuurt reminders over deadlines, kijkt over schouders mee naar hoe de salesgesprekken verlopen. Zijn team wordt er niet productiever van – ze worden vooral chagrijnig. Na een sessie zelfonderzoek specifiek op vooronderstellingen ontdekt Thomas wat hij onbewust voor waar aanneemt:

- Dat mensen alleen hard werken als je ze controleert
- Dat meer controle leidt tot betere resultaten
- Dat 'harder werken' de oplossing is voor tegenvallende resultaten

Ten tweede **kunnen vooronderstellingen je beperken als je ze niet onderzoekt.** Ze versmallen je blik en daarmee je handelingsmogelijkheden. Thomas' vooronderstelling over controle en prestatie sluit andere verklaringen en oplossingen uit. Hij ziet niet dat zijn aanpak mogelijk juist demotiverend werkt.

Tegelijk kunnen vooronderstellingen je ook vooruithelpen, mits ze bewust zijn onderzocht, doordacht en gekozen.

Een derde cruciaal punt is **dat je snel vooronderstellingen overneemt uit je omgeving** – van ouders, docenten, eerste werkgevers, de maatschappij. Thomas' ideeën over management komen rechtstreeks van zijn eerste leidinggevende: 'Zo werkt het nou eenmaal in sales,' zei die altijd. Ze lijken vanzelf-

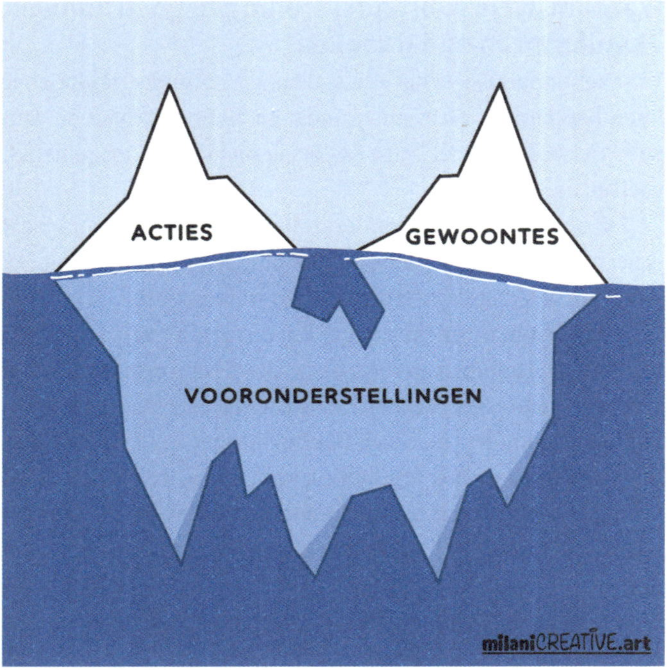

sprekend omdat ze al zo lang deel uitmaken van zijn denken.

Het onderzoeken van je vooronderstellingen geeft je de mogelijkheid om bewust te kiezen welke aannames je wilt behouden en welke je wilt vervangen. Toen Thomas zijn vooronderstellingen over controle en prestatie onder de loep nam, ontstond ruimte voor een andere managementstijl – met betere resultaten als gevolg.

Vooronderstellingen zijn dus geen statische waarheden maar aannames die je kunt onderzoeken, bijstellen en bewust inzetten. De kunst is om ze eerst helder te zien.

Mag het ook minder dan honderd procent zijn?

Ik heb jarenlang getwijfeld of ik kinderen zou willen. (Als je *Socrates op sneakers* hebt gelezen weet je er iets van.) Sterker nog, ik was er – heel lang – stellig van overtuigd dat ik ze níét wilde. Mijn vriend Matthijs aan de andere kant was er zijn hele leven ‘gewoon’ van uitgegaan dat hij ooit vader zou worden; dat dat ook níét zou kunnen gebeuren omdat zijn partner dat niet zou willen, was nog niet in hem opgekomen. Waar hij te onderzoeken had hoe een leven zonder kinderen eruit zou kunnen zien, vond ik op mijn beurt dat ik er op z’n minst onderzoek naar moest doen, naar die vraag: wat als ik wél, misschien tóch... dat moederschap...?

Ergens in dat zelfonderzoek rond die grote kindervraag stuitte ik op een hardnekkig idee dat ik blijkbaar al lang met me meedroeg. Ik merkte hoe ik steeds terugkwam bij één specifieke overtuiging die ik blijkbaar ooit had geadopteerd: als je een kind wilt, dan moet je er echt wel honderd procent voor gaan en er honderd procent van overtuigd zijn.

Nou, die honderd procent, die was er niet, DUS ik mocht er niet voor gaan, was mijn onbewuste conclusie. Als een soort wetmatigheid die ik nooit bevraagd had. Een nogal absoluut uitgangspunt ook, heel raar voor een praktisch filosoof die andere mensen leert hoe ze leniger worden in hun denken.

Het werd me weer duidelijk hoe één niet-onderzochte aanname mijn hele denken kon bepalen. Ik begon me af te vragen: waar komt die honderd procent eigenlijk vandaan? En ook: wie heeft bepaald dat het honderd procent moet zijn?

Het heeft denk ik een jaar of twee geduurd, dat onderzoek rond die zou-ik-misschien-toch-een-kindje-willen-vraag. Ik was midden dertig, ik had niet meer alle tijd van de wereld. Ik zocht, bevroeg, liet me bevragen, maar toch bleef er steeds iets ‘vastzitten’. Ik weet nog dat ik in de slaapkamer uit het raam stond te kijken toen dé vraag zich aandiende die deze vooronderstelling, van die honderd procent, in beweging zette. Ik hoorde die vraag als het ware vanuit de bossen achter ons huis, via de weilanden, over de zandweg, mijn hoofd binnenrollen:

mag je het ook willen als het niet honderd procent is? Is tachtig procent 'ja' ook genoeg?

Die vraag zette iets in beweging. Ik begon andere vragen te stellen aan vriendinnen die al moeder waren. Niet meer 'wist je het meteen zeker?' maar 'hoe ging je om met je twijfels?' Ik las andere artikelen op forums, zocht naar verhalen over ambivalentie. En wat bleek? Die ambivalentie was helemaal niet zo zeldzaam – ze lag alleen niet op de voorgrond.

Dit is precies hoe vooronderstellingen werken: ze lijken zo vanzelfsprekend dat we ze niet eens als aanname herkennen. Ze voelen als 'de waarheid'. En juist daarom kunnen ze ons zo vastzetten in ons denken. Want wie heeft ooit bewezen dat je honderd procent zeker moet zijn over zoiets groots als het krijgen van een kind? Sterker nog, kunnen we ooit honderd procent zeker zijn over iets?

Die 'honderd procent zekerheid' past in een breder cultureel patroon waarin we, zeker rond ouderschap, streven naar perfectie. We zien het terug in tijdschriften ('de perfecte moeder'), op social media ('*picture perfect family*') en in de druk die we onszelf opleggen. Maar perfectie en zekerheid zijn misschien wel de grootste vijanden van groei en ontwikkeling.

Inmiddels heb je eerder in dit boek kunnen lezen dat het gelukt is; we hebben een heerlijk kind, een jongetje. En weet je: die ambivalentie naar dat moederschap, die is er soms nog steeds. En dat is helemaal oké.

Hoe kom je je vooronderstellingen op het spoor?

Start met een uitspraak en vraag steeds: wat moet waar zijn om dit te laten kloppen?

Voorbeeld

Uitspraak: 'Je moet eerst jezelf kennen voordat je anderen kunt helpen.'

Wat moet waar zijn om dit te laten kloppen?

- Zelfkennis en anderen helpen zijn gescheiden processen
- Zelfkennis is een voorwaarde voor het helpen van anderen
- Je kunt een punt bereiken waarop je 'jezelf kent'
- Zonder zelfkennis is hulp aan anderen niet effectief
- Zelfkennis komt vóór het helpen van anderen
- Het helpen van anderen vereist zelfkennis

Voorbeeld

Uitspraak: 'Als oudste kind moet ik toch voor mijn ouders zorgen later.'

Wat moet waar zijn om dit te laten kloppen?

- De oudste heeft meer verantwoordelijkheid dan andere kinderen
- Ouders hebben later zorg nodig
- Die zorg moet door de kinderen gegeven worden
- Het is vanzelfsprekend dat het oudste kind dit doet
- Andere kinderen hebben minder plichten
- 'Zorgen voor' is een familietaak
- De oudste is hier automatisch het meest geschikt voor

Let bij het opsporen op:

- Absolute woorden (moet, altijd, nooit)
- Oorzaak-gevolgaannames (als X dan Y)
- Vanzelfsprekende verbanden (natuurlijk, logisch, uiteraard)
- Voorwaardelijke constructies (eerst dit, dan pas dat)

De kunst is om alleen op te sporen wat er impliciet wordt aangenomen, nog zonder die aannames te bevragen of te beoordelen. Dat komt in een latere stap.

Vooronderstellingen kosten euro's – voorbeeld van de werkvloer

Bij een consultancybureau dat ons (mijn collega's van De Denksmederij) inhuurde voor trainingen, in het midden van het land, ging het al jaren zo: een nieuwe klant meldde zich, de consultant plande een intakegesprek, en de teller begon te lopen. Letterlijk. De klant betaalde per kwartier, dus hoe efficiënter het gesprek, hoe beter. Geen tijd voor oeverloos gepraat, geen ruimte voor zijsporen – hop, direct naar de kern. Tenminste, dat was het idee.

Het probleem was alleen dat ze na een paar maanden merkten dat veel van die intakegesprekken opnieuw moesten. Waarom? Omdat de consultants te snel klaar wílden zijn. Ze vroegen te weinig door. Uit angst dat de klant zou denken: waarom zit ik hier nog te betalen voor een paar extra vragen? Daarom hielden ze zich in. Ze vroegen minder, dachten minder hardop, namen minder ruimte om te onderzoeken wat er écht speelde.

En dus gebeurde het keer op keer: een opdracht werd opgestart, maar al na een paar weken bleek dat ze cruciale informatie misten. Het probleem was net iets anders dan gedacht. De scope van het project moest worden bijgesteld, de strategie herschreven. En ja, dat betekende vaak een nieuwe intake. Weer een factuur, weer een gesprek. Maar dan een waarin de consultant wél vroeg wat hij eerder niet durfde te vragen.

De consultants werkten onbewust vanuit een vooronderstelling: een klant die per kwartier betaalt, wil dat het gesprek zo kort mogelijk duurt.

Op het eerste gezicht klinkt dat logisch. Maar klopt het? Hadden ze dat ooit echt onderzocht? Wat als de klant eigenlijk helemaal geen haast had? Wat als hij liever één langer gesprek had dan drie halve? Wat als een extra vraag nu, later een hoop tijd (en kosten) zou schelen?

Pas toen iemand in het team de vraag stelde: 'Hé, waarom moeten we al die intakes opnieuw doen?' gingen ze – met ons als praktisch filosofen – op onderzoek uit. Toen werd die diepere vooronderstelling zichtbaar. En konden ze aanpassingen maken.

Nu benoemen ze expliciet dat ze de tijd nemen voor de intake: 'We nemen de tijd om écht tot de kern te komen, want als we nu te snel zijn, kost het u later alleen maar meer.'

Moraal van het verhaal?

Als je denkt dat efficiëntie betekent zo kort mogelijk praten, vraag je dan eens af of dat ook echt zo is. Misschien is efficiënter wel precies de juiste vragen stellen, ook als dat even langer duurt.

Of, zoals een van de consultants later grapte: 'Soms moet je even gas terugnemen om sneller op je bestemming te komen.'

Is het waarschijnlijk? Of slechts een kleine mogelijkheid?

'Sinds wanneer is John gestopt met roken?'

Stop even met lezen en schrijf eens op welke vooronderstellingen je kunt vinden in deze simpele vraag.

Klaar? Dit zijn er waarschijnlijk een paar die je hebt gevonden:

- John rookte eerst
- John rookt nu niet meer
- Roken is iets waar je mee kunt stoppen
- Het moment van stoppen is bekend
- Degene die de vraag stelt kent John
- John is een man

Kijk nu eens naar die laatste vooronderstelling: 'John is een man.'

Deze oefening doe ik heel vaak tijdens keynotes of trainingen, en vaak zit er wel een slimmerd in de zaal die dat inderdaad benoemt: 'Het zou ook géén man kunnen zijn!' Natuurlijk zou John ook een vrouw kunnen zijn, of non-binair, of transgender. Het is allemaal mogelijk. Maar wat is waarschijnlijk?

We kunnen alles bevragen, maar niet alles verdient evenveel aandacht. Kritisch denken betekent keuzes maken in wat je onderzoekt. Een handig hulpmiddel hiervoor is de schaal van waarschijnlijkheid:

Onmogelijk → Mogelijk → Waarschijnlijk → Noodzakelijk

Onmogelijk: als iets aantoonbaar onmogelijk is, is verder onderzoek verspilde moeite. 'John is een roze met paarse eenhoorn.' Dit hoeven we niet serieus te nemen.

Mogelijk: theoretisch zou het kunnen, maar hoe aannemelijk is het? 'John is misschien transgender.' Dat kán, maar als er geen aanwijzingen voor zijn, is het vaak een doodlopend zijpad.

Waarschijnlijk: dit is waar je focus ligt. 'John is een man.' Op basis van context en gangbaar taalgebruik is dit de meest waarschijnlijke aanname.

Noodzakelijk: sommige aannames zijn zo vanzelfsprekend dat ze weinig onderzoek behoeven. 'John bestaat.' Zonder dat uitgangspunt heeft het gesprek geen zin.

Veel mensen verdwalen in zelfonderzoek doordat ze blijven steken in het 'ja, maar het zou óók kunnen dat…'. Dat is niet altijd productief. Kritisch denken draait om de vraag: wat is de meest waarschijnlijke en relevante richting om verder te onderzoeken?

Hoe bepaal je wat waarschijnlijk is?

Drie hulpmiddelen:

1 **Context** – past dit in de specifieke situatie?
2 **Cultuur** – wat is gebruikelijk in je omgeving?
3 **Common sense** – wat zegt je gezonde verstand?

Niet elk 'ja, maar...' verdient evenveel aandacht. Sommige mogelijkheden zijn zo onwaarschijnlijk dat ze je onderzoek vooral vertragen.

Verlies je hierdoor niet belangrijke inzichten? Nee, want het gaat niet om het uitsluiten van mogelijkheden, maar om prioriteit geven aan waarschijnlijkheden. Zo houd je je zelfonderzoek praktisch en bruikbaar.

Even tussen jou en jou

- Welke vooronderstellingen maak jij vaak?
- Verwar je soms 'mogelijk' met 'waarschijnlijk'?
- Waar baseer jij op wat waarschijnlijk is?

Twee lagen van vooronderstellingen

Als je vooronderstellingen onderzoekt, kun je op twee niveaus kijken:

1 Wat wordt er verondersteld over de inhoud?

Dit zijn de feitelijke aannames in een uitspraak – het gaat over **wat** je denkt.

2 Wat vertellen de vooronderstellingen over de spreker?

Dit laat zien **hoe** iemand denkt, wat diegene belangrijk vindt, welke waarden en overtuigingen er spelen.

Voor zelfonderzoek is vooral die tweede laag interessant. Je eigen vooronderstellingen zijn namelijk een soort vingerafdruk van je denken – ze verraden vaak meer over jou dan over het onderwerp waar je het over hebt.

Laten we dit bekijken aan de hand van enkele voorbeelden:

Voorbeeld 1: 'Hij is veel te jong voor die functie.'

Inhoudelijke vooronderstellingen:

- Er is een 'juiste' leeftijd voor functies

- Leeftijd zegt iets over geschiktheid
- Ervaring en leeftijd zijn hetzelfde
- ...
- ...

Wat het vertelt over de spreker:
- De spreker oordeelt op basis van leeftijd, niet op competentie
- De spreker heeft mogelijk traditionele ideeën over hiërarchie
- De spreker denkt zwart-wit, niet flexibel

Voorbeeld 2: 'Je moet gewoon wat assertiever zijn.'
Inhoudelijke vooronderstellingen:
- Assertiviteit is een keuze
- Het probleem ligt bij gebrek aan assertiviteit
- Assertief zijn is een positief concept
- ...
- ...

Wat het vertelt over de spreker:
- De spreker ziet complex gedrag als 'simpele keuze'
- De spreker neigt naar snelle oplossingen ('gewoon')
- De spreker legt de verantwoordelijkheid bij de ander

Waarom is die tweede laag zo waardevol voor zelfonderzoek?

Het laat je denkpatronen zien

Je vooronderstellingen verraden hoe je de wereld interpreteert. Als je bijvoorbeeld vaak in termen van 'moeten' denkt, zegt dat iets over hoe jij naar keuzes en verantwoordelijkheid kijkt.

Het onthult je blinde vlekken

Vooronderstellingen zijn vaak zo vanzelfsprekend voor ons dat we ze niet eens als aannames herkennen. Door ze expliciet te maken kun je ze onderzoeken.

Het toont je waardesysteem

Wat je als 'normaal' of 'vanzelfsprekend' beschouwt, laat zien wat jij belangrijk vindt. Als je bijvoorbeeld altijd naar efficiëntie kijkt, zegt dat iets over jouw prioriteiten.

Het maakt gesprekken helderder

Door je bewust te zijn van je eigen vooronderstellingen kun je ook beter begrijpen waarom gesprekken soms vastlopen – vaak botsen niet de meningen, maar de onderliggende vooronderstellingen.

Een praktijkvoorbeeld: Lisa's vooronderstellingen

Lisa merkt dat ze regelmatig tegen zichzelf zegt: ik moet eerst genoeg ervaring hebben, voordat ik die promotie kan vragen.

Als ze deze gedachte onderzoekt, ontdekt ze twee lagen:

Laag 1 – Inhoudelijke vooronderstellingen

- Er is een 'juiste' hoeveelheid ervaring
- Je moet 'klaar' zijn voordat je iets kunt vragen
- Ervaring is een voorwaarde voor promotie
- ...
- ...

Laag 2 – Wat dit over haar denken vertelt

Ze ziet ontwikkeling als lineair proces

Eerst leren, dan pas doen

Ze wacht op 'toestemming' in plaats van zelf de regie te nemen

'Genoeg ervaring' is een interne of een externe meetlat.

Lisa is geneigd risico eerder te mijden dan op te zoeken

Ze wil zeker weten dat ze voldoet aan de (vermeende) eisen voordat ze zich kwetsbaar opstelt.

Focus op tekortkomingen
Ze lijkt te focussen op wat haar ontbreekt (ervaring) in plaats van op wat ze al kan of heeft bereikt.

Door deze waarschijnlijke vooronderstellingen te onderzoeken realiseert Lisa zich dat 'eerst meer ervaring opdoen' eigenlijk geen feitelijke constatering is, maar een manier om een spannende stap uit te stellen.

Praktische toepassing

Als je je eigen uitspraken onderzoekt, vraag je dan niet alleen af wat je veronderstelt over de situatie, maar ook wat je uitspraak over jou vertelt:

- Welke waarden spreek je hier impliciet uit?
- Welke normen hanteer je als vanzelfsprekend?
- Wat zegt je woordkeuze over jouw perspectief?
- Welke oplossingen zie je als 'logisch' en waarom?

Het is vaak geen incident maar een patroon

Door beide lagen van vooronderstellingen te onderzoeken krijg je niet alleen zicht op wát je denkt, maar ook op hóé je denkt. En juist dat laatste is essentieel voor echt zelfonderzoek.

Die tweede laag – wat je vooronderstellingen over jou vertellen – is zo waardevol omdat het hardnekkige denkpatronen blootlegt. Neem Lisa's neiging om te focussen op wat ze nog niet kan: dit is waarschijnlijk geen geïsoleerde gedachte over die ene promotie. Zij ziet die denkneiging waarschijnlijk ook terug op andere levensterreinen:

- In relaties (waar ze lang nadenkt over wat ze zegt, uit angst niet de juiste woorden te vinden)
- Bij carrièrekeuzes (waar ze kansen laat liggen omdat ze denkt dat anderen beter gekwalificeerd zijn)
- In haar creatieve ambities (waar ideeën blijven steken in haar hoofd omdat ze vindt dat ze eerst meer moet leren)

- Bij het aangaan van nieuwe vriendschappen (waar ze terughoudend is omdat ze denkt niet interessant genoeg te zijn)

Zulke terugkerende patronen zijn de manier waarop je jezelf – vaak zonder dat je het doorhebt – keer op keer in de weg zit. Het zijn de onbewuste scenario's die je steeds opnieuw afspeelt, op verschillende podia maar met hetzelfde script. Het onderzoeken van deze denkpatronen is daarom veel waardevoller dan het analyseren van één specifieke gedachte. Want als je eenmaal doorhebt hoe je jezelf steeds op dezelfde manier saboteert, wordt ook helderder waar je werk te doen hebt.

Oefeningen om te spelen met vooronderstellingen vind je op pagina 105.

Valkuilen bij het werken met vooronderstellingen

- *Te snel concluderen*

Denken dat je eerste inzicht het diepste is
Stoppen bij de oppervlakkige laag
Niet doorvragen als het ongemakkelijk wordt

- *Denken dat je geen vooronderstellingen hebt*

De vraag is niet óf je ze hebt, maar welke.
'Ik ga gewoon uit van de feiten'; dan vooronderstel je bijvoorbeeld nog steeds dat díé feiten kloppen en dat jij die feiten juist interpreteert.

- *Nieuwe vooronderstellingen klakkeloos adopteren*

Oude vooronderstellingen vervangen door nieuwe zonder onderzoek
Van de ene overtuiging in de andere springen
Niet toetsen of de nieuwe aanname beter is

- *Perfectionisme*

Denken dat je alle vooronderstellingen kunt vinden
Streven naar een 'vooronderstellingvrij' leven
Vergeten dat sommige aannames nuttig zijn

Vooronderstellingen

Definitie

Het identificeren en onderzoeken van onuitgesproken aannames die je als 'waar' beschouwt zonder ze kritisch te hebben onderzocht, en die je denken en handelen onbewust sturen.

Wanneer te gebruiken

- Als je merkt dat je stellige uitspraken doet ('zo is het gewoon')
- Bij beslissingen die je automatisch neemt zonder nadenken
- Wanneer je je afvraagt waarom je altijd op dezelfde manier reageert
- Als je onderliggende patronen in je denken wilt ontdekken
- Wanneer je gesprekken met anderen vastlopen op 'vanzelfsprekende' waarheden

Vragen om jezelf te stellen

- Wat moet waar zijn om dit te kunnen denken of zeggen?
- Welke aannames liggen onder deze overtuiging?
- Wat zegt deze vooronderstelling over mijn waarden en kijk op de wereld?

Gereedschap voor versteviging

Als je eenmaal helder hebt wat je denkt, komt de volgende vraag: klopt het ook? Met deze gereedschappen test je of je gedachten logisch in elkaar zitten, of je argumenten overtuigend zijn, en of je waarheden wel zo waterdicht zijn als je denkt. Het werkt als een stresstest voor je denkwerk. Je bouwt niet alleen je eigen gedachten sterker op, maar wordt ook minder kwetsbaar voor denkfouten en manipulatie van anderen. Deze gereedschappen helpen je om met meer vertrouwen te kunnen zeggen: dit denk ik, en dit is waarom.

Redeneren – volgt het eruit?

'Als het heeft geregend, is het asfalt nat. Het asfalt is nat. Dus het heeft geregend.'

Je hoeft geen geleerde te zijn om, als je even iets langer nadenkt, te zien dat hier iets niet klopt aan die redenering. Er zou ook net gesproeid kunnen zijn. Of er is een waterleiding gesprongen. Of iemand heeft emmers water op straat gegooid, gewoon, had-ie zin in.

Dit is een klassiek voorbeeld van een denkfout die we dagelijks maken: we denken dat als A leidt tot B, B automatisch komt door A. Dat is vaak niet zo.

Als je aan zelfonderzoek doet, is dit een van de belangrijkste vragen die je jezelf kunt stellen: volgt het een uit het ander? En ook: kloppen de uitgangspunten waar ik mee werk? Want vaak maken we in ons denken sprongen die op het eerste gezicht logisch lijken, maar bij nader inzien wat wiebelig zijn.

Denken dat overeind blijft

Redeneren is het logisch verbinden van uitspraken op zo'n manier dat de conclusie onvermijdelijk volgt uit de uitgangspunten. Het is de kunst van denken dat overeind blijft als iemand ertegenaan duwt.

Het is als het bouwen van een brug: je begint ergens (je uitgangspunt), en via logische stappen kom je ergens anders uit (je conclusie). Net als bij een echte brug moet elk onderdeel stevig zijn én goed aansluiten op het volgende deel.

Neem dit klassieke voorbeeld:

Alle koeien zijn sterfelijk

Clara is een koe

Dus Clara is sterfelijk

Dit is een geldige redenering. Waarom? Omdat de conclusie logisch volgt uit de uitgangspunten. Als je de eerste twee zinnen voor waar aanneemt, móét de conclusie ook waar zijn.

Geldig versus waar

Maar nu komt het interessante: een redenering kan geldig zijn zonder waar te zijn:

- Alle vogels kunnen vliegen
- Een struisvogel is een vogel
- Dus een struisvogel kan vliegen

Deze redenering is *geldig* – de conclusie volgt logisch uit de uitgangspunten. Maar ze is niet *waar*, want de eerste aanname klopt niet: niet alle vogels kunnen vliegen. Vraag het maar aan die struisvogel.

Dit onderscheid tussen geldig en waar is cruciaal voor zelfonderzoek. Vaak maken we redeneringen die perfect geldig zijn, maar gebaseerd op onjuiste aannames.

Bijvoorbeeld:

- Zonder veel te werken bereik je niks in het leven
- Ik werk niet zestig uur per week
- Dus ik zal niks bereiken in het leven

De redenering is geldig (volgt logisch), maar is die eerste aanname wel waar?

Of een leuke die ik een tijdje geleden hoorde van een collega-schrijver, zo even tussen neus en lippen door: 'Alleen als je duizenden boeken verkoopt, ben je succesvol als schrijver. Mijn boek verkoopt niet zo heel goed, dus ik ben mislukt. Als schrijver. En als mens ook trouwens.'

Hier zie je nog een verstopte redenering: alleen als je professioneel succesvol bent, ben je geslaagd als mens. Zag je 'm?

De hele dag halen we dit soort grapjes uit, met onszelf en met elkaar.

Zo bezien speld je jezelf soms heel wat ellende op de mouw. Of zoals ze hier in Drenthe zeggen: 'Je liegt jezelf een bult op de rug.' (Oké, dat zegt wellicht niemand in Drenthe, maar je verstaat dat Drents soms amper en het klonk wel zo toen de overbuurvrouw het mompelde.)

Zonder redeneren ben je overgeleverd aan willekeur. Dan wint niet degene met de sterkste gedachtegang, maar degene die het hardst praat of het best kan bluffen.

Goed redeneren betekent dat je niet zomaar iets gelooft omdat het overtuigend klinkt. Het betekent dat je doorhebt wanneer iemand je met mooie woorden probeert te foppen. En dat je eigen gedachten niet alleen kloppen in je hoofd, maar ook overeind blijven als je ze hardop uitspreekt.

Het handschrift lijkt er wel wat op. Schuldig!

Frankrijk, eind negentiende eeuw. Er duikt een brief op bij de militaire inlichtingendienst: iemand speelt gevoelige informatie door aan de Duitsers. De Franse legerleiding wil een schuldige, liever gisteren dan morgen. Hun oog valt op Alfred Dreyfus, kapitein in het Franse leger. Toevallig Joods. Niet toevallig daardoor al verdacht in die tijd.

De 'redenering' ging ongeveer zo:

- De verrader moet in de hogere legerkringen zitten
- Dreyfus is een officier (en Joods, dat was al verdacht)

- Er is een handgeschreven memo gevonden
- Iemand vindt dat het handschrift 'best wel lijkt' op dat van Dreyfus

Conclusie: Dreyfus is schuldig.

Wat hier gebeurde is zo'n beetje het schoolvoorbeeld van hoe je NIET moet redeneren. Ze begonnen met de conclusie (Dreyfus is schuldig) en grabbelden vervolgens wat bewijs bij elkaar dat die conclusie ondersteunde. Alles wat niet in dat plaatje paste – zoals het feit dat handschriftexperts twijfelden aan de overeenkomsten – werd gewoon genegeerd. De confirmation bias in actie.

Dreyfus werd veroordeeld, publiekelijk vernederd en verbannen naar Duivelseiland. Een tropische gevangenis waarvan niemand ooit terugkeerde.

Jaren later bleek hij volledig onschuldig. De echte spion bleek een andere officier, Ferdinand Walsin Esterhazy, van wie het handschrift WEL overtuigend overeenkwam met het bewijs.

Dit is niet zomaar een stoffig geschiedenislesje. De Dreyfusaffaire laat zien hoe vooroordelen en gebrekkig redeneren levens kunnen verwoesten. En geloof me, dit soort denkfouten komen nog steeds voor. Denk bijvoorbeeld aan politieverhoren waar agenten zo overtuigd zijn van iemands schuld dat ze alleen bevestiging zoeken, rechtszaken waar 'het moet toch iemand zijn' belangrijker wordt dan sluitend bewijs, of DNA-matches die verkeerd worden geïnterpreteerd omdat het resultaat 'logisch lijkt'.

Ik was jarenlang trainingsacteur bij onder andere de politie en marechaussee. Tijdens verhoortrainingen speelde ik een getuige of verdachte, en wat ik daar regelmatig tegenkwam was zorgwekkend.

Verhoorders die binnenkwamen met een dossier én een vaststaande conclusie.

Je zag het aan hun lichaamshouding, hoorde het aan hun toon: zij wisten zeker dat ik het had gedaan, ze kwamen alleen nog even de bevestiging halen. Als ik dan met een ijzersterk alternatief scenario kwam (dat klopte met alle feiten), zag je ze bijna fysiek worstelen met die informatie.

Daarom hebben rechercheteams in het Verenigd Koninkrijk tegenwoordig formele 'Challenge Panels' – groepen onafhankelijke rechercheurs (en soms andere experts en zelfs burgers) die een lopend onderzoek kritisch doorlichten. Hun taak is om alternatieve hypothesen te ontwikkelen, met een frisse blik van de buitenstaander naar een case te kijken, een soort anti-tunnelvisie-systeem dus. Dit systeem werd ingevoerd na diverse geruchtmakende mislukte onderzoeken, waarbij tunnelvisie een grote rol speelde.[9]

Onze moderne rechtsstaat staat of valt bij de kwaliteit van ons redeneren. Als we niet kritisch kijken naar onze eigen aannames, als we niet openstaan voor tegenbewijs, als we niet precies zijn in onze argumenten, dan eindigen er nog steeds onschuldige mensen achter de tralies.

Altijd maar volledig sluitend en geldig redeneren is niet te doen, we maken allemaal dit soort denkfouten. Je begint met een conclusie ('mijn collega heeft een hekel aan me') en zoekt dan bewijs dat daarbij past, terwijl je alles wat niet in dat plaatje past negeert.

Goed redeneren begint met de bereidheid om te zeggen: 'Misschien heb ik het mis.'

Dreyfus werd uiteindelijk vrijgesproken en gerehabiliteerd. Maar pas na twaalf jaar strijd, en een leven dat onherstelbaar beschadigd was.

Als je je afvraagt waarom dit boek zoveel aandacht besteedt aan redeneervaardigheden: dit is waarom. Omdat de prijs van slecht redeneren soms hoger is dan we ons kunnen voorstellen.

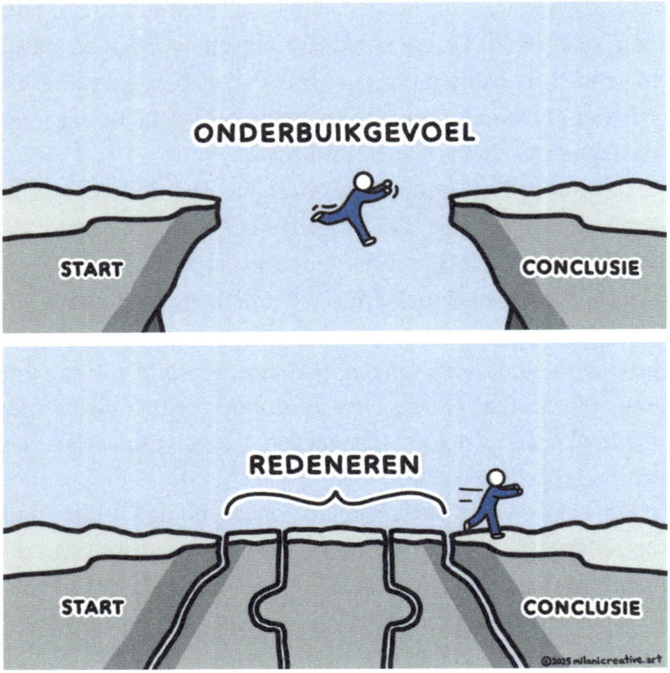

Hoe test je een redenering?

Er zijn twee cruciale vragen:

1 Is de redenering *geldig*? (volgt de conclusie uit de aannames?)
2 Zijn de aannames *waar*? (kloppen je uitgangspunten?)

Wanneer gebruik je dit gereedschap?

Je pakt dit gereedschap als je:

- Merkt dat je in cirkels blijft denken
- Tot conclusies komt die je niet bevallen
- Wilt controleren of je gedachten wel kloppen
- Een belangrijk besluit moet nemen+

Even tussen jou en jou

- Ben jij sterk in logisch redeneren? Waar zou je mogelijk kunnen verbeteren? Wat heb je daarvoor nodig?
- Zijn er bepaalde redeneergewoontes waaraan jij je vaak schuldig maakt?

Een kleine instapoefening

Hier zijn vijf redeneringen die allemaal een probleem hebben. Kun jij ontdekken wat er mis is met elk van deze redeneringen? Is de redenering ongeldig, klopt de aanname niet, of volgt de conclusie er gewoon niet uit?

- 'Alle beroemde schilders waren excentriek. Mijn buurman is excentriek. Dus mijn buurman zal een beroemde schilder worden.'
- 'Als je gezond eet, word je nooit ziek. Ik ben nog nooit ziek geweest. Dus ik moet wel gezond eten.'
- 'De beste sporters trainen elke dag. Ik train elke dag. Dus ben ik een van de beste sporters.'

Een ander geestig instapoefeningetje om met 'redeneren' te spelen: simpelweg de conclusie en de onderbouwing omkeren.

Dat werkt verrassend simpel: neem een overtuiging die je vandaag hebt gehad ('Ik ben moe omdat ik slecht heb geslapen') en draai de conclusie en oorzaak eens om ('Ik heb slecht geslapen omdat ik moe ben'). Als beide versies aannemelijk klinken, zit er waarschijnlijk een addertje onder het gras in je oorspronkelijke redenering.

Vergelijk bijvoorbeeld: 'Ik ben chagrijnig omdat het regent' met 'Het regent omdat ik chagrijnig ben.' Die tweede klinkt duidelijk als onzin – het weer wordt niet beïnvloed door jouw humeur.

In de appendix op pagina 309 vind je meer oefeningen om deze vaardigheid te oefenen.

Valkuilen

1 De 'wat als'-spiraal

Je begint met een redelijke aanname, maar bouwt daar een keten van steeds onwaarschijnlijkere scenario's op. 'Als deze presentatie niet goed gaat, dan verlies ik die klant, dan missen we onze targets, dan komt er een reorganisatie.' Elke stap lijkt op zichzelf logisch, maar de keten als geheel verliest contact met de realiteit. Je stapelt waarschijnlijkheden op elkaar, waardoor het eindresultaat extreem onwaarschijnlijk wordt.

2 De emotionele kortsluitingen

Emoties vervormen je redeneerproces zonder dat je het doorhebt. Angst zorgt ervoor dat je naar worstcasescenario's neigt, terwijl hoop logische inconsistenties onzichtbaar maakt. 'Niemand reageerde op mijn opmerking in de vergadering, dus ze vonden het dom, dus ze nemen me niet serieus.' Deze redenering wordt niet gedreven door logica maar door onzekerheid. Gevoelens zijn prima, maar slechte redeneerpartners.

3 De onuitgewerkte brug

Je maakt een gedachtesprong waarbij cruciale tussenstappen ontbreken. 'Hij heeft niet geantwoord op mijn mail, dus hij is boos op me.' Die conclusie kán kloppen, maar je slaat alle andere mogelijke verklaringen over. Dit gebeurt vooral bij impliciete aannames waar we ons niet bewust van zijn. Het redeneerproces lijkt sluitend, maar de brug tussen premisse en conclusie mist belangrijke pilaren.

Redeneren

Definitie

Het logisch verbinden van uitspraken zodat een conclusie onvermijdelijk volgt uit je uitgangspunten, waarbij je zowel de geldigheid van de redenering zelf als de waarheid van de aannames kritisch beoordeelt.

Wanneer te gebruiken

- Wanneer je belangrijke beslissingen moet nemen
- Als je wilt controleren of je gedachten echt kloppen
- Wanneer je merkt dat je in cirkels blijft denken
- Bij conclusies die je niet bevallen (of juist veel te aangenaam lijken)
- Als je vermoedt dat je gevoelens je redeneervermogen beïnvloeden
- Wanneer je merkt dat je aan 'tunnelvisie' lijdt, en alleen bewijs zoekt dat je bestaande ideeën bevestigt

Vragen om jezelf te stellen

- Volgt mijn conclusie logisch uit mijn uitgangspunten?
- Zijn mijn aannames eigenlijk wel waar?
- Welke cruciale tussenstappen mis ik in deze redenering?
- Als ik oorzaak en gevolg omkeer, klinkt het dan nog steeds logisch?

Argumenteren

'De regering is laks!' roept oom Harold tijdens het familiediner. Je tante knikt instemmend, je neef begint meteen over zijn eigen ervaringen met de gemeente en oma zit te kakelen dat vroeger alles beter was. Voor je het weet zit de hele familie te mopperen over falende overheden.

Niemand vraagt: 'Waarom vind je dat eigenlijk?' Of: 'Welk argument heb je voor deze bewering?'

(En áls je dat probeert kijken ze je aan alsof je voorstelt de erfenis van oma alvast eerlijk te verdelen. Nu ze er toch bij zit en alles.)

Herkenbaar?

De hele dag door doen we beweringen over de werkelijkheid. Over het weer, over politiek, over die vervelende buurman die zijn heg nooit snoeit. We strooien ze de wereld in als confetti op een feestje. Maar vraag iemand waarom die vindt wat-ie vindt, en het wordt vaak ongemakkelijk stil.

Want wat gebeurt er als je bij zo'n familiediner wél doorvraagt? 'Waarom vind je de regering laks, oom Harold?' Grote kans dat oom Harry zich licht ongemakkelijk verschuift op zijn stoel. Hij moet ineens nadenken over zijn argumenten.

En dat zijn we niet gewend: we hebben een soort automatische piloot ontwikkeld in gesprekken. Iemand doet een bewering, die roeptoetert een mening over tafel en we hebben twee standaardreacties: we zijn het ermee eens (hoofdknikken, ja, precies! Nou, inderdaad! Zeg dat!) of we zijn het ermee oneens (hoofdschudden, nee hoor, echt niet, het zit héél anders, je ziet 't verkeerd).

De interessantste reactie – nieuwsgierig zijn naar waarom iemand denkt wat hij denkt – die slaan we meestal over.

En precies datzelfde gebeurt in ons eigen hoofd. We hebben allerlei overtuigingen over onszelf en de wereld (mensen met geld hebben dat altijd over de rug van anderen verkregen, ik ben verantwoordelijk voor dat het hier goed loopt, je kunt mensen niet vertrouwen), maar we vragen onszelf zelden: waarom denk ik dit eigenlijk? Wat zijn mijn argumenten? Klopt dit wel?

We accepteren onze eigen beweringen net zo makkelijk als die van oom Harold over de regering. Sterker nog, voor jezelf ben je vaak nog minder kritisch.

Met de vorige techniek, redeneren, leerde je hoe je kunt controleren of je gedachten logisch kloppen ('volgt het eruit?'). Nu gaan we kijken hoe je die gedachten kunt onderbouwen en toetsen.

Argumenteren: niet kijken naar de verf, maar naar de structuur áchter die verf

Als je je eigen denken wilt onderzoeken, is argumenteren een onmisbaar stuk gereedschap. Het helpt je om onder het oppervlak van je ideeën en overtuigingen te kijken. Meestal accepteer je je gedachten zoals ze komen, als kant-en-klare pakketjes overtuiging.

Maar elke overtuiging, elk oordeel dat je over jezelf of de wereld hebt, is opgebouwd uit andere ideeën, aannames en vooronderstellingen.

Echt goed leren redeneren, argumenteren, zorgt ervoor dat je je eigen ideeën en argumenten scherper ziet, en ook de samenhang ertussen.

Vervolgens kun je dat geheel aan denkspul analyseren, toetsen, bevragen en eventueel vervangen door iets sterkers.

In je huis kun je kijken naar die mooie kleur verf op je muur, maar het is handiger om de muur áchter die verf ook te bekijken: zijn de stenen nog stevig, hoe zit het met de voegen, zit er ergens een scheur in?

Om goed te kunnen argumenteren zijn er een paar dingen die je moet kunnen herkennen:

Beweringen

Hier hadden we het al over in Hoofdstuk 3, bij de mentale gewoontes. Dit zijn uitspraken die je doet over de werkelijkheid.

'De regering is laks', 'deze organisatie is traag', 'de klantenservice is tè treurig voor woorden': beweringen over de werkelijkheid.

In dagelijkse gesprekken zitten beweringen meestal onder

een laagje van 'ik': 'ik denk', 'ik vind', 'volgens mij'. Dan moet je de bewering er nog even uit filteren.

Argumenten

Dit zijn de redenen waarom je iets vindt. Je herkent ze aan woorden als 'omdat', 'want', 'namelijk', 'immers'.

Een volledig standpunt bestaat dan uit een bewering + argument.

- 'De regering is laks, want ze beloven van alles maar maken niets waar.'
- 'Dit is een goed restaurant, want je hoeft nooit lang te wachten op je gerecht.'
- 'Malika is een goede medewerker, want ze glimlacht altijd en is op tijd bij vergaderingen.'

Wat deze voorbeelden betreft valt er nog van alles te zeggen over de *inhoud* van zo'n argumentatie, maar het belangrijkste is dat je kijkt naar de *vorm*: is het in de vorm een argumentatie waar je mee kunt werken, dus: een bewering (uitspraak over de werkelijkheid) en een argument voor die bewering (waarop je die uitspraak baseert).

En nee, 'ik voel dat nou eenmaal zo' en 'dat is mijn waarheid' telt niet als argument.

Twee soorten argumenten

Als we argumenten onder de loep nemen, zijn er grofweg twee soorten: feitelijke argumenten, die je kunt controleren door naar de werkelijkheid te kijken, en waarderende argumenten, die subjectief zijn.

Dit klinkt misschien als een technisch onderscheid, maar het maakt best verschil in je zelfonderzoek.

'We passen in die bus, want er zijn twintig zitplaatsen.' Dat is een feitelijk argument. Je kunt de zitplaatsen tellen en naar je groepje medereizigers kijken of dat gaat passen – simpel.

'Dit restaurant is goed, want ze hebben lekkere steaks.' Dat is een waarderend argument. Wat de een 'lekker' vindt, vindt de ander misschien taai als een schoenzool. Dit argument zegt vooral iets over de uitspreker ervan. Want stel dat de bediening vreselijk is, de prijzen bizar hoog, de verlichting zo fel als de stadionlampen tijdens een voetbalwedstrijd, de muziek oorverdovend hard staat, zou het dan nog steeds een 'goed restaurant' zijn?

Hier wordt één criterium ('lekkere steak') gebruikt om een heel restaurant te beoordelen, wat natuurlijk bij doorvragen niet standhoudt.

Je zou nu kunnen denken: feitelijke argumenten zijn dus beter, toch? Die zijn tenminste te controleren. Maar zo simpel is het niet. Juist die waarderende argumenten vertellen je vaak het meest over jezelf.

Als jij zegt 'Ik vind hem geen goede manager want hij is te aardig', dan ontdek je misschien niet zozeer iets over die manager, maar wel over wat jij verstaat onder 'goed management' en 'aardig zijn'.

Het onderscheid wordt nog interessanter – en lastiger – als we een redenering pakken die over onszelf gaat: 'Ik ben geen goede ouder want ik werk vier dagen per week.'

Is dat een feitelijk argument? Het lijkt zo, want je kunt die werkdagen tellen.

Maar de aanname dat vier dagen werken je een 'slechte ouder' maakt, is natuurlijk een waardeoordeel.

Het punt is niet om feitelijke argumenten tegen waarderende argumenten uit te spelen. Het punt is dat je door dit onderscheid scherper gaat zien waar je eigen waardeoordelen zitten verstopt in ogenschijnlijk 'feitelijke' redeneringen.

Wanneer je aan zelfonderzoek doet, is het daarom cruciaal

om te herkennen wanneer je feitelijke en wanneer je waarderende argumenten gebruikt. Als je zegt 'Ik ben een waardeloze medewerker want ik maak veel fouten', dan kun je het aantal fouten misschien tellen (feitelijk), maar het label 'waardeloos' is een waardeoordeel dat je zelf toevoegt.

Door dit onderscheid te maken kun je je eigen gedachten beter ontleden. Je kunt je steeds afvragen: is dit echt een feit, of is dit mijn interpretatie ván een feit?

En als het een interpretatie is – waar komt die vandaan? Wat zegt het over mijn waarden en overtuigingen? Zijn er andere interpretaties mogelijk? (Hint: ja. Meestal wel.)

Het mooie is: beide soorten argumenten zijn waardevol voor zelfonderzoek. De feitelijke argumenten helpen je om je gedachten te toetsen aan de werkelijkheid. De waarderende argumenten helpen je om je eigen waardesysteem beter te begrijpen.

Dat mag je niet zeggen!

Mijn zusje – toen een jaar of vier – was met mijn moeder in de supermarkt toen ze plotseling naar een vrouw wees en luid verkondigde: 'Die mevrouw is heel dik!'

Mijn moeder werd vuurrood. 'Sst! Dat doen we niet!' siste ze. 'Dat mag je niet zeggen.'

'Waarom niet?' vroeg mijn zusje, oprecht nieuwsgierig.

'Dat... Dat doen we gewoon niet,' stamelde mijn moeder. 'Dat mag niet.'

Mijn zusje knikte bedachtzaam, schijnbaar tevreden met dit non-argument.

Een paar weken later stapten mijn moeder en zusje samen ergens in een lift. Net voordat de deuren sloten, kwam er een wat vollere dame binnen. Mijn zusje keek omhoog naar mijn moeder, trok demonstratief aan haar mouw voor aandacht, en fluisterde toen op een volume dat de hele lift kon horen: 'Ik mag niet zeggen dat die mevrouw heel dik is, hè, mama?'

Mijn moeder had een sociale norm ('we wijzen niet op iemands gewicht'), maar gaf daarvoor geen argument. Het resultaat? Mijn zusje had de regel onthouden, maar niet begrepen *waarom* die regel bestond. Ze had geen idee wat het doel was – mensen niet kwetsen – en veroorzaakte daardoor precies wat mijn moeder had willen voorkomen.

Het is een kinderlijk voorbeeld, maar hoeveel volwassen gesprekken lijken hierop? Hoe vaak zeggen we niet tegen elkaar 'zo werkt het nu eenmaal' of 'dat doen we gewoon niet' zonder een gedegen argument? En belangrijker, hoe vaak zeggen we dat tegen onszelf?

Wanneer kies je voor dit gereedschap?

Argumenteren is vooral handig wanneer je merkt dat je vasthoudt aan bepaalde overtuigingen of gedachten zonder precies te weten waarom. Het is het gereedschap dat je pakt als je denkt 'ja, maar zo ís het gewoon' of als je jezelf betrapt op stellige uitspraken over jezelf of de wereld.

Dit gereedschap is ook nuttig als je:

- Merkt dat je in cirkeltjes redeneert ('Ik ben niet goed genoeg want ik maak fouten, en omdat ik fouten maak ben ik niet goed genoeg')
- Jezelf betrapt op absolute uitspraken ('Ik moet altijd...' of 'Ik kan nooit...')
- Wilt begrijpen waarom bepaalde situaties je zo raken
- Met anderen in conflict komt over 'waarheden' die voor jou vanzelfsprekend zijn
- Voelt dat je ergens iets van vindt, maar je mening nog niet helder kunt verwoorden – of nog niet goed weet wat je vindt

Neem een overtuiging die je over jezelf hebt. Bijvoorbeeld: 'Ik moet altijd alles perfect doen'. Vraag jezelf:

- Waarom vind ik dat?
- Welke argumenten heb ik hiervoor?

- Zijn dit feitelijke of waarderende argumenten?
- Welke verborgen aannames zitten hieronder?

Het doel is om helderder te zien waarom je denkt wat je denkt. Want pas als je dat ziet, kun je kiezen of je het er nog steeds mee eens bent.

Wat maakt een argument sterk?

Als we het hebben over argumentatie, is de meest relevante vraag natuurlijk: wat maakt een argument eigenlijk sterk? Een sterk argument is logisch geldig, gebaseerd op betrouwbare informatie, en relevant voor de bewering die het ondersteunt. Het houdt ook rekening met mogelijke tegenargumenten.

Een instapoefening: waarom? Daarom!

Een klein oefeningetje om je op weg te helpen met 'argumenteren'. Natuurlijk vind je in de appendix (pagina 299) nog meer oefeningen die deze vaardigheid trainen.

1 Neem een van deze beweringen:
- 'Social media zijn slecht voor jongeren'
- 'Tweedehandskleren kopen is beter dan nieuwe'
- 'Thuis werken is productiever dan op kantoor'

2 Schrijf achter deze bewering 'want...' en vul je eerste argument in

3 Nu komt het interessante: schrijf onder dit eerste argument opnieuw 'want...' en onderbouw je argument met een dieper argument

4 Herhaal dit nog een keer – 'want...' gevolgd door een nog dieper argument

5 Kijk nu naar je keten van argumenten:
- Zijn ze feitelijk of waarderend?
- Hoe sterk is elk argument?
- Zou iemand met een andere mening ze kunnen accepteren?

Voorbeeld: 'Thuis werken is productiever dan op kantoor, **want** er zijn minder afleiding en onderbrekingen. **Want** concentratiewerk vraagt om ononderbroken tijd. **Want** elke onderbreking kost je gemiddeld drieëntwintig minuten om weer volledig gefocust te raken.'

Met deze korte oefening zie je direct hoe beweringen vaak uit meerdere lagen argumenten bestaan, en hoe je van mening (de eerste opmerking) naar diepere onderbouwing (de eerste, tweede en derde 'want') kunt graven.

Geinig, toch?

Tegendenken: jezelf bewust dwarszitten

Goed argumenteren omvat meer dan alleen redenen vinden vóór je standpunt. Misschien wel de belangrijkste stap is het actief zoeken naar argumenten tégen je eigen positie.

Ik heb lang geleden meegedaan aan een workshop leren debatteren. Na een paar uur veilig oefenen met standpunten waar we echt in geloofden, kwam de grote uitdaging: verdedig het tegenovergestelde van wat je gelooft. Ik weet nog hoe ongemakkelijk dat voelde. Alsof ik een rol stond te spelen, aan het faken was, alsof ik mijn integriteit door de plee spoelde door argumenten aan te dragen tégen iets waar ik heilig in geloofde.

Maar wat er toen gebeurde, veranderde mijn kijk op argumentatie. Door gedwongen te worden argumenten tégen mijn eigen standpunt te formuleren zag ik ineens de zwakke plekken in mijn eigen redenering. Ik ontdekte aannames die ik nooit had bevraagd. En het meest verrassende: sommige tegenargumenten bleken eigenlijk best sterk.

Dit bewust dwarsliggen bij jezelf – wat je 'tegendenken' zou kunnen noemen – is een essentieel onderdeel van goede argumentatie. Waar ons brein van nature geneigd is naar bevestiging te zoeken (de confirmation bias, oftewel het zie-je-wel-dat-ik-gelijk-heb-fenomeen), vraagt tegendenken je om actief de andere kant te verkennen.

Een valkuil bij dit proces is de *binary bias*: de neiging van ons brein om complexe vraagstukken te reduceren tot twee uitersten. We maken van een genuanceerd verhaal een simpel 'of-of'-plaatje: je bent voor of tegen, het is juist of onjuist, iemand is betrouwbaar of onbetrouwbaar. We houden van helderheid, van zekerheid, en dus van duidelijke categorieën. Maar de werkelijkheid zit meestal niet zo in elkaar. Denk eens aan discussies over opvoeding, politiek of wetenschap. Zodra iets ingewikkeld wordt, neigen we naar simpele labels. Dat is geen dom gedrag – het is gewoon een manier om snel grip te krijgen op de realiteit.

Maar als je jezelf tegendenkt, probeer dan voorbij deze zwart-wittegenstellingen te kijken. De werkelijkheid heeft doorgaans meer grijstinten dan we denken.

Door jezelf te oefenen in tegendenken ontdek je zwakke plekken in je eigen argumentatie, voorkom je tunnelvisie, formuleer je sterkere, genuanceerdere argumenten en zie je blinde vlekken sneller.

Drie eenvoudige manieren om tegendenken te oefenen:

1 **Zoek actief naar tegenargumenten** Vraag jezelf: wat zou iemand die het helemaal niet met me eens is hierover zeggen? Probeer minstens drie sterke argumenten tegen je eigen standpunt te bedenken.
2 **Onderzoek de implicaties** Als jouw overtuiging waar zou zijn, welke gevolgen zou dat hebben? Zijn die allemaal wenselijk? Soms laat het doordenken van de consequenties zien dat een standpunt minder solide is dan je dacht.

3 **Verdedig het tegenovergestelde** Schrijf een korte, maar zo overtuigend mogelijke verdediging van het standpunt tegenover het jouwe. Doe dit niet halfslachtig, maar ga er volledig in op – alsof je er echt in gelooft.

Door deze technieken regelmatig te oefenen versterk je niet alleen je argumenten, maar ook je vermogen tot genuanceerd denken.

Argumentatiefouten herkennen

'Ik ben gewoon niet zo'n sportief type,' zei een denkgesprekklant tegen me. 'Vorige week ging ik naar de sportschool. Was gelijk buiten adem, en had daarna spierpijn, dus dat bewijst het maar weer. Mijn gymleraar op de middelbare school zei al dat ik er geen gevoel voor had. Mijn huisarts heeft me ook gewaarschuwd dat ik voorzichtig moet zijn met mijn gewrichten. Je bent het nou eenmaal of je bent het niet. En ja, kijk maar naar mijn broer, die zit vol energie. Die rent zonder training zo een halve marathon, die heeft het sportgen geërfd.'

Als je dit zorgvuldig beluistert, hoor je meer dan alleen een overtuiging. Je hoort ook hoe deze persoon zijn overtuiging onderbouwt met verschillende argumenten. Maar zijn die argumenten eigenlijk wel steekhoudend?

In deze paar zinnen maakt de beste man maar liefst vier vaak voorkomende denkfouten: hij generaliseert op basis van één ervaring, leunt op een autoriteit (zelfs twee, zijn gymleraar én zijn arts), creëert een vals dilemma (je bent sportief of je bent het niet) en gebruikt een anekdotisch argument over zijn broer.

Deze argumentatiefouten verzwakken zijn redenering – niet alleen voor een toehoorder zoals ik, maar belangrijker, ook voor hemzelf. Want hoe sterker je argumenten, hoe beter je kunt vertrouwen op je eigen conclusies.

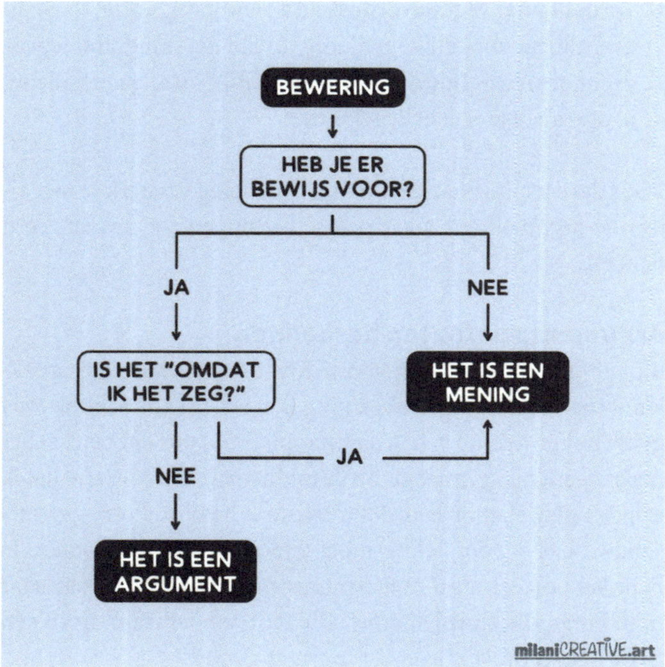

De Grote Zeven van de argumentatiefouten

Er zijn ontzettend veel drogredeneringen, argumentatiefouten. Als je goed oplet struikel je erover; in de media, de politiek, aan de keukentafel. Niets leukers dan 'drogredenen spotten', ik vind het smullen. Op www.eventussenmijenmij.nl vind je een uitgebreide lijst, ter lering ende vermaeck.

Hier in dit boek wil ik je meenemen naar een aantal veelvoorkomende, zodat je je eigen denkwerk daarop kunt controleren.

1 De overhaaste generalisatie

'Een keer meegemaakt dus is het altijd zo.'

Je neemt één of enkele ervaringen en trekt daar vergaande conclusies uit. Het verraderlijke is dat het vaak logisch lijkt – je baseert je immers op 'bewijs'.

Subtiele voorbeelden:

- 'De eerste keer dat ik voor mezelf opkwam, reageerde iedereen negatief, dus assertief zijn werkt niet voor mij.'
- 'Mijn laatste idee werd afgewezen, dus ik kan beter mijn mond houden in vergaderingen.'
- 'Die ene keer dat ik volledig eerlijk was, ging de relatie kapot, dus te open zijn is gevaarlijk.'

2 De cirkelredenering

'Iets is zo omdat het zo is.'

Je gebruikt je conclusie als argument, maar zo slim verpakt dat het lijkt alsof je echt iets uitlegt.

Subtiele voorbeelden:

- 'Dit is een geweldige film, want het is echt genieten.' (Je zegt twee keer dat je de film goed vindt.)
- 'Hij is een natuurlijke leider, want mensen volgen hem vanzelf.' (Dat is wat 'natuurlijke leider' betekent.)
- 'Deze training werkt, want je ziet gewoon resultaat.' ('Werken' en 'resultaat zien' zijn hetzelfde.)

3 Het ongedifferentieerde argument

'Wil je broccoli of wortel?'
'Wortel, want dat is gezond.'

Je gebruikt een argument dat voor meerdere opties geldt en dus niet helpt bij een keuze.

Subtiele voorbeelden:

- 'Ik kies voor coaching, want dan werk ik aan mijn ontwikkeling.' (Alsof je via andere wegen niet zou kunnen groeien.)
- 'Ik neem deze functie, want het salaris is marktconform.' (Terwijl dat voor de andere functie ook gold.)
- 'Ik kies voor dit team, want daar kan ik veel leren.' (Terwijl je in het andere team ook veel kon leren.)

4 Het autoriteitsargument

'Als zij het zegt...'

Je neemt iets voor waar aan omdat een 'autoriteit' het zegt, zonder de redenering zelf te onderzoeken.

Subtiele voorbeelden:

- 'Volgens dit managementboek moet je als leider vooral...'
- 'De wetenschap heeft bewezen dat...' (zonder te kijken naar het specifieke onderzoek)
- 'Mijn coach zegt dat ik te veel in mijn hoofd zit, dus dat zal wel zo zijn.'
- 'Die TED-talk zei dat je elke ochtend moet mediteren.'

5 Argument op basis van traditie

'Zo doen we het altijd.'

Je gebruikt het feit dat iets 'altijd zo is gegaan' als argument, zonder de onderliggende aannames te onderzoeken.

Subtiele voorbeelden:

- 'We hebben altijd een koningshuis gehad – dat hoort gewoon bij Nederland.'

- 'In ons team bespreken we dat soort dingen niet, dat is gewoon niet hoe we werken.'
- 'Zwarte Piet moet zo blijven, want zo is het altijd al geweest.'

6 Het anekdotisch argument

'De buurman van de neef van mijn zwager...'

Je baseert een algemene conclusie op één specifiek verhaal of voorbeeld, vaak uit tweede of derde hand.

Subtiele voorbeelden:
- 'Je moet nooit je baan opzeggen zonder nieuwe baan, want de zus van mijn collega heeft daar nog steeds spijt van.'
- 'Een sabbatical is slecht voor je carrière. Ken je Tim nog? Die kreeg daarna geen voet meer aan de grond.'
- 'Therapie werkt echt, want mijn buurvrouw is er helemaal van opgeknapt.'
- 'Je moet overstappen naar Signal, mij bevalt het veel beter dan WhatsApp.'

7 Het valse dilemma

'Chocoladepasta of pindakaas...'

Je presenteert iets als een keuze tussen twee opties terwijl er meer mogelijkheden zijn.

Een paar voorbeelden:
- 'Of je bent een harde werker, of je hebt een leuk leven.'
- 'Je kunt niet én een goede ouder zijn én carrière maken.'
- 'Als ik niet honderd procent zeker ben van deze relatie, moet ik er maar mee stoppen.'
- 'Je moet nu kiezen: of je blijft hier, of je maakt een grote sprong.'

Waarom zijn deze denkfouten zo verleidelijk?

Deze denkfouten zijn zo aantrekkelijk omdat ze het leven simpeler maken. Ze reduceren complexiteit tot iets behapbaars. Een vals dilemma geeft je twee opties in plaats van eindeloze mogelijkheden. Een anekdotisch argument voelt als 'bewijs'. Een cirkelredenering klinkt logisch.

Bovendien bevestigen ze vaak wat we toch al dachten. Als je gelooft dat je 'niet creatief' bent, is elk voorbeeld van een mislukt idee weer een bewijs. Als je denkt dat je moet kiezen tussen carrière en gezin, zie je overal voorbeelden die dat bevestigen.

Hoe gebruik je deze kennis?

Begin met één type denkfout. Let een week lang op wanneer je deze maakt. Schrijf de gedachten op. Stel jezelf vragen als:

- Wat gebeurt er als ik dit argument omdraai?
- Welke andere mogelijkheden zijn er?
- Wat zou iemand met een tegenovergestelde visie zeggen?

Leuke oefening

Schrijf eens een stukje tekst (een opiniestukje bijvoorbeeld) waarbij je zo veel mogelijk drogredenen gebruikt. De beste manier om argumentatiefouten te leren zien is om ze eerst heel goed te leren beheersen en gebruiken.

Op www.eventussenmijenmij.nl vind je wat voorbeelden, en inzendingen van lezers van dit boek. Stuur me jouw eigen stukje onzinretoriek en ik geef het een plekje in deze eregalerij.

Wat is de drog?

Nog een geestig oefeningetje om eens uit te proberen: kun je van onderstaande zinnetjes het probleem benoemen? Is het een argumentatie- of redeneerfout, en zo ja, welke?

- De CEO draagt altijd een Rolex en rijdt in een Tesla. Ik wil ook CEO worden, dus heb ik alvast een Rolex gekocht en een Tesla besteld.

- Als het regent, blijven de terrassen leeg. De terrassen zijn leeg. Dus het regent.
- Een op de drie huwelijken eindigt in een scheiding. Mijn zus is al twee keer gescheiden. Dus haar derde huwelijk zal wel standhouden.
- De meeste mensen vinden dit restaurant geweldig. Jij vindt het niet goed. Je hebt dus duidelijk geen smaak.
- Sinds we dat nieuwe koffiezetapparaat hebben, is ons team productiever. Die machine moeten we dus behouden voor het bedrijfsresultaat.
- Of we investeren nu fors in digitalisering, óf ons bedrijf is over vijf jaar failliet.
- Einstein geloofde in God, dus God moet wel bestaan.
- Het is belangrijk om in jezelf te geloven, want zonder zelfvertrouwen kom je nergens.

Op www.eventussenmijenmij.nl vind je uiteraard de antwoorden!

Even tussen jou en jou

- Wanneer was de laatste keer dat je jezelf betrapte op een stevige mening zonder duidelijke onderbouwing?
- Hoe voel je je als iemand je vraagt je mening te onderbouwen?
- Welk patroon herken je in je eigen manier van argumenteren?

Argumenteren

Definitie

Het identificeren en analyseren van redenen voor je overtuigingen, waarbij je zowel de onderbouwing (argumenten) als de uitspraken over de werkelijkheid (beweringen) kritisch onderzoekt.

Wanneer te gebruiken

- Wanneer je merkt dat je een sterke overtuiging hebt zonder precies te weten waarom
- Als je jezelf betrapt op absolute uitspraken ('Ik moet altijd...' of 'Ik kan nooit...')
- Als je wilt begrijpen waarom bepaalde situaties je zo raken
- Wanneer je een belangrijke keuze moet maken en alle opties wilt afwegen

Vragen om jezelf te stellen

- Waarom geloof ik dit? Welke redenen heb ik?
- Zijn mijn argumenten feitelijk of waarderend?
- Wat zou iemand die het oneens is met me hierover zeggen?
- Is dit echt een feit of mijn interpretatie van een feit?

Problematiseren: een beetje tegen de waarheid aan duwen

'Een goede relatie betekent dat je alles met elkaar deelt,' zegt een vriendin stellig tijdens een etentje. Ze neemt een slok wijn en kijkt de tafel rond, zoekend naar bevestiging.

Ik wil meteen 'ja natuurlijk' knikken – want ja, logisch, natuurlijk moet je alles delen in een goede relatie – tot ik mezelf even bij de kladden grijp. Wacht even. Is dat echt zo? Als Matthijs mij elke dag zou vertellen welke collega's hem irriteren of precies zou beschrijven hoe zijn stoelgang was, zou onze relatie daar echt beter van worden? Niet per se.

Stel dat een van jouw vrienden dat zegt: 'In een goede relatie deel je alles met elkaar!' Hoe zou jij die ander laten inzien dat deze 'waarheid' misschien niet zo absoluut is als diegene denkt? Denk daar eens een minuutje over na voor je verder leest.

Klaar? Waarschijnlijk heb je nu één of meerdere voorbeelden bedacht die deze uitspraak ter discussie stellen. Misschien dacht je ook aan privacy, aan het belang van enige autonomie, of aan het feit dat 'alles delen' ook kan betekenen dat je je partner onnodig belast met jouw zorgen. Juist dit – het automatisch bevragen van 'waarheden' die op het eerste gezicht logisch lijken – daar gaat problematiseren over.

Wat is problematiseren?

Problematiseren is het vermogen om de randen en beperkingen van uitspraken aan te wijzen. Het is als het ware het zoeken naar de barsten in wat op het eerste gezicht een waterdichte bewering lijkt.

Of, beetje schoolser: het kritisch onderzoeken van schijnbaar vanzelfsprekende uitspraken of 'waarheden' door hun beperkingen, uitzonderingen en aannames bloot te leggen met als doel om nauwkeuriger te worden in ons denken.

We zitten vaak behoorlijk vast in onze overtuigingen. Hoe stelliger de uitspraak ('altijd', 'nooit', 'moet'), hoe meer we erin verstrikt kunnen raken. Het is als een bril die zo vergroeid is met je neus dat je vergeet dat je hem ophebt. Problematiseren is die bril even afzetten.

Neem dit voorbeeld: 'Een fiets heeft twee wielen.' Hoe zou je die uitspraak problematiseren? Waarschijnlijk kom je op het volgende:

- Een driewieler is ook een fiets
- Een eenwieler noemen we nog steeds een fiets
- Een bakfiets, drie wielen; óók een fiets

Mijn eerste fiets had er, als je de zijwieltjes meetelt, zelfs vier. Volgens de woordenboekpuristen was ik dus blijkbaar in een soort gecamoufleerde auto aan het rondkarren.

Door deze uitzonderingen te benoemen tonen we aan dat de oorspronkelijke uitspraak niet klopt. 'Een fiets heeft twee wielen' verliest zijn geldigheid als absolute waarheid. En dat is precies de bedoeling van problematiseren: aantonen dat wat we als 'absoluut waar' beschouwen, dat meestal niet is.

We kunnen dan preciezer formuleren wat we eigenlijk bedoelen. Bijvoorbeeld: 'De meeste gewone fietsen hebben twee wielen.' Minder absoluut, wel accurater.

Van 'absoluut' naar 'het hangt ervan af'

Nog een voorbeeld: 'De aarde is rond.'

Stop weer even met lezen. Hoe zou jij laten zien dat deze uitspraak niet altijd en overal opgaat?

Je komt misschien uit bij het feit dat de aarde, als je een dwarsdoorsnede neemt, helemaal niet perfect rond is. We hebben bergen, dalen, oceanen, kraters. Of je realiseert je dat de aarde eigenlijk meer een afgeplatte bol is dan een perfecte cirkel.

Natuurlijk kun je tegenwerpen: 'Ja, maar common sense is dat we de aarde bedoelen zoals je die vanuit de ruimte ziet.' En daar heb je een punt. Maar bij problematiseren kijken we expres even naar de letterlijke uitspraak, los van context. Want juist door dat te doen worden we ons bewust van onze aannames.

Hier kun je dus gerust wél aan de slag met wat 'mogelijk' is, en hoef je niet te werken met 'waarschijnlijk'.

Ook een spelletje. Wel een serieus spelletje

Dit is geen filosofisch spelletje. (Oké, het is óók een filosofisch spelletje, gewoon heel leuk om te doen. Een soort sudoku-mettaal.)

Het is vooral een essentiële vaardigheid voor helder denken. Want we doen de hele dag door stellige uitspraken:

- Je moet altijd eerlijk zijn
- Als je hard werkt, kom je er wel
- Een goede ouder stelt zijn kinderen op de eerste plaats
- Je moet handelen naar je morele waarden

Kijk nog eens naar die laatste: je moet handelen naar je morele waarden. Want wat gebeurt er als je die problematiseert door te vragen: kunnen morele waarden met elkaar botsen? Dan moet je je oorspronkelijke uitspraak wel herzien. Want ja, waarden botsen regelmatig – eerlijkheid met vriendelijkheid, loyaliteit met rechtvaardigheid.

Door te problematiseren ontdek je de beperkingen van je 'waarheden'. Je wordt bevrijd van absolute uitspraken en gaat nieuwe perspectieven zien. Misschien wel het belangrijkste: je denken wordt tegelijk preciezer én flexibeler. Want als je eenmaal doorhebt dat een 'waarheid' niet zo absoluut is als je dacht, kun je veel beter onder woorden brengen wat je eigenlijk bedoelt.

Volwassenen hebben hun leven op orde. Toch?

Ik herinner me hoe ik als kind opkeek naar 'de grote mensen', volwassenen. Ze leken alles onder controle te hebben: ze wisten waar ze naartoe gingen, hadden plannen, betaalden rekeningen op tijd, en wisten blijkbaar precies hoe het leven werkte. Als ik volwassen ben, dacht ik, dan heb ik het ook allemaal op een rijtje. Tot ik zelf 'volwassen' werd en merkte dat ik regelmatig een rekening verwar met een reclamefolder en die dan dus per ongeluk in de prullenbak mik. Of dubbele afspraken maak. Of drie weken lang die ene belangrijke e-mail 'nog even' uitstel.

En toen begon ik beter te kijken. Mijn vrienden die zo georganiseerd lijken? Die zoeken net zo vaak hun sleutels, vergeten net zo vaak verjaardagen, en hebben net zo vaak geen idee wat ze eigenlijk aan het doen zijn. Mijn collega's die er zo professioneel uitzien? Die improviseren net zo hard als ik.

Blijkbaar is 'het op orde hebben' vooral een verhaal dat we

van buitenaf vertellen. Van dichtbij is iedereen gewoon een beetje aan het aanmodderen. (Heb ik vandaag bijvoorbeeld al drie keer in mijn agenda gekeken of ik écht geen afspraak over het hoofd heb gezien? Misschien, misschien.)

Door dit te zien viel mijn 'waarheid' over volwassenen uit elkaar. 'Volwassenen hebben hun leven op orde' bleek net zo absoluut – en net zo onjuist – als 'een fiets heeft twee wielen'.

In de praktijk: problematiseren als denkgereedschap

Het klinkt misschien theoretisch, maar problematiseren is juist een heel praktisch stuk gereedschap. Je kunt het gebruiken bij iedere uitspraak die absolute pretenties heeft. Vooral uitspraken die beginnen met:

- Je moet altijd...
- Iedereen weet dat...
- Het is nou eenmaal zo dat...
- Natuurlijk is het zo dat...

Of uitspraken waar woorden in zitten als 'nooit', 'altijd', 'iedereen', 'niemand'. Dat zijn meestal signaalwoorden die aangeven: hier valt wat te problematiseren.

Een paar praktische voorbeelden om mee te oefenen:
'Een professional is altijd bereikbaar voor zijn klanten.'
Stop even – hoe zou jij deze uitspraak problematiseren? Je kunt denken aan grenzen en uitzonderingen, aan rust, aan kwaliteit van werk. Misschien zelfs aan de vraag wat 'professionaliteit' eigenlijk is.

'Als leidinggevende moet je boven de groep staan.'
Ook hier – hoe kun je dit bevragen? Wat betekent 'boven' eigenlijk? Is dat hiërarchisch? In kennis? En werkt dat in elk team, elke situatie?

Door dit soort uitspraken te problematiseren wordt niet alleen je denken scherper – je wordt ook vrijer in je keuzes. Want als 'een professional is altijd bereikbaar' niet meer als absolute waarheid geldt, kun je zelf bepalen hoe jij je bereikbaarheid wilt inrichten.

Een museumstuk achter glas

Problematiseren is makkelijker gezegd dan gedaan. Ik betrap mezelf er regelmatig op dat ik mijn eigen diepgewortelde overtuigingen behandel als een museumstuk achter glas: wel bekijken, niet aanraken. 'Natuurlijk moet je altijd je afspraken nakomen,' zeg ik dan stellig tegen mezelf. En tegen iedereen die het wil horen. Vooral Matthijs. Eigenlijk vooral Matthijs.

Tot diezelfde Matthijs me vraagt: 'Altijd? Ook als je ziek bent? Als er een noodgeval is? Als een vriend in nood is?' Tja, blijkbaar ben ik zelf ook niet immuun voor absolutistische uitspraken. Steeds opnieuw moet ik mezelf dwingen om dat beschermende glas weg te halen en mijn eigen 'waarheden' te laten aanraken en te onderzoeken.

Problematiseren voelt soms als iemand die aan je stoel zaagt terwijl je erop zit, maar het biedt ook bevrijdend veel nieuwe mogelijkheden.

Even tussen jou en jou

- Welke 'waarheden' beschouw jij als vanzelfsprekend in je werk of relaties?
- Kun je je een moment herinneren waarop je ontdekte dat een 'absolute waarheid' toch niet zo absoluut was?
- Welke uitspraak of overtuiging zou jij willen problematiseren om meer ruimte te creëren in je denken?
- Is er een bepaald gebied in je leven waar problematiseren je zou kunnen helpen uit vastgeroeste patronen te komen?

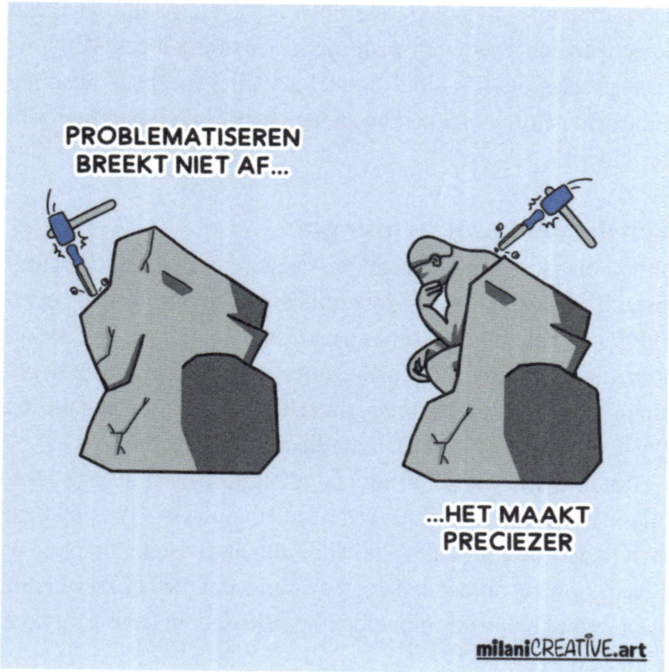

Instapoefeningetje

Hieronder een heel simpel oefeningetje om direct uit te proberen. Je zou ook eerst het nu volgende stuk over paradigma's kunnen lezen en dán deze oefening doen, dan heb je nog meer gereedschap tot je beschikking. Maar als je er nu zin in hebt, *give it a go*!

1 Kies uit onderstaande simpele 'waarheden' eentje die we vaak voor lief nemen.
2 Bedenk één vraag die laat zien dat deze 'waarheid' niet altijd opgaat. Je vraag kan beginnen met 'Maar wat als...' of 'Is het ook waar wanneer...'

- Je moet je beloftes nakomen
- Vroeg naar bed gaan is gezond

- Een goede vriend is er altijd voor je
- Eerlijk duurt het langst
- Kinderen moeten naar school
- Je moet respect hebben voor ouderen
- Het is belangrijk om op tijd te komen

In de appendix op pagina 317 vind je meer oefeningen om problematiseren onder de knie te krijgen.

Valkuilen bij problematiseren

Bij problematiseren zijn er specifieke valkuilen waar je op moet letten:

1. **Relativistisch moeras** Als je alles blijft problematiseren, kun je in een moeras van relativisme belanden waar geen enkel standpunt meer houdbaar lijkt. Onthoud: het doel is niet om alle zekerheden te vernietigen, maar om bewuster te kiezen wat je voor waar houdt.
2. **Verlamming door analyse** Eindeloos problematiseren kan leiden tot besluiteloosheid. Soms is het na het problematiseren nodig om weer een voorlopig werkbaar standpunt in te nemen, wetende dat het niet perfect is. Omarm voorlopigheid, weet je nog? Dat betekent óók dat je af en toe een idee mag adopteren, tot het je niet meer dient.
3. **In gesprekken met anderen: de irritatiefactor** Constant andermans uitgangspunten bevragen kan vermoeiend zijn in sociale situaties. Let op signalen dat je misschien te veel problematiseert in gesprekken met anderen. Geldt natuurlijk ook voor je eigen ideeën: het is soms heel vermoeiend om álles te problematiseren.

Tips voor effectief problematiseren

- Kies je momenten zorgvuldig
- Combineer problematiseren met andere denkgereedschappen

- Waardeer de waarde van voorlopige werkbare standpunten
- Focus op de grootste 'waarheden' die je beperken, niet op elke kleine aanname

Over paradigma's: de bril waardoor je kijkt bepaalt wat je ziet

Onderstaande optische illusie ken je vast wel: afhankelijk van hoe je kijkt, zie je ofwel een jongedame, ofwel een oude vrouw. Vaak dringt een van de twee zich als eerste aan je op. Als je de tweede optie eenmaal kent, kun je op ieder gewenst moment switchen tussen de twee plaatjes.

En je kent ook vast dat moment dat je voor het eerst de ándere optie ziet in zo'n vergelijkbare optische illusie. Dat rare moment waarop je brein als het ware 'klik' doet. Of 'ping'. 'O, dáár is haar kin... nee wacht, dat is de neus van de oude vrouw!' Ik kreeg er als kind hoofdpijn van, zo intensief kon ik zitten turen. Maar zodra de 'klik' er eenmaal was, kon ik op commando wisselen tussen de twee beelden.

Net als bij deze optische illusie werkt het ook met je denken: als je het eenmaal ziet, kun je het niet meer 'niet-zien'. Dat nieuwe perspectief kun je niet zomaar meer vergeten.

Jaren geleden hoorde ik iets onvergetelijks over het liedje 'Ring of Fire' van Johnny Cash. Een reclamebureau had blijkbaar serieus overwogen om dat nummer te gebruiken voor een – jawel – aambeienreclame. Ik zeg het nog maar een keer: een AAMBEIENRECLAME.

'*It burns, burns burns... the ring of fire.*'

Toen ik eenmaal dat verband had gelegd, was er geen weg meer terug. Mijn perspectief was voorgoed veranderd. Elke keer als ik het liedje nu hoor, schiet ik onwillekeurig in de lach. Ik kan niet meer níét aan aambeienzalf denken bij dat nummer.

En jij waarschijnlijk ook niet, vanaf nu. Sorry.

Maar dat is nu precies hoe een paradigmashift (want dat is het) werkt. Je ziet opeens een andere kant van een 'waarheid' – en kunt daarna nooit meer doen alsof je het niet gezien hebt.

Paradigmashifts en problematiseren

Een belangrijk denkgereedschap is dat van de paradigma's, en paradigmashifts. Je kunt het concept paradigmashifts heel goed gebruiken om te problematiseren: je nodigt jezelf simpelweg uit om van paradigma te switchen. Niet het makkelijkste gereedschap om te leren hanteren en bewust in te zetten, maar het levert je veel op als je het beheerst en kunt toepassen.

Paradigma – wat is dat precies?

Vorige week stelde Matthijs voor om een paar dagen naar het strand te gaan. Mijn eerste reactie: 'O, slim, dan kunnen we meteen even bij je moeder langs die op de route woont, en ook gelijk even langs die ene winkel om zusenmezo op te halen.'

Matthijs keek me aan en zuchtte. 'Moet alles altijd nuttig zijn? Ik wil gewoon lekker uitwaaien.'

Dit soort gesprekken hebben we vaker. Waar ik meteen denk in efficiëntie en nuttige combinaties (kunnen we nog ergens boodschappen doen? Is er nog iemand te bezoeken? Moeten we nog een pakketje wegbrengen?), denkt Matthijs maar aan één ding: wordt het leuk?

Dat is geen toeval. Mijn 'fabrieksinstelling' is, zoals je al hebt kunnen zien, het pragmatische paradigma. Ik kijk altijd eerst naar nut en efficiëntie. Matthijs daarentegen kijkt door een hedonistische bril. Zijn eerste vraag is vaak: hoeveel plezier levert het op?

Als je dit soort verschillende 'mentale brillen' bij jezelf en anderen herkent, verklaart dat een hoop discussies.

Een paradigma is je 'mentale bril' – het geheel aan overtuigingen, waarden en aannames waardoor je naar de wereld kijkt. Het bepaalt hoe je dingen interpreteert en wat je voor 'waar' aanneemt.

Het herkennen van het paradigma waarin iemand (dus ook jij!) denkt, helpt om:

1 Te begrijpen waarom mensen zo verschillend naar dezelfde situatie kunnen kijken
2 Bewust te worden van je eigen 'denkkader'
3 Flexibeler te worden in je perspectief
4 Diepere lagen in gesprekken te herkennen

Er zijn verschillende 'soorten' paradigma's van waaruit je de wereld kunt bekijken. Bijvoorbeeld:

- een utilitaristisch paradigma, waarbij je vooral focust op het nut van de dingen
- een esthetisch paradigma, waarbij je focust op schoonheid en lelijkheid
- een moralistisch/ethisch paradigma, waarbij je je afvraagt wat 'goed handelen' is
- een psychologisch paradigma, waarbij je je bezighoudt met gevoelens, verlangens en angsten

Weten vanuit welk paradigma je geneigd bent naar de wereld te kijken is heel handig als je aan zelfonderzoek wilt doen. Vraag je dus regelmatig af: door welke bril kijk ik nu? Welk paradigma houd ik er nu op na?

Je woorden verraden je huidige paradigma

Kijk eens goed naar welke woorden je gebruikt, of denkt, die vertellen je iets over welke bril je op dat moment ophebt. Dat geldt niet alleen voor jou, maar voor iedereen. Stel je een vergadering voor waarbij een belangrijke knoop moet worden doorgehakt. Iemand die steeds begint over kosten en baten, zit in een economisch paradigma. Degene die continu de ethische implicaties ter sprake brengt, zit in het morele paradigma. Als je weet in welk paradigma je zit, kun je jezelf ook expliciet uitdagen om dat paradigma te verlaten en de boel vanuit een ander perspectief te bekijken.

Een **paradigmashift** is een fundamentele verandering in hoe je naar de werkelijkheid kijkt. Het is als het ware een complete 'omdenking' van je bestaande wereldbeeld of overtuigingen. Misschien heb je ooit in je leven weleens zo'n moment gehad: door één gebeurtenis, één enkele vraag, of één enkele opmerking werd je uit je vastgeroeste paradigma geslingerd en zag je een gebeurtenis, de wereld of jezelf ineens heel anders.

Hoe noem je dat ding ook alweer?

Voorheen keek ik nog meer dan nu naar het leven door die prestatiegerichte bril – dat uitje naar het strand of wat ik allemaal 'gedaan' had op een dag. Mijn paradigma was er een van productiviteit en pragmatiek. Die fabrieksinstelling zat (en zit nog steeds, *work in progress* zullen we maar zeggen) diep in me. Ik definieerde mezelf door wat ik kon maken, produceren en bereiken.

Bovendien hing ik mijn eigenwaarde op aan mijn intelligentie en denkvermogen. Ik was de persoon die altijd snel verbanden legde, die helder dacht, die anderen kon helpen met inzichten en ideeën. (Kan ik nog steeds, hoor, bij vlagen. Al is het regelmatig ook windstil.)

Toen kreeg ik de ziekte van Lyme, in 2009, en mijn denken begon te haperen. Ik vergat woorden, verloor de draad van gesprekken. Het moment dat me het meest bijstaat: ik stond in mijn keuken met een koekenpan in mijn handen, starend naar dat doodgewone ding zonder op het woord 'koekenpan' te kunnen komen. Ik wist wat het was, waarvoor je het gebruikt, maar het woord was weg, foetsie.

Zoiets simpels niet meer kunnen benoemen geeft je een knap dom gevoel, en mijn ego raakte er ook van in paniek.

Het begon te dagen dat het zomaar zo kon zijn dat mijn denken – het gereedschap waarmee ik altijd creëerde en presteerde – me misschien voorgoed in de steek had gelaten. De fundamentele vraag die zich toen aan me opdrong was: wie ben ik nog als ik niet van waarde kan zijn door te maken of produceren? Als ik niet langer de slimme, snelle denker ben?

Ineens kon ik niet meer kijken naar mezelf als alleen maar iemand die dingen maakt en presteert. Het was alsof ik voor het eerst de oude vrouw in die optische illusie zag, terwijl ik altijd alleen het jonge meisje had gezien. Mijn vraag veranderde van 'wat kan ik maken of bereiken?' naar 'wat blijft er over als ik niet van nut ben?'

Dit was een verschuiving van een prestatie-productiviteitsparadigma naar een existentieel paradigma waarin menselijke waarde niet afhangt van output maar van simpelweg zijn.

Een vriendin die zelf door een burn-out ging, zei laatst iets wat me raakte: 'Zelfs al lig je een hele dag in bed en draag je niks bij aan de maatschappij, dan nog ben je van waarde.' Het kost me eerlijk gezegd nog steeds moeite om dat volledig als 'waar' te ervaren, maar ik weet nu dat dit perspectief bestaat, en ik kan er bewust naartoe bewegen.

Die fabrieksinstelling van nut en productiviteit is nog steeds in me aanwezig – Matthijs kan erover meepraten. Maar net als bij die optische illusie, eenmaal gezien, kan ik niet meer doen alsof die andere kant er niet is. Ik kan nu bewust schakelen tussen de twee perspectieven. In moeilijke momenten kan ik mezelf eraan herinneren: menselijke waarde zit niet in wat je doet, maar is intrinsiek, gewoon, omdat jij bestaat ís er waarde.

Problematiseren met paradigma's

Als je dus wilt problematiseren wat je denkt, zijn die paradigma's een heel handige manier om dat te doen. Je eerste stap is je realiseren vanuit welk paradigma je nú kijkt, om vervolgens een ander perspectief uit te proberen.

Hieronder vind je een lijst met verschillende paradigma's die je kunt gebruiken. Die lijst heeft niet de pretentie volledig te zijn, maar ze helpt je wel op weg.

Kijken door verschillende paradigma's

(Geïllustreerd aan de hand van één voorbeeld: een bos)

Pragmatisch paradigma

- Focus: Praktische oplossingen en methoden
- Kernvraag: 'Hoe kunnen we dit gebruiken?'
- Bosvoorbeeld: Hoe kunnen we het bos optimaal beheren?

Psychologisch paradigma

- Focus: Mentale processen, angsten en verlangens
- Kernvraag: 'Wat doet dit met ons?'
- Bosvoorbeeld: Waarom voelen mensen zich rustig in het bos?

Existentieel paradigma

- Focus: Betekenisgeving en waarden
- Kernvraag: 'Welke betekenis heeft dit voor ons bestaan?'
- Bosvoorbeeld: Wat zegt onze omgang met het bos over onze plaats in de wereld?

Ethisch paradigma

- Focus: Morele afwegingen
- Kernvraag: 'Wat is het juiste om te doen?'
- Bosvoorbeeld: Hebben we het recht om bossen te kappen?

Esthetisch paradigma

- Focus: Schoonheid en waarneming
- Kernvraag: 'Wat maakt dit mooi of lelijk?'
- Bosvoorbeeld: Hoe ervaren we de schoonheid van de natuur?

Sociaal paradigma

- Focus: Maatschappelijke processen
- Kernvraag: 'Hoe beïnvloedt dit onze samenleving?'
- Bosvoorbeeld: Hoe beïnvloedt het bos onze onderlinge verbondenheid?

Wetenschappelijk paradigma

- Focus: Empirische realiteit
- Kernvraag: 'Hoe werkt het?'
- Bosvoorbeeld: Welke biologische processen spelen hier?

Hedonistisch paradigma

- Focus: Plezier, genot, geluk
- Kernvraag: 'Hoeveel vreugde/genot levert dit op?'
- Bosvoorbeeld: Hoeveel plezier en ontspanning kunnen we uit een bezoek aan het bos halen?

Dit zijn wat praktische paradigma's, heel toepasbaar in zelfonderzoek. Er zijn ook andere, meer abstracte, filosofischer paradigma's. Die zijn niet altijd nodig voor alledaags zelfonderzoek, maar kunnen wel extra diepgang geven als je daar zin in hebt. Bijvoorbeeld:

Metafysisch paradigma

- Focus: Transcendente vragen
- Kernvraag: 'Is er een hogere betekenis?'
- Bosvoorbeeld: Is het bos een manifestatie van het goddelijke?

Ontologisch paradigma

- Focus: Vragen over het zijn
- Kernvraag: 'Wat is de ware aard hiervan?'
- Bosvoorbeeld: Wat is een bos in essentie?

Epistemologisch paradigma

- Focus: Kennis en begrip
- Kernvraag: 'Hoe weten we wat we weten?'
- Bosvoorbeeld: Hoe komen we tot kennis over het ecosysteem?

Geinig paradigma-oefeningetje

Stel: een vriend vraagt of je hem zaterdag wilt helpen verhuizen.

Stap 1: kijk door verschillende brillen

Beantwoord deze vraag vanuit elk paradigma:
Pragmatisch: 'Wat levert dit op? Hoeveel tijd kost het?'

Hedonistisch: 'Wordt dit leuk? Ga ik hier plezier aan beleven?'
Ethisch: 'Wat is het juiste om te doen? Wat ben ik hem verschuldigd?'
Psychologisch: 'Hoe voel ik me bij dit verzoek? Wat doet dit met onze vriendschap?'
Sociaal: 'Hoe beïnvloedt dit onze relatie en ons sociale netwerk?'

Stap 2: merk het verschil
Welke antwoorden kwamen bij elk paradigma op? Zie je hoe elke 'bril' andere aspecten benadrukt?

Dit trucje kun je bij elke situatie toepassen. De kunst is om te herkennen vanuit welk paradigma je meestal kijkt, en dan bewust een andere bril op te zetten.

Problematiseren

Definitie
Het kritisch onderzoeken van schijnbaar vanzelfsprekende uitspraken of 'waarheden' door hun beperkingen, uitzonderingen en aannames bloot te leggen, met als doel absolute claims te nuanceren en je denken preciezer te maken.

Wanneer te gebruiken
- Wanneer je merkt dat je absolute woorden gebruikt ('altijd', 'nooit', 'moet')
- Bij uitspraken die als onbetwistbare waarheid worden gepresenteerd
- Als je vastloopt in rigide denkpatronen
- Wanneer je meer flexibiliteit wilt in je overtuigingen

- Bij morele of ethische dilemma's waar 'waarheden' kunnen botsen
- Wanneer je een meer genuanceerde kijk wilt ontwikkelen op een onderwerp

Vragen om jezelf te stellen
- Is dit echt altijd zo, of zijn er uitzonderingen?
- Onder welke omstandigheden zou dit niet opgaan?
- Wat zijn de grenzen van deze uitspraak?
- Wat zou een zinvol tegenvoorbeeld zijn?
- Als ik dit iets genuanceerder zou formuleren, hoe zou dat klinken?

Gereedschap voor vernieuwing

Tot nu toe heb je twee soorten denkgereedschap leren kennen: gereedschap om je gedachten te verhelderen (zoals begripsonderzoek, conceptualiseren, vooronderstellingen) en gereedschap om je denken te versterken (zoals redeneren, argumenteren, problematiseren).

Deze gereedschappen helpen je om systematisch, analytisch en helder te denken binnen bestaande kaders.

Daar kom je al ontzettend ver mee, maar soms nét niet ver genoeg; je hebt dan behoefte aan creatiever, spannender, buiten de gebaande paden.

Dit derde type denkgereedschap werkt anders dan de vorige twee. Het vraagt – naast logica en analyse – óók om verbeelding en speelsheid.

Dialectiek: voorbij of-of-denken

Het meisje dat de wereld rond wilde zeilen

In 2009 bezorgde de dertienjarige Laura Dekker heel Nederland een halve hartverzakking. Ze wilde in haar eentje de wereld rondzeilen – als jongste zeiler ooit. De autoriteiten schrokken zich rot. De kinderbescherming werd ingeschakeld, rechtszaken volgden, psychologen schreven rapporten, Kamervragen werden gesteld.

Laura's ouders en supporters zagen een begaafde zeiler met een heldere droom. Zij gunden haar de vrijheid om haar droom na te jagen. Laura had eerder al wekenlang in haar eentje zeiltochten gemaakt. Ze was dus bekwaam genoeg, dus waarom zou je de dromen van een jongere willen temperen? De overheid en bezorgde volwassenen zagen een kind dat beschermd moest worden, ook tegen zichzelf. Een storm op volle zee maakt geen onderscheid tussen ervaren zeilers en ambitieuze tieners.

Hier stonden twee schijnbare tegenstellingen tegenover elkaar: vrijheid versus bescherming. Een compromis lag voor de hand: een korte reis wellicht, of een paar jaar wachten tot ze ouder was.

Maar wat nu als je niet denkt in of-of (gaan of niet gaan) en ook niet in compromis (kortere reis/paar jaar wachten), maar zoekt naar een derde mogelijkheid, die de tegenstellingen als het ware in zich opneemt en tegelijk een goede, werkende oplossing is?

De rechter en alle betrokkenen kwamen tot wat je noemt een **synthese**: Laura zou haar reis maken, maar dan wél binnen een doordacht systeem van checks. Satelliettrackers, regelmatige check-ins, een noodprotocol, een steunnetwerk op strategische punten wereldwijd. Het nieuwe concept dat ontstond zou je bijvoorbeeld 'autonomie op maat' of 'begeleide zelfstandigheid' kunnen noemen – geen middenweg, maar een fundamenteel nieuwe aanpak die zowel haar vrijheid respecteerde als haar veiligheid waarborgde.

Dit is een vorm van dialectiek: niet kiezen tussen twee tegengestelde posities, niet zoeken naar een compromis dat het nét niet helemaal is, maar ze overstijgen door een nieuwe positie te vinden die het waardevolle van beide behoudt. Laura kon haar droom waarmaken én kreeg de ondersteuning die bij haar leeftijd paste. Twee jaar later voltooide ze als jongste solozeiler ooit haar wereldreis.

Laura's blog van toen is trouwens nog steeds online te vinden, op een website uit de prehistorie, maar het is heel geinig om haar artikelen te lezen en de foto's te bekijken.[10]

Wat is dialectiek?

Dialectiek is de kunst van het overstijgen van tegenstellingen. Het is een denkproces waarbij je begint met een these (een stelling of positie) en een antithese (het tegenovergestelde), om vervolgens te zoeken naar een synthese – een nieuwe positie die het waardevolle van beide kanten behoudt, maar hun beperkingen overstijgt.

Het is geen exacte wetenschap; het is speels, altijd in beweging.

Ook een synthese is geen eindpunt. Ze is een tijdelijk rustpunt in een steeds bewegend denkproces. Elke nieuwe gedachte roept weer nieuwe vragen op. Dialectiek is nooit af – en dat is juist haar kracht.

Oscar Brenifier, een van mijn belangrijkste leermeesters, zegt daarover: '*Dialectiek is een kunst, geen wetenschap. Ze creëert, onderzoekt en bevraagt zelfs de regels die haar vormen.*'[11]

Hoe kan dialectisch denken je helpen in zelfonderzoek? Je wilt vrijheid én zekerheid. Je wilt loyaal zijn én voor jezelf kiezen. Je wilt rust én uitdaging. Je wilt iemand aanspreken én je vindt het niet je plaats iets te zeggen. Dialectiek helpt je om zulke innerlijke spanningen niet weg te duwen, maar te onderzoeken, en soms zelfs op te tillen tot iets nieuws.

Waarom dialectiek werkt

Dialectiek werkt omdat het ons bevrijdt van binair denken – de neiging om alles te zien in termen van twee tegengestelde mogelijkheden. Dit zwart-witdenken zit diep in onze cultuur en taal verweven. We spreken over:

- Werk versus privé
- Vrijheid versus veiligheid
- Emotie versus ratio
- Idealisme versus realisme
- Individu versus gemeenschap

Dialectiek nodigt ons uit om deze tegenstrijdigheden niet op te lossen door één kant te kiezen, maar door ze te overstijgen. Het verschil is cruciaal. Als je een tegenstelling 'oplost', verdwijnt één kant. Als je een tegenstelling 'overstijgt', behoud je het waardevolle van beide kanten in een nieuwe, rijkere synthese.

De filosoof Hegel, die veel heeft geschreven over dialectiek, noemde dit proces *Aufhebung*, een Duits woord dat tegelijk 'opheffen', 'bewaren' en 'op een hoger niveau tillen' betekent, wat ik echt een mooi beeld vind voor het concept 'dialectiek'. De tegenstelling wordt opgeheven, maar de waardevolle elementen blijven bewaard en worden naar een hoger niveau getild. 'Hegeliaanse dialectiek' klinkt misschien als iets waar je slapeloze nachten van krijgt of waarmee je indruk kunt maken op een feestje (is ook zo), maar in de praktijk betekent het vooral: hoe kun je twee schijnbare tegenstellingen laten samensmelten tot iets beters?

Dialectiek versus compromis

Het is belangrijk om een echt goede synthese niet te verwarren met compromissen sluiten. Bij een compromis doet iedereen water bij de wijn en blijft iedereen half tevreden. Je kent het wel: jij wilt op vakantie naar Italië, je partner naar IJsland, en je eindigt op een camping in Schin op Geul. Niemand écht blij. Bij dialectiek zoek je naar een nieuwe mogelijkheid die beide perspectieven overstijgt.

Een compromis geeft je meestal een beetje van beide kanten,

maar laat het onderliggende probleem onopgelost. Dialectiek nodigt je uit om de kwestie fundamenteel anders te benaderen, zodat je een oplossing vindt die – in dit geval – zowel werk als rust recht doet.

Het dialectische proces

Hoe werkt dialectisch denken in de praktijk? Het proces verloopt meestal als volgt:

1. **Identificeren van de these en antithese** Welke twee posities, waarden of ideeën lijken met elkaar in conflict te zijn?
2. **Conceptualiseren van beide posities** Probeer het kernbegrip of -concept van elke positie scherp te krijgen. Waar staat de these echt voor? En de antithese? Als je elke positie in één krachtig concept zou moeten vangen, wat zou dat zijn?
3. **Doorgronden van beide posities** Wat is de onderliggende waarde of het belang van elke positie? Wat probeert elke kant te beschermen of bereiken?
4. **Zoeken naar de gemeenschappelijke grond** Wat hebben beide posities ondanks hun verschillen gemeen? Welke diepere waarde of welk doel delen ze?
5. **Creatief zoeken naar nieuwe mogelijkheden** Welke oplossingen zouden recht doen aan de onderliggende waarden van beide posities?
6. **De synthese conceptualiseren en formuleren** Vind een nieuw kernconcept dat het waardevolle van these en antithese verbindt, maar hun beperkingen overstijgt. Dit nieuwe concept vormt de basis van je synthese.

Dialectiek in zelfonderzoek

Dialectiek is bijzonder krachtig in zelfonderzoek, omdat we vaak innerlijke conflicten ervaren die als tegenstellingen voelen. Voor mij geldt bijvoorbeeld: ik wil ambitieus zijn én ik wil veel bij mijn gezin zijn. Ik wil supersportief zijn in de sportschool, én in mijn pyjama op de bank hangen. Ik wil een opgeruimd huis

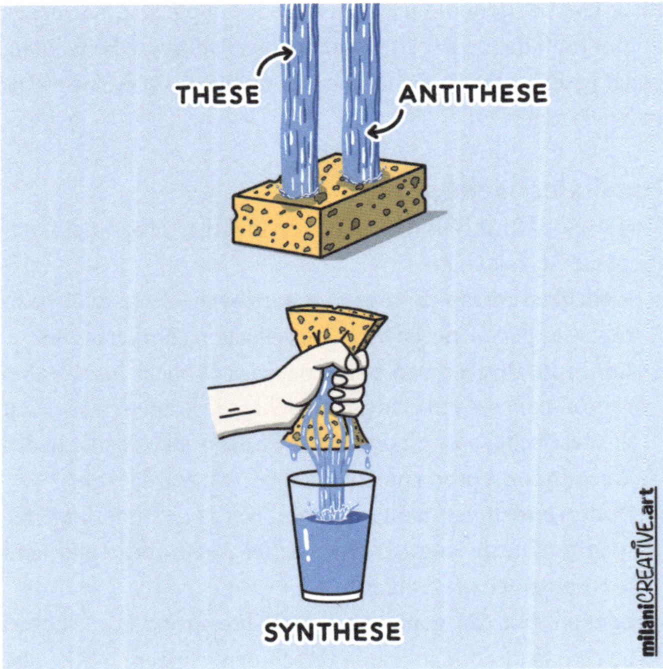

én nooit opruimen. Ik wil dat mensen me aardig vinden én ik wil mijn grenzen duidelijk aangeven. Mens zijn is een constante oefening in schijnbare tegenstrijdigheden.

Voor iemand anders geldt misschien dat die zekerheid én avontuur wil, of spontaniteit én een goede organisatie.

Dit soort innerlijke spanningen kunnen we vaak niet 'oplossen' door één kant te kiezen. Als je kiest voor zekerheid ten koste van avontuur, blijf je verlangen naar dat avontuur. Als je kiest voor spontaniteit ten koste van planning, loop je vast in chaos. Als ik thuis blijf bij het gezin, mis ik intellectuele uitdaging van mijn werk. Maar ga ik fulltime werken... nou ja, je snapt 'm.

Dialectiek biedt een uitweg uit deze impasse.

Bescherming versus vrijheid?

Mijn zoon is twee. Hij wil op alles klimmen – keukenstoel, eettafel, bankje in het park.

En ik sta erbij en kijk ernaar, tong afbijtend, op mijn handen zittend. Wil ik hem veiligheid bieden en leed voorkomen? Zeg maar: hem in bubbeltjesplastic inpakken en blauwe plekken en bloedende knietjes voorkomen? Ja, mijn oer-ik, de angstigste en meest behoudende kant van mij, wil dat soms heus wel. Wil ik ook dat hij zich ontplooit, uitdaging zoekt, leert wat zijn lichaam kan? Net zo hard, nog wel meer eigenlijk.

Als ik het dialectisch bekijk:

These: Hem beschermen – gevaar voorkomen, veiligheid bieden, zorgen dat hij geen pijn heeft. Concept: bescherming.

Antithese: Hem vrijheid bieden – uitdaging geven, leren door ervaring, zelfvertrouwen opbouwen. Concept: vrijheid.

Een poosje worstelde ik met dat of-of-denken. Of ik liet hem vrij klimmen en riskeerde ongelukken, óf ik hield hem tegen en belemmerde zijn ontwikkeling. Tot ik besefte dat de vraag niet was 'wel of geen risico', maar 'welk risico'.

Ik ging er eens voor zitten en deed een oefeningetje dialectiek. De synthese die daaruit kwam: vertrouwen. Vertrouwen op zíjn lijf, zijn lichaamsbeheersing, vertrouwen in het proces van groeien, struikelen en weer opstaan en vertrouwen in mijn eigen inzicht om waar nodig te begrenzen.

Mijn graadmeter is simpel: als er nu iets misgaat, moeten we dan naar de EHBO of is het een blauwe plek en even huilen? Eerste hulp = te gevaarlijk. Blauwe plek = deel van het leren.

Zo mag hij op de keukenstoel (blauwe plek), maar niet op het dak van de schuur (EHBO). Hij mag rennen op het speelplein (blauwe plek), maar niet op de stoeprand langs de drukke weg (EHBO). Gisteren wilde hij op de picknicktafel klimmen. Mijn oude ik: gevaarlijk! Niet doen! Mijn nieuwe ik: wat is het risico hier? EHBO of blauwe plek?

Nog een klein voorbeeldje: aanspreken of de sfeer goed houden?

Ik heb een vriendin die zonder schroom hartstikke kwaad kan worden op vreemden die zich misdragen. Daar benijd ik haar altijd om – wat mooi dat zij dat kan en doet. Ze heeft wel regelmatig ruzie met haar buren, maar ach, dat neemt ze erbij. Ik zou daar wel wat meer van willen hebben, maar die vaardigheid mag ik nog ontwikkelen.

Als ik onrecht zie zou ik het graag direct willen benoemen en tegelijkertijd wil ik niemand voor het hoofd stoten.

Staat er iemand bij de Appie met z'n tengels aan de croissantjes te plukken in plaats van met zo'n tang? Ik zou iemand willen zijn die daar wat van zegt, maar meestal breekt het zweet me uit. Zie ik mensen op straat hun colablikjes gemakzuchtig van zich af gooien? Ik wil ze aanspreken, en ik vind ook dat ik dat moet. Maakt er iemand een vrouwonvriendelijke of racistische grap? Ik heb met mezelf afgesproken dat te benoemen, maar dat lukt nooit zonder bonkend hart.

Verkeershufters zou ik dolgraag willen melden dat rechts inhalen niet helemaal de bedoeling is en dat ik een peuter in de auto heb potverdorie.

In the heat of the moment voel ik mezelf als het ware heen en weer schieten tussen ingrijpen en de boel niet verpesten.

En eerlijk gezegd, als het een grote sterke man is bij die croissantjes, speelt er ook nog een veiligheidsoverweging mee. Dan gaat het niet alleen om ongemak of sfeer bederven, maar ook om: is dit wel slim?

Als ik daar met de dialectische techniek naar kijk, zou dat er zo uit kunnen zien:

These: Opkomen voor wat goed is – onrecht benoemen, voor anderen opkomen, mijn verantwoordelijkheid nemen

Antithese: De sfeer goed houden – harmonie bewaren, geen gedoe veroorzaken, iedereen op z'n gemak laten

Een synthese zou kunnen zijn: **'verstandige moed'** – de moed om op te komen voor wat goed is, op een manier die de ander de kans geeft om mee te groeien in plaats van zich te verdedigen. Moed die rekening houdt met context, timing, veiligheid. Soms betekent moed juist dat je het niet doet als het onveilig is, en een ander moment of een andere manier zoekt.

Waarom dialectiek waardevol is voor zelfonderzoek

Dialectiek is om verschillende redenen een onmisbaar gereedschap voor zelfonderzoek:

1. **Het doorbreekt vastgeroeste denkpatronen** We zitten vaak vast in 'óf dit, óf dat'-denken. Dialectiek helpt ons om uit deze denkval te stappen.
2. **Het verzoent innerlijke tegenstrijdigheden** In plaats van te blijven worstelen met schijnbaar tegenstrijdige delen van onszelf helpt dialectiek ons om deze delen te integreren.
3. **Het schept nieuwe mogelijkheden** Door these en antithese te overstijgen openen we deuren naar oplossingen die we eerst niet konden zien.
4. **Het verdiept ons inzicht** Door een these en antithese grondig te onderzoeken begrijpen we de onderliggende waarden beter.
5. **Het maakt ons denken leniger** We leren om tussen verschillende perspectieven te bewegen en complexiteit te omarmen in plaats van te vrezen.

Even tussen jou en jou

- Welke schijnbare tegenstellingen spelen er in jouw leven?
- Welke 'óf-óf'-dilemma's zou je kunnen herformuleren als 'én-én'-mogelijkheden?
- Welke innerlijke conflicten zou je kunnen zien als complementaire delen van jezelf in plaats van tegenstrijdigheden?
- Welke situatie in je leven zou gebaat zijn bij dialectisch denken?

Zelf uitproberen

Een eerste kleine oefening om je 'dialectiekspier' eens aan te zetten is deze:

- Kies een van onderstaande vragen uit.
- Beantwoord de vraag eerst met 'ja, omdat...' en vervolgens met 'nee, omdat...'
- Geef steeds een argument en het hoofdconcept.
- Check of die twee concepten enigszins elkaars tegenovergestelde zijn (vrijheid versus controle, spreken versus zwijgen).
- Schrijf vervolgens een korte synthese van een paar zinnen die beide antwoorden verenigt, opheft, samen laat smelten tot iets nieuws.
- Wat is daar nu je concept van? Hoe zou je dat noemen?
- Check dan of het niet stiekem een compromis is.

Vragen

- Is onbaatzuchtigheid mogelijk?
- Is loyaliteit een deugd?
- Is privacy een fundamenteel recht?

In de appendix op pagina 320 vind je natuurlijk meer oefeningen. Op www.eventussenmijenmij.nl vind je voorbeelden van mede-lezers.

Valkuilen bij dialectisch denken

Ook bij dialectisch denken zijn er valkuilen waar je alert op moet zijn:

1 **Gedwongen synthese** Niet alle tegenstellingen kunnen (of moeten) worden opgelost door synthese. Soms moet je echt kiezen, of erkennen dat een spanning voorlopig blijft bestaan.
2 **Valse synthese** Soms denk je een synthese te hebben gevonden, maar heb je in werkelijkheid gewoon een kant gekozen of een zwak compromis gesloten. Dan heb je eigenlijk gewoon gekozen voor optie A met een sausje van optie B. Je bent dan niet dialectisch bezig, maar gewoon heel goed in jezelf overtuigen. Een echte synthese voelt als een doorbraak, niet als een halfslachtige oplossing. Kijk ook naar de concepten: de these en antitheseconcepten zijn tegengesteld (als het goed is), en de synthese is een heel nieuw concept.
3 **Ongeduld** Dialectisch denken kost tijd. Soms heb je dagen of weken nodig om tot een echte synthese te komen. Je kunt het niet forceren.
4 **Angst voor complexiteit** Een synthese is vaak complexer dan de these of antithese alleen. Sommige mensen schrikken terug voor deze complexiteit en kiezen liever een simpelere, zwart-witte optie.

Tot slot: dialectiek als levenshouding

Dialectiek is meer dan een techniek – het kan een levenshouding worden. In plaats van vast te houden aan rigide posities kun je leren spelen met en leven in het dynamische proces van synthese – het voortdurende groeien door het overstijgen en verenigen van schijnbare tegenstellingen.

Dialectiek

Definitie

Het overstijgen van tegenstellingen door een proces waarin een these (stelling) en antithese (tegenstelling) worden verenigd in een synthese – een nieuwe positie die het waardevolle van beide kanten behoudt maar hun beperkingen overstijgt.

Wanneer te gebruiken

- Wanneer je worstelt met innerlijke conflicten of schijnbaar onverenigbare waarden
- Bij dilemma's waar 'of-of'-denken je beperkt
- Wanneer compromissen onbevredigend voelen
- Bij spanningen tussen twee waardevolle perspectieven
- Wanneer je vastloopt in zwart-witdenken
- Als je zoekt naar een creatieve oplossing die twee standpunten verbindt
- Wanneer je je denken wilt verruimen voorbij binaire keuzes

Vragen om jezelf te stellen

- Wat is de kernwaarde of het hoofdconcept achter ieder standpunt?
- Wat proberen beide kanten te beschermen of te bereiken?
- Welke gemeenschappelijke grond delen deze schijnbare tegenstellingen?
- Hoe kan ik deze twee standpunten samen laten komen in een nieuw idee?
- Wat zou een fundamenteel nieuw concept zijn dat beide perspectieven integreert?
- Is mijn oplossing echt een synthese of slechts een compromis?

Out of the box

Soms is het nodig om je eigen hoofd even op z'n kop te zetten. Niet harder nadenken, niet nóg een lijstje maken, maar juist denkspelletjes, dwaalwegen, gekke sprongen, denkexperimenten. In dit onderdeel neem ik je mee buiten de bekende paden – naar denkexperimenten die verrassend simpel én verrassend effectief zijn.

Creatief denken: waarom je soms een omweg nodig hebt

Wij mensen zijn in aanleg lineaire wezens. Daarmee bedoel ik dat we meestal recht op ons doel afgaan. We zien een probleem en bedenken oplossingen voor dat probleem. Die oplossingen zijn vaak weinig origineel, ze gaan uit van wat je al kent aan oplossingen en ideeën. Je referentiekader is gevuld met de standaard ideeën.

Probeer maar eens: stel je voor dat je ambtenaar bent in de gemeente Gent. Een probleem in je stad is wildplakken. Overal, van bushokje tot brievenbus, van politiek billboard tot prullenbak: werkelijk óveral wordt gewildplakt. Het ziet er niet uit, die stad vol met posters die evenement X of concert Y aankondigen.

Daar wil jij, als ambtenaar van de gemeente Gent, dus vanaf.

Denk eens na over oplossingen voor dit hardnekkige probleem. Welke oplossingen schieten je dan zo te binnen? Waarschijnlijk dingen als meer handhaving, hogere boetes, waarschuwingsborden. Zoiets?

Hadden ze in Gent uiteraard allemaal al geprobeerd, werkte niet. Op een gegeven moment stelde iemand de vraag (stel ik me zo voor, ik was er niet bij): hoe kunnen we het probleem inzetten om het probleem op te lossen? Met andere woorden, hoe kunnen we wildplakken gebruiken om het wildplakken te verminderen?

Wat ze toen deden, werkte wél. Ze plakten simpelweg stickers met 'Afgelast!' of 'Verplaatst!' óver de wildplakposters. Zo hadden ze wildplakken met wildplakken bestreden.[12]

Hoe jagen we onze klanten weg?

Een ander voorbeeld: een tijd geleden werd ik gevraagd voor een sessie creatief denken met een grote drogisterijketen. Ik weet zeker dat je er weleens komt, ze zitten in bijna ieder stadscentrum.

Ze zaten in een hervormingstraject; een totale *rebrand* waarbij een van de doelstellingen was: meer klanten in de fysieke winkel krijgen. De online concurrentie was moordend, dus het was belangrijk dat er daadwerkelijk meer mensen door de deuren naar binnen kwamen voor advies en producten.

Uiteraard had het bedrijf zelf ook al nagedacht over de vraag 'hoe krijgen we meer mensen de winkel in?, maar ze waren op zoek naar meer oplossingen.

Met een groep medewerkers deden we een gedachte-experiment. Ik wilde dat ze zo veel mogelijk ideeën bedachten voor de volgende vraag: hoe zorgen we ervoor dat NIEMAND onze winkel inkomt?

Kortom: hoe jagen we onze klanten zo effectief mogelijk weg?

En toen werd het lollig. Iedereen mocht van alles roepen en de wildste fantasieën vlogen over tafel. Een greep uit de ideeën: snoeiharde technomuziek draaien, zorgen dat het stinkt in ie-

dere winkel, hondenpoep op de deurmat leggen, onaardig personeel op de werkvloer dat mensen uitscheldt en stinkt naar zweet, schappen die leeg zijn of de verkeerde producten bevatten en nog veel, veel meer.

Uiteindelijk hadden we natuurlijk een stapel suggesties om de klanten vooral verre van deze winkel te houden. Maar precies díé ideeën vormden de basis voor het bruikbare spul. Een voor een liepen we de suggesties langs met de vraag: hoe kunnen we deze suggestie gebruiken om mensen juist ín de winkel te krijgen? En toen bleken we ineens goud in handen te hebben.

Als je nu in een van deze drogisterijen komt, zou het je kunnen opvallen dat, vergeleken met een aantal jaren geleden: de verlichting heel zacht is voor je ogen (in plaats van de systeemplafonds en tl-buizen van vroeger), er zachte muziek op staat, er

iemand aan je vraagt of je het goed kunt vinden, het er prettig ruikt, de schappen netjes en geordend zijn en ga zo maar verder.

Gedachte-experiment

Als je écht nieuwe ideeën wilt genereren, lukt dat het beste met een gedachte-experiment. Een geinig denkspelletje waarvan je in eerste instantie denkt: waarom moet ik hierover nadenken? Maar gaandeweg snap je dat juist dát ervoor zorgt dat je weer nieuwe denkopties genereert. Spel, creativiteit, speelsheid: het

zijn belangrijke ingrediënten voor echt fris en vernieuwend denken én voor echte gedragsverandering.

Nog een leuk voorbeeld: Hoe kan ik ervoor zorgen dat mijn collega's hun *&%#koffiekopjes in de vaatwasser zetten en niet in de gootsteen?[13]

Nog eentje: hoe zorgen we ervoor dat meer mensen hun peuk netjes weggooien?

Het 'pre-mortem': wat als het spectaculair mislukt?

Stel je voor: je zit met je team in een vergaderzaal. Je fantastische nieuwe project staat in de startblokken. Iedereen is enthousiast, de presentatie ziet er gelikt uit, en je baas heeft net groen licht gegeven. Wat doe je nu?

Als je het aan psycholoog Gary Klein[14] vraagt, zou hij zeggen: verbeeld je dat we nu een jaar verder zijn en het project is *spectaculair* mislukt, een complete ramp. Vertel me, wat is er gebeurd?

Dit is het 'pre-mortem' – een briljante vorm van geïnstitutionaliseerd tegendenken. Waar een post mortem onderzoekt waarom iets is mislukt nadat het is gebeurd, draait het pre-mortem de tijdlijn om: je doet alsof de mislukking al heeft plaatsgevonden en denkt dan terug.

Het geniale hieraan? Door de mislukking als gegeven te presenteren hef je de sociale druk op om positief te blijven. Ineens mag iedereen problemen benoemen zonder als 'negatief' of 'niet constructief' te worden weggezet. Je creëert een veilige ruimte voor tegendenken.

Grote organisaties zoals Google en de CIA schijnen deze techniek ook toe te passen. Ze vragen teamleden expliciet om hun 'tegendenkspier' te activeren en alle mogelijke problemen, valkuilen en zwakke plekken te identificeren vóórdat ze optreden. In plaats van blind enthousiasme krijg je doordachte actieplannen.

Klein beschrijft zijn techniek als '*a sneaky way to get people to do contrarian, devil's advocate thinking*'. Het werkt omdat het onze natuurlijke neiging tot optimisme en groepsdenken omzeilt. We zijn allemaal geneigd te denken dat onze plannen zullen slagen. Het pre-mortem dwingt ons juist om ze te bekritiseren.

Dit is tegendenken in optima forma: je gebruikt je verbeelding om bewust tegen je eigen plannen in te denken om ze te versterken.

Dit boek is mislukt

Voor dit boek heb ik zelf ook een pre-mortem gedaan. Stel je voor: het is een jaar na publicatie, en *Even tussen mij en mij* is grandioos mislukt. Geen hond heeft het gekocht (behalve mijn moeder, uit medelijden), recensies zijn vernietigend ('pretentieus geneuzel met te veel metaforen'), en niemand doet de oefeningen ('leuk bedacht, maar wie heeft daar tijd voor?').

Wat is er gebeurd?

Misschien is het boek te wollig geworden. Te veel woorden, te weinig richting. Misschien heb ik mensen onderschat – of juist overschat. Misschien voelde het allemaal toch een beetje als huiswerk, en dacht de lezer halverwege: laat maar. Of misschien was het gewoon net niet het juiste boek, op het juiste moment, voor de juiste lezer.

Die gedachten zijn niet leuk om op te schrijven – maar wél nuttig. Want ze helpen me scherp te blijven: voor wie schrijf ik? Hoe maak ik het toegankelijk, uitnodigend, prikkelend zónder schools te worden? Waar kan ik schrappen, versimpelen, verlevendigen?

Op basis van dat pre-mortem maakte ik, vrij laat in het proces (het manuscript was al negentig procent klaar) een radicale keuze: alle oefeningen die je nu in de appendix vindt, stonden eerst gewoon hier, bij de denkgereedschappen. En dat voelde inderdaad wat zwaar, schools en als huiswerk. (Dank ook aan de proeflezers die deze ervaring met me deelden.)

Door deze oefening kon ik die keuze maken en voelt het boek nu lichter en luchtiger, zonder dat ik de oefeningen verloor die ik ook heel belangrijk vond om te delen met jou, de lezer. Die beslissing heeft als voordeel dat je nu zelf kunt beslissen of je de oefeningen wilt opzoeken, op jouw moment.

Zo'n pre-mortem zorgt dat je niet blind vaart op je enthousiasme, maar blijft checken of het werkt. En ja, in mijn geval kan het boek alsnog mislukken. Maar dan weet ik: ik heb er alles aan gedaan.

Zelf een pre-mortem doen?

Je kunt nu, hier, ter plekke, vast een klein project verzinnen waar je heel kort een pre-mortem op kunt loslaten: een klus voor je werk, een verbouwing van je huis, het aankopen van een vakantiehuisje. Doe gewoon eens dit gedachte-experiment: je bent een jaar verder en het is totaal mislukt. Wat is er gebeurd?

Die data gebruik je vervolgens in je voordeel.

De essentie van dat creatieve out-of-the-box-denken is dus jezelf toestaan om een speels, raar, voor je gevoel totaal nutteloos denkspelletje met jezelf te doen. Het genereert energie, maakt je vrolijk, én van daaruit doe je ineens nieuwe ideeën op die je anders zou hebben gemist.

Even tussen jou en jou

- Welke kaders blijf je steeds opnieuw hanteren in je eigen denken? Herken je patronen in je probleemoplossende vaardigheden?
- Wie zou voor jou een verrassend perspectief kunnen bieden? Welke persoon (echt of fictief) heeft een totaal andere kijk op het leven dan jij?
- Wanneer heb je voor het laatst een probleem op een totaal andere manier opgelost dan je gewend was? Wat leverde dat op?
- Welk van je huidige dilemma's zou je eens kunnen bekijken door iemand anders' ogen of door het probleem om te keren?
- Voel je weerstand bij het uitvoeren van een creatieve denkoefening? Wat voor weerstand is dat?

Zo denk je creatief uit de box – in 4 heldere stappen

Stap 1. Formuleer je concrete vraag of probleem

Beschrijf zo precies mogelijk waar je mee zit. Dit mag een hoevraag zijn:

- Hoe motiveer ik mijn puber voor school?
- Hoe doorbreek ik mijn uitstelgedrag?
- Hoe laat ik mijn perfectionisme los?

Stap 2. Verzin een speels denk-experiment

Zet jezelf bewust op een ander spoor. Je maakt van je vraag een creatieve variatie. Bijvoorbeeld:

- Hoe zorg ik ervoor dat mijn puber nóóit meer huiswerk wil maken?
- Hoe zou koningin Máxima dit aanpakken?
- Wat als ik het tegenovergestelde doe van wat ik nu doe?

Stap 3. Bedenk zo veel mogelijk wilde ideeën

Schrijf alles op wat bij je opkomt voor je denk-experiment. Geen censuur, geen oordeel. Hoe gekker, hoe beter. Laat je brein spelen.

Stap 4. Oogst bruikbare ideeën voor je echte vraag

Lees je wilde ideeën terug en haal eruit wat bruikbaar is. Wat inspireert je? Wat kun je gebruiken of vertalen naar jouw echte situatie? Daar zit je creatieve oplossing.

Tools

Dit zijn enkele tools, gedachte-experimenten die je kunt inzetten bij stap 2. Online vind je er nog veel meer.

- Future-jump: we zijn tien jaar verder. Hoe kijkt jouw 'ik' naar dit probleem? Hoe ziet het er dan uit? (Of juist: hoe zou dit probleem drieduizend jaar geleden worden opgelost? Levert je ook verrassende ideeën op!)

- Different eye: bedenk drie beroemdheden (Oprah, Superman, Pinokkio, alles mag). Schrijf steeds tien of meer antwoorden op: hoe zouden zíj dit probleem oplossen? Je kunt hier personen kiezen, maar ook landen of culturen. Hoe zou iemand uit een heel ander land of een andere cultuur jouw probleem bekijken en oplossen? Hoe zou een ijsbeer je probleem oplossen? Of een marsmannetje? Hoe zou een zesjarige naar jouw probleem kijken?
- Omkeren: formuleer je wens en keer hem om. Bedenk vervolgens minstens tien manieren om dát te bereiken. Het voorbeeld 'ik wil meer klanten' wordt 'ik wil zo min mogelijk klanten in mijn winkel'. Bedenk dingen die de klanten wegjagen. Laatste stap: hoe kun je díé ideeën gebruiken voor je huidige probleem.

Voorbeeld: uitstelgedrag

Uitstelgedrag, het is ons niet vreemd, toch? Toen ik studeerde kon ik ineens heel goed schoonmaken als ik aan een essay of scriptie moest beginnen, en ook tijdens het schrijven van dit boek was het heel verleidelijk om nog éven dat boodschapje, nog éven een aflevering van een serie, nog éven, nog éven...

Stel je voor: je bent student en je hebt een belangrijk tentamen over een week. Je wéét dat je moet studeren. Je wéét dat het slim zou zijn om nú te beginnen. En toch... beland je steeds weer op Instagram, Netflix, of met een kop thee starend uit het raam.

Als je dit probleem analytisch benadert, ga je zoeken naar oorzaken:

- Heb ik faalangst?
- Is de stof te moeilijk?
- Heb ik een gebrek aan motivatie?
- Is er een manier waarop ik mezelf kan trainen in discipline?

Prima vragen. Maar soms zit je zo vast in je eigen patronen dat logisch nadenken je niet verder helpt. Dan is het lekker als je ook eens op een heel andere manier naar je eigen uitstellerij kunt kijken.

Omkeren: hoe kan ik zorgen dat ik nóóit studeer?

In plaats van zoeken naar oplossingen ga je op zoek naar strategieën om het probleem juist erger te maken.

- Altijd beginnen met 'nog één aflevering' van je favoriete serie
- Je boeken in een kamer leggen waar je nooit komt
- Boeken verbranden
- Boeken kwijtraken
- Geen schrijfmateriaal hebben, de laptop het raam uit mikken
- Jezelf wijsmaken dat je onder druk veel beter presteert (terwijl dat eigenlijk niet zo is)
- Een superingewikkeld studieschema maken dat je toch niet gaat volgen

Vervolgens draai je dit om: wat kun je van deze ideeën gebruiken om wél aan de slag te gaan?

- In plaats van 'nog één aflevering' kijken maak ik een deal met mezelf: na 25 minuten studeren mág ik een aflevering kijken.
- Mijn boeken leg ik klaar op een plek waar ik er niet omheen kan.
- Ik test bewust uit wat beter werkt: onder druk of juist ruim van tevoren beginnen?
- Ik houd mijn studieschema radicaal simpel: elke dag 30 minuten, punt.
- Ik zorg voor een goede laptop en fijne software die uitnodigt om ermee te werken

Hoe zou Beyoncé studeren?

Kies een beroemdheid of fictief personage en bedenk hoe diegene met jouw probleem om zou gaan.

- Beyoncé zou een team hebben dat haar planning strak in de gaten houdt. Oké, ik heb geen team, maar kan ik een 'accountability buddy' zoeken? Iemand die checkt of ik heb gestudeerd?
- Steve Jobs zou zich afvragen: is studeren met deze boeken de meest efficiënte manier om dit tentamen te halen? Misschien kan ik audioboeken luisteren, samenvattingen maken of studeren in groepsverband om effectiever te leren?
- Harry Potter zou waarschijnlijk een magische spreuk gebruiken om alle kennis meteen in zijn hoofd te krijgen... Helaas, dat gaat niet. Maar misschien kan ik een 'toverwoord' voor mezelf verzinnen, een cue om mezelf in de studiemodus te zetten?

Wat als alles lukt?!

Wat als ik gegarandeerd dit tentamen haal, zonder stress? Wat zou ik dan nu doen?

- Misschien zou ik niet eens piekeren, maar gewoon die eerste 15 minuten beginnen.
- Misschien zou ik mijn omgeving zó aanpassen dat ik automatisch de juiste keuzes maak (boeken klaarleggen, telefoon uit, vaste studeerplek).
- Misschien zou ik stoppen met mezelf te vertellen dat studeren 'saai' of 'zwaar' is, en het zien als een kans om slimmer te worden.

Waarom werkt dit?

Dit soort denkexperimenten dwingt je uit je vaste denkkaders. Je brein zoekt niet meer naar excuses, maar naar speelse, verrassende manieren om met je probleem om te gaan. Vaak is een klein inzicht – zoals beseffen dat je 'even beginnen' steeds uitstelt – al genoeg om de eerste stap te zetten.

Oefeningen over out of the box denken vind je op p. 323.

Valkuilen

1. Je kunt blijven hangen in gekkigheid zonder link naar je echte vraag, waardoor het een grappig spelletje blijft in plaats van een bron van bruikbare inzichten.
2. Je kunt de eerste rare ingeving meteen omarmen als dé oplossing, terwijl het juist gaat om breder en dieper denken.
3. Je kunt terugvallen in je oude denkkader zodra het ongemakkelijk of onpraktisch voelt, waardoor je de frisse invalshoeken niet echt onderzoekt of toepast.

Out of the box

Definitie

Creatieve denktechnieken waarbij je bewust buiten je gebruikelijke denkpatronen stapt door middel van gedachte-experimenten die je helpen nieuwe perspectieven te ontdekken en frisse ideeën te genereren.

Wanneer te gebruiken

- Als je op zoek bent naar radicaal nieuwe oplossingen
- Wanneer lineair denken je niet verder helpt
- Bij hardnekkige problemen die niet kunnen worden opgelost met een conventionele aanpak
- Wanneer je een frisse blik nodig hebt op een oude situatie
- Als je merkt dat je steeds dezelfde soort oplossingen bedenkt
- Gewoon, voor je plezier, om even te spelen met denken

Vragen om jezelf te stellen

- Wat zou er gebeuren als ik de boel omdraai? Als ik het tegenovergestelde zou nastreven van wat ik écht wil bereiken?

- Hoe zou [een bekend persoon/personage] dit probleem aanpakken?
- Wat als we tien jaar verder zijn, hoe kijk ik dan naar dit probleem?
- Wat zou de slechtst mogelijke uitkomst zijn, en hoe kan ik die voorkomen?
- Welke elementen van het probleem zou ik kunnen gebruiken als deel van de oplossing?
- Wat als dit probleem spectaculair zou mislukken, wat zou er dan gebeurd zijn?
- Hoe zou een kind van zes jaar dit probleem benaderen?

Lekker, hè, overzicht

Voor het overzicht, en omdat herhaling soms gewoon wel lekker is, geef ik je hier een opsomming van alle denkgereedschappen, met voorbeeldvragen.

Dat scheelt je straks opzoektijd als je in het volgende hoofdstuk met het stappenplan of het denkgesprek met jezelf aan de slag wilt.

Verhelderen

1 Begripsonderzoek

Definitie

Het uitpluizen en preciseren van wat je precies bedoelt met een bepaald begrip.

Voorbeeldvragen

- Wat is ‘succes’?
- Waar ligt de grens tussen ‘zelfzorg’ en ‘egoïsme’?
- Wanneer is iets nog ‘vriendschap’ en wanneer niet meer?

2 Conceptualiseren

Definitie

Het vangen van de essentie in één of twee kernbegrippen.

Voorbeeldvragen

- Als ik dit patroon in één woord zou moeten vatten, welk woord zou dat zijn?
- Wat is de gemeenschappelijke factor in al deze situaties?
- Wat is de kern van wat me hier dwarszit?

3 Vooronderstellingen onderzoeken

Definitie

Het blootleggen van impliciete aannames onder je gedachten.

Voorbeeldvragen

- Wat moet waar zijn om dit te kunnen denken?
- Welke onuitgesproken aannames zitten er in deze overtuiging?
- Wat zie ik als vanzelfsprekend wat eigenlijk een aanname is?

Versterken

4 Redeneren

Definitie

Een conclusie trekken die logisch volgt uit de aannames.

Voorbeeldvragen

- Volgt dit echt uit wat ik eerder zei?
- Is deze conclusie geldig, gezien mijn uitgangspunten?
- Kloppen de uitgangspunten?

5 Argumenteren

Definitie

Het onderzoeken van de redenen en onderbouwing voor je overtuigingen.

Voorbeeldvragen

- Waarom geloof ik dit?
- Welke argumenten heb ik hiervoor?
- Zijn mijn argumenten feitelijk of waarderend?

6 Problematiseren

Definitie

Het bevragen van vanzelfsprekende 'waarheden' en absolute uitspraken.

Voorbeeldvragen

- Is dit echt altijd zo, of zijn er uitzonderingen?
- Welke situaties passen niet in dit beeld?
- Is deze 'waarheid' universeel en absoluut?

Vernieuwen

7 Dialectiek

Definitie

Het samenbrengen van tegenstellingen tot een rijkere synthese.

Voorbeeldvragen

- Hoe kan ik trouw blijven aan beide posities?
- Is er een manier waarop deze twee botsende ideeën toch samen kunnen gaan?
- Wat zie ik als ik even boven de tegenstelling uitstijg?

8 Out of the box

Definitie

Je denken oprekken voorbij het vertrouwde door radicaal andere perspectieven te verkennen.

Voorbeeldvragen

- Wat zou een vijfjarige hiervan vinden?

- Hoe zou iemand uit een compleet andere cultuur hiernaar kijken?
- Stel dat dit spectaculair mislukt?

Van achteraf terugkijken naar realtime denken

In het begin voelt al dat ge-zelfonderzoek met deze gereedschappen als iets wat je achteraf doet. Je kijkt terug op een situatie en denkt: o, dát was wat er gebeurde. Of: ah, nu zie ik welke vooronderstelling ik daar maakte. (En heel vaak: shit, ik had dit of dat moeten zeggen.)

Naarmate je deze denkgereedschappen vaker gebruikt, dient je innerlijke kritische denker zich steeds eerder aan. Je herkent je eigen patronen sneller, soms zelfs terwijl ze gebeuren. Je signaleert vooronderstellingen op het moment dat ze zich aandienen. Je grijpt jezelf op tijd bij de lurven voordat je in oude valkuilen stapt.

Natuurlijk neem je heus nog weleens een overhaaste beslissing, donder je in een oude valkuil of schiet je in een oude reflex. Je blijft een mens, hè, je wordt geen heilige of een robot. Maar je hebt wel steeds meer opties om bewust te kiezen hoe je reageert.

Hoe ziet dat er dan uit in het echte leven, wanneer je onder druk staat en snel moet handelen? Ik neem je mee naar een moment waarop ik mijn eigen denkgereedschap – acuut, ter plekke, niks geen nachtje over slapen – hard nodig had.

Paniek in de coulissen: on the spot zelfonderzoek

Het is een aantal jaren geleden. Ik loop wat te ijsberen in de coulissen van een grote zaal waar ik straks als spreker word aangekondigd. Het is een van mijn eerste opdrachten als professioneel spreker, ik durf net een paar honderd euro te vragen. De klant is een grote Nederlandse bank, en mijn bijdrage is de aftrap van een 'leadership event', zoals dat heet.

Ik heb me tot in de puntjes voorbereid, maar ook niet té, er moet immers ruimte zijn voor spontaniteit en alles.

Maar toch, ik sta met knikkende knieën te wachten tot de aftrap, we hebben nog een kwartiertje. De headset is gecheckt, de techniek werkt, ik repeteer nog eventjes mijn intro in mijn hoofd.

Vanaf een afstandje zie ik Mara, mijn contactpersoon, met een verhit hoofd op me afstevenen. Mara is projectleider en heeft de opdracht om deze kick-off vorm te geven. Ook zij is nerveus; haar leidinggevenden zitten in de zaal. Ze steekt direct van wal: 'Elke, er zit dus tóch gewoon één niet-Nederlands sprekende man in de zaal zo meteen. Ik heb het nog zó gecheckt aan de voorkant, en er was me verzekerd dat de internationale collega's bij de volgende sessie pas zouden aanschuiven! Kortom, kun je alsjeblieft je keynote zo meteen toch in het Engels doen?'

Ik slik even. Wat moet ik hier nu mee?

Mijn eerste neiging is er een die ik inmiddels herken: mijn innerlijke pleaser schiet in de 'aardige-meisjes-reflex' en staat al te dringen om 'natuurlijk, geen probleem, kan best' te roepen. Maar ik voel ook meteen dat ik dan concessies ga doen aan de scherpte en inhoud die ik wil leveren en dat wil ik niet.

Uit mijn ooghoek zie ik Jayson aan komen stiefelen, Mara's collega. Gekleed in een modieus te groot jasje, hipsterstaartje, met zo'n klein brilletje waarvan je je kunt afvragen of het sterkte heeft of gewoon een modeaccessoire is. Hij komt naast me staan en zegt veelbetekenend: 'Jahaaaaa, als Socrates op sneakers moet je natuurlijk wel een beetje flexibel zijn.'

In mijn fantasie til ik dat stomme brilletje rustig van zijn hoofd, vouw het tot een minifietsje en druk het glimlachend in zijn handen.

Maar in plaats daarvan haal ik adem en mompel met piepend stemmetje: 'Geef me even een paar minuten om hierover na te denken.'

Ik loop naar het toilet en laat wat koud water over mijn polsen stromen. Mijn innerlijke pleasermeisje kan niet wachten om zich er meteen mee te bemoeien en me van goede raad te voorzien. Joh, je Engels is best heel goed, zegt iedereen altijd, je redt je er wel uit, zegt ze, ondertussen wipt ze van de ene voet op de andere, beetje nerveus pulkend aan een pluk haar. Voor Mara hangt er ook veel van af, hè, en Jayson had natuurlijk een punt: als je nu niet Engels spreekt, ben je niet flexibel en heel onprofessioneel.

Direct erachteraan popt ook mijn andere reflex op: de innerlijke verongelijkte, en ook die ken ik inmiddels. Luister, begint ze ferm, Mara had dit maar beter moeten checken. Ze gooit nu iets op jouw bord wat daar niet hoort. Haar probleem, hè, dit. Hoef jij niet op te lossen. Je moet gewoon doen wat je van plan was. Ik bedoel, wie is hier nou niet professioneel? Met z'n stomme brilletje.

Ik haal een paar keer bewust adem, ontspan mijn schouders, wacht tot die twee innerlijke roeptoeters even hun klep houden. Door dat korte moment van vertraging ontstaat er ruimte. Ik denk na, trek al mijn zelfonderzoekvaardigheden uit de kast voor een korte analyse van de situatie, mijn eigen reflexen, de opties, de vooronderstellingen, mijn waarden.

Dan loop ik terug naar Mara en Jayson en zeg: 'Laten we die betreffende persoon eens opzoeken, kijken hoe hij hierin staat.'

Zo gezegd, zo gedaan. In de menigte, nog heerlijk aan de koffie en cake, vinden we Karl, een sympathieke vent uit Duitsland. Ik leg hem uit dat ik de keynote in het Nederlands heb voorbereid en dat de slides ook in het Nederlands zijn. Nog voor ik mijn vervolgvraag kan formuleren, antwoordt hij: '*Oh, but that is no problem at all, I don't speak Dutch myself but I understand it, so I surely can follow along.*'

Mara kijkt opgelucht, en ik voel zelf ook meteen ontspanning.

De keynote die volgde was hartstikke geslaagd en interactief.

Mag jij raden welke deelnemer het meest betrokken was en achteraf de meeste vragen stelde.

Welke houding, technieken en gereedschappen kun je hier herkennen?

1 Vertragen en ruimte nemen (mentale gewoonte: vertragen)

In plaats van direct 'ja' te zeggen haalde ik adem en vroeg tijd: 'Geef me even een paar minuten om hierover na te denken.'
Dit simpele zinnetje voorkwam een automatische reactie vanuit een reflex (pleasen of verongelijken). (Sowieso is dit zinnetje een lifesaver!)

2 Vooronderstellingen onderzoeken (vooronderstellingen onderzoeken, problematiseren)

Jaysons opmerking impliceerde een aanname: flexibel zijn = direct ja zeggen.
Flexibel zijn is goed, professioneel, flexibel zijn is nu nodig.
Mijn innerlijke pleaser adopteerde deze vooronderstellingen meteen als 'waar'.
In mijn denkpauze vroeg ik me af: is dat echt zo? Kan het ook anders zijn?

3 Denken in alternatieven (problematiseren)

De vraag leek een simpele keuze: Engels of Nederlands?
Maar is dat echt zo? Ik vroeg me af: is er nog een andere optie?
Dit is problematiseren: je doorbreekt het valse dilemma en zoekt naar alternatieven. Het haakt ook aan dialectiek.

4 Bewust omgaan met eigen valkuilen (observeren in het moment)

Mijn innerlijke pleaser wilde direct ja zeggen.
Mijn innerlijke verongelijkte wilde het probleem terugkaatsen.

In plaats van blindelings een van beide te volgen herkende ik mijn patroon en parkeerde ik mijn automatische reactie.
Dit is mentale gewoonte: observeren in het moment: je herkent je eigen patronen op tijd.

5 Onderzoekende houding aannemen (doorvragen, onderzoeken in plaats van oplossen)

In plaats van voor Karl te beslissen besloot ik hem zelf te vragen: 'Hoe zie jij dit?'
Dit is een socratische houding: je stelt een open vraag zonder te veronderstellen dat je het antwoord al weet. Nieuwsgierig zijn, vragen stellen en de situatie onderzoeken.

6 Leunen op mijn eerder opgedane zelfkennis (conceptualiseren, evalueren)

Dankzij eerder zelfonderzoek kende ik mijn reflexen en waarden. Ik wist dat ik kwaliteit en scherpte belangrijk vind, en dat ik dat – toen, op dat moment in mijn carrière – niet in het Engels kon leveren op hetzelfde niveau.
Dit is evaluatie en conceptualiseren: je toetst een situatie aan je kernwaarden en maakt op basis daarvan een keuze.

Zonder al mijn denkwerk vooraf had ik automatisch gereageerd – en waarschijnlijk spijt gehad.

En nu jij

In deze situatie zag je hoe zelfonderzoek ter plekke kan werken: een levendig, soms chaotisch proces van vertragen, bevragen, jezelf kennen en kiezen.

Maar hoe kun je dat trainen, zodat het niet alleen een gelukje is in een spannend moment?

Daarover gaat het volgende hoofdstuk. Ik laat je zien hoe je zelf actief aan de slag kunt met de denkgereedschappen.

Ik geef je daar twee opties voor:

- Via een gestructureerd stappenplan
- Of door een denkgesprek met jezelf

Welke manier het beste past, hangt af van jouw eigen voorkeur en van de situatie.

5

Denken in de praktijk

Hoe je de gereedschappen toepast op je eigen vragen

In de praktijk

Je hebt inmiddels een set denkgereedschappen tot je beschikking. Je weet hoe je begripsonderzoek kunt doen, hoe je vooronderstellingen bevraagt, hoe je je denken kunt aanscherpen met goede vragen. Maar hoe gebruik je dit gereedschap nu in de praktijk?

Twee manieren om zelfonderzoek te doen

Om je op weg te helpen reik ik je twee manieren aan om met je denkgereedschap te spelen, pielen, experimenteren, uitproberen, klooien, oefenen (dat zijn misschien wel genoeg woorden voor hetzelfde fenomeen):

1 Een vast stappenplan

Soms is het fijn om houvast te hebben. Een raamwerk, een recept, een routekaart. Daarom: een basisstappenplan waarmee je je eigen denken kunt onderzoeken.

Zie het als zijwieltjes: handig zolang je ze nodig hebt, en prima om later los te laten.

Als jij iemand bent die graag bij de hand wordt genomen en de dingen het liefst gestructureerd aanpakt, moet je hier zijn.

2 Een denkgesprek met jezelf

Al schrijvend of denkend in gesprek gaan met jezelf: je wisselt de rol van vragensteller en beantwoorder af. Soms ga je op onderzoek uit, soms leg je jezelf iets voor.

Waar bij het stappenplan de structuur van buitenaf wordt aangereikt, ben je bij een denkgesprek met jezelf op – jawel – jezelf aangewezen.

Een denkgesprek lijkt misschien losser of speelser, maar het vraagt juist meer scherpte: je moet zelf de structuur bewaken, je eigen antwoorden bevragen, niet wegduiken voor ongemakkelijke conclusies en alert blijven op je denkpatronen.

Welke vorm je ook kiest, beide helpen je om je aan het denken te krijgen.

Een stappenplan voor je eigen zelfonderzoek

Stel je voor: je hebt vandaag een akkefietje op je werk of met je moeder. Je wilt dat onderzoeken, je maakt er tijd voor (waarover later meer), je zit klaar met pen en papier, je hebt je kinderen (partner, hond, kaketoe) weggebonjourd, die zitten voor de tv met een bakje chippies en meer van die dingen. Waar begin je dan?

Het leek me handig om je een algemeen raamwerk mee te geven dat je er altijd bij kunt pakken als je aan zelfonderzoek wilt doen.

Een criticus zou nu een balletje kunnen opgooien over dat een proces van zelfonderzoek proberen te vangen in een stappenplan of checklist geen recht doet aan de complexe werkelijkheid. Die criticus zou ik gelijk geven. Zo'n kleurtjestraining als DISC ('ik ben rood! Ik ben een rood iemand!') doet ook geen recht aan een complete persoonlijkheid, en tóch kan zo'n training sommige zaken verhelderen.

Daarom vind ik ook hier een stappenplan waardevol. Het geeft je houvast, vooral als je nog aan het oefenen bent. Het helpt je om niets over het hoofd te zien. Het biedt structuur als je even niet weet waar je moet beginnen.

Daarom dus toch een basis, een raamwerk, stappenplan, checklist, geef het beestje maar een naam. Als een recept dat je eerst volgt zoals het er staat, dan aanpast aan je eigen smaak, en uiteindelijk los kunt laten omdat je begrijpt hoe de ingrediënten het best tot hun recht komen.

1 Verzamel denkmateriaal

Start met verzamelen. Wat houdt je bezig? Een artikel, een vraag, een dilemma – alles mag. Schrijf zonder zelfcensuur op wat er in je opkomt: gedachten, emoties, losse ideeën. Rommelig is prima.

2 Formuleer je vraag

Voordat je je gereedschap erbij pakt: wat wil je precies onderzoeken? Stel jezelf een nieuwsgierige vraag die je nog niet kunt beantwoorden, zoals:

- Waarom blijf ik in deze functie terwijl ik verandering wil?
- Ben ik bang om alleen te zijn, of om mezelf tegen te komen?

Hoe simpeler en eenduidiger je vraag, hoe beter.

3 Kies een concrete denkopdracht

Maak ook een bewuste keuze: wil je verhelderen, verstevigen of vernieuwen?

Je keuze bepaalt welke gereedschappen je vooral zult gebruiken.

Bijvoorbeeld:

- Ik onderzoek welke vooronderstellingen onder mijn carrièrekeuze liggen.
- Ik onderzoek wat 'respect' betekent in deze relatie.

Maak daar vervolgens een vraag van, dat helpt je denken sneller en effectiever op gang dan een opdracht.

4 Onderzoek systematisch

Gebruik je denkgereedschap:

- Begrippen verhelderen
- Vooronderstellingen opsporen
- Argumenten toetsen
- Nieuwe perspectieven verkennen

Let ook op patronen: herhaalt je denken zich? Waar beperk je jezelf?

5 Oogst inzichten

Noteer niet alleen conclusies, maar ook patronen, vervolgvragen en praktische implicaties. Schrijf het zo op dat je er over een maand nog iets aan hebt.

6 Reflecteer op je denkproces

Wat hielp? Wat vermeed je? Wat viel je op over je manier van denken?

7 Van inzicht naar actie

Zonder actie blijft zelfonderzoek soms hangen in mentale gymnastiek. Als je daadwerkelijk iets anders wilt, kun je een actie koppelen aan je denkerij.

Bijvoorbeeld:

- Wat is mijn eerstvolgende concrete stap?
- Wat ligt binnen mijn invloed?
- Wat kan ik morgen al anders doen?

Maak het klein, haalbaar en tijdgebonden. Niet: 'Ik zorg beter voor mezelf' maar: 'Ik bespreek morgen met mijn leidinggevende dat ik na zes uur 's avonds niet meer op werkmails reageer.'

Dit stappenplan is een houvast, geen keurslijf. Soms zul je stappen overslaan, soms spring je heen en weer. Dat is prima. Het gaat erom dat je systematischer leert denken.

Het stappenplan in de praktijk – een vriendschapskwestie

Een tijd geleden worstelde Matthijs met een vriendschap die niet lekker liep. Hij kende Arno al jaren, maar er was iets wat bleef knagen. Als Matthijs het moeilijk had en zijn vriend echt nodig had, duurde het soms weken voor hij contact kreeg. Arno verdween regelmatig van de radar en Matthijs voelde zich steeds vaker eenzaam in die vriendschap. Hij besloot zijn denken hierover te onderzoeken.

Denkmateriaal genereren (stap 1)

Matthijs startte met opschrijven wat er door zijn hoofd ging:

- Het voelt alsof ik hem meer nodig heb dan hij mij.
- Als ik hem niet app, hoor ik maanden niks.
- Maar we hebben wel zoveel geschiedenis samen.
- Misschien ben ik te veeleisend in een vriendschap.
- Het voelt ontrouw om een vriendschap op te zeggen.
- Andere vrienden zeggen dat ik het los moet laten.
- Als ik hem zie is het altijd gezellig, maar ik ben degene die initiatief neemt.

Waar gaat het echt om? (stap 2)

Na het opschrijven van zijn gedachten vraagt Matthijs zich af: wat is hier nu de kern? Hij merkt dat dit steeds terugkomt: ik neem vaker het initiatief en sta voor hem klaar. Andersom is dat niet zo. Het voelt alsof ik hem meer nodig heb dan hij mij. Dit is geen gelijkwaardige vriendschap.

De vraag die hem bezighoudt is: waarom blijf ik investeren in een vriendschap die niet wederzijds voelt?

Concrete denkopdracht (stap 3 en 4)

Matthijs gaat aan de slag met vooronderstellingen en vervolgens met begripsonderzoek en argumentatie. Hij kiest steeds één opdracht en schrijft heel secuur op wat hij daarin tegenkomt.

Vooronderstellingen

Hij ontdekt dat hij aanneemt dat:

- Een goede vriendschap wederzijds evenveel initiatief vraagt
- Als iemand weinig contact zoekt, die niet om de vriendschap geeft
- Je een lange vriendschap niet 'zomaar' kunt beëindigen
- Gelijkwaardigheid voor hem gaat over 'nodig hebben'
- Vriendschap hetzelfde moet blijven door de jaren heen

Begripsonderzoek

Hij onderzoekt wat 'goede vriendschap' voor hem betekent en ontdekt dat zijn definitie behoorlijk rigide is.

Argumentatie

Hij bekijkt zijn redenering 'Als Arno echt om de vriendschap gaf, zou hij vaker contact zoeken' en ziet dat dit een drogreden is.

Inzichten oogsten (stap 5)

Matthijs ontdekt verschillende dingen:

- Hij heeft onuitgesproken verwachtingen over hoe vriendschap 'hoort' te zijn
- Hij meet de waarde van de vriendschap aan de frequentie van contact
- Hij is bang voor verlies, waardoor hij krampachtig vasthoudt
- Zijn behoefte aan bevestiging komt mogelijk ergens anders vandaan

Wat leert hij over zijn denken? (stap 6)

- Hij neigt naar zwart-witdenken over relaties
- Hij vermeed te kijken naar zijn eigen onzekerheid
- Het onderzoeken van zijn vooronderstellingen bracht de meeste helderheid
- Hij ziet een patroon in hoe hij relaties benadert

Van inzicht naar actie (stap 7)

Matthijs besluit drie concrete stappen te nemen:

- Hij gaat een gesprek aan met Arno over zijn behoefte aan wederkerigheid, zonder verwijten, vanuit zijn eigen ervaring
- Hij stopt met het constant initiatief nemen en geeft de vriendschap ruimte om te zijn wat ze is
- Hij investeert meer in vriendschappen die wel wederzijds voelen, in plaats van alle energie in één vriendschap te steken

Zo laat het voorbeeld van Matthijs zien hoe een vaag gevoel ('er klopt iets niet') via systematisch denken kan leiden tot heldere inzichten en concrete keuzes.

Een tweede voorbeeld

Linda (38) woont in een kleine gemeente waar een azc gaat komen. Als vrijwilliger bij de voedselbank ziet ze al jaren hoe sommige gezinnen in haar dorp maar net rondkomen. Nu hoort ze dat er vierhonderd asielzoekers komen, en ze merkt dat ze tegenstrijdige gedachten heeft. Op het schoolplein hoort ze verhalen over 'overlast' en 'voorrang bij woningen', maar ze walgt van het onderbuikgevoel dat ze daar soms bij krijgt. Haar man werkt bij de gemeente en vertelt over de reële uitdagingen met huisvesting en voorzieningen. Als ze 's avonds het journaal ziet met beelden van mensen in nood, schaamt ze zich voor haar twijfels. Ze wil menselijk zijn, maar ook realistisch – en ze weet niet meer waar het een eindigt en het ander begint.

Ze besluit haar gedachten te onderzoeken.

Denkmateriaal genereren

Ze schrijft op wat er door haar hoofd gaat:

- We kunnen die mensen toch niet op straat laten slapen
- Maar we hebben nu al zo weinig huizen voor onze eigen mensen
- Ik schaam me dat ik bang ben voor overlast
- De school van mijn kinderen zit al zo vol
- Waarom voel ik me schuldig over praktische zorgen?
- Ben ik een slecht mens als ik hier moeite mee heb?
- Iedereen lijkt hier zo stellig in te zijn, voor of tegen

Waar gaat het haar echt om?

Na wat doorvoelen komt ze tot haar kernvraag: waarom voel ik me schuldig over het hebben van praktische zorgen bij iets wat moreel 'goed' voelt?

Ze formuleert haar **denkopdracht**: ik ga onderzoeken waar mijn schuldgevoel vandaan komt als ik het nadeel voor mijn eigen dorp en het voordeel voor vluchtelingen tegen elkaar afweeg.

Concrete denkopdracht

Vooronderstellingen

Ze ontdekt dat ze aanneemt dat:

- Je niet tegelijk menselijk én praktisch mag denken
- Twijfels hebben betekent dat je een 'slecht mens' bent
- Er maar twee posities mogelijk zijn: voor of tegen
- Lokale belangen en menselijkheid elkaar uitsluiten

Begripsonderzoek

Ze onderzoekt wat 'een goed mens zijn' voor haar betekent en ontdekt dat haar definitie weinig ruimte laat voor complexiteit.

Problematiseren

Linda ontdekt hoe wankel haar vanzelfsprekende aannames zijn:

- Menselijkheid betekent mensen helpen – maar als een arts een patiënt té snel wil helpen zonder goede diagnose, noemen we dat onverantwoordelijk, niet menselijk.
- We moeten kiezen tussen lokale en vluchtelingenbelangen – maar veel dorpen zijn juist versterkt door de komst van nieuwkomers.
- Als je twijfelt over opvang ben je tegen vluchtelingen – maar juist door kritisch na te denken over goede opvang laat je zien dat je het serieus neemt

Paradigma-onderzoek
Linda ontdekt dat ze vooral vanuit een moreel paradigma kijkt (goed/fout, menselijk/onmenselijk). Ze probeert andere brillen op:
- Systemisch: hoe werken verschillende delen van de gemeenschap op elkaar in?
- Pragmatisch: welke concrete oplossingen zijn mogelijk?
- Sociologisch: wat gebeurt er als verschillende groepen samenkomen?
- Historisch: hoe zijn eerdere migratiegolven verlopen?
- Economisch: welke kansen ontstaan er door nieuwe inwoners?

Inzichten oogsten

Linda ontdekt verschillende dingen:
- Ze denkt in valse tegenstellingen (óf menselijk óf praktisch)
- Haar schuldgevoel komt voort uit een simplistisch idee van 'goed' zijn
- Ze is bang om als xenofoob gezien te worden als ze praktische zorgen uit
- De situatie vraagt om én-én-denken, niet óf-óf
- Door verschillende paradigma's te gebruiken ziet ze meer handelingsmogelijkheden
- Haar morele worsteling belemmerde haar om praktische oplossingen te zien

Wat leert ze over haar denken?

- Ze neigt naar moreel zwart-witdenken
- Ze vermeed de complexiteit van de situatie
- Het onderzoeken van haar vooronderstellingen en verschillende paradigma's hielp het meest
- Ze ziet een patroon in hoe ze met morele dilemma's omgaat
- Ze kan voorbij schuldgevoel naar constructieve bijdragen kijken

Dit voorbeeld laat zien hoe je door systematisch onderzoek voorbij simpele tegenstellingen kunt komen. Linda kan nu genuanceerder nadenken over de situatie omdat ze begrijpt dat bezorgdheid over praktische zaken niet betekent dat je geen empathie hebt met vluchtelingen. Door verschillende denkinstrumenten te gebruiken ontdekt ze nieuwe perspectieven en mogelijkheden.

Van inzicht naar actie

Linda vertaalt haar nieuwe inzichten naar concrete acties:

- Ze meldt zich aan bij de werkgroep die de komst van het azc begeleidt, waar ze zowel haar praktische zorgen als haar betrokkenheid constructief kan inzetten
- Ze organiseert een informatieavond waar zorgen én oplossingen openlijk besproken kunnen worden
- Ze gaat met de voedselbank in gesprek over hoe zij kunnen bijdragen aan zowel lokale als nieuwe hulpvragen

Op www.eventussenmijenmij.nl vind je nog een voorbeeld van het stappenplan, van Nora die gefrustreerd was in vergaderingen vanwege enkele 'dominante' collega's.

Valkuilen bij het stappenplan

- Te snel willen concluderen
  In de fase van denkmateriaal verzamelen of het formuleren van je vraag kun je de neiging hebben om meteen naar een ant-

woord te springen. Terwijl het juist gaat om het zorgvuldig onderzoeken van wat je denkt, voelt en vermoedt, zonder haast.

- Je eigen opdracht niet doen
  Je formuleert een opdracht en als je goed kijkt, ben je vrij aan het associëren in plaats van echt een antwoord aan het geven.
- Niet streng genoeg zijn
  Een klacht die ik vaak hoor is 'mijn zelfonderzoek blijft aan de oppervlakte steken'. Als je voorbij die oppervlakkige laag wilt, zul je door moeten werken waar het spannend of ongemakkelijk wordt.

Deze voorbeelden van het stappenplan zijn bewust gestructureerd om te laten zien hoe je specifieke denkgereedschappen kunt inzetten. In de praktijk zul je merken dat je steeds vrijer en intuïtiever met deze gereedschappen omgaat. Het wordt een natuurlijk onderdeel van je denken, waarbij je moeiteloos schakelt tussen verschillende technieken als de situatie daarom vraagt.

Heb je de gereedschappen in de vingers en het stappenplan een paar keer uitgeprobeerd? Probeer dan eens de tweede manier: een denkgesprek met jezelf.

Een denkgesprek met jezelf – een dialoog tussen jou en jou

Ik heb je twee manieren beloofd om te spelen met de denkgereedschappen. De eerste was het stappenplan, een gestructureerde manier die je helpt om je denken systematisch te onderzoeken.

Maar niet iedereen houdt van strakke stappen en geordende processen. Sommigen van ons gaan liever voor een vrijer, meer organisch proces maar wél met structuur en discipline. Beetje structuur, veel discipline.

Enter: het denkgesprek met jezelf. In een filosofische praktijk is een 'denkgesprek' doorgaans een gesprek tussen een praktisch filosoof en diens cliënt: iemand die worstelt met een vraag of dilemma, een 'denkprobleem'. Die praktisch filosoof stelt vervolgens meedogenloze vragen, wijst op hardnekkige denkpatronen, confronteert met tegenstrijdigheden en leeft een onderzoekende, socratische houding voor.

Wat ik in dit hoofdstuk wil laten zien, is hoe je elementen van dit professionele denkgesprek kunt gebruiken in je eigen zelfonderzoek, door als het ware met jezelf in gesprek te gaan.

Hoe ziet zo'n denkgesprek eruit?

Heel simpel: je begint met het omschrijven van je klacht ('ik merk dat ik klaar ben met een vriendschap, maar vind het moeilijk om die vriendschap op te zeggen').

Daarna ben je door jezelf te bevragen als het ware je eigen praktisch filosoof. Ik vind het zelf altijd fijn om mezelf te dwingen een vraag te maken van mijn 'klacht', dus mijn eerste vraag als vragensteller is vaak: 'Wat is je vraag?'

Vervolgens formuleer ik een heldere denkvraag waarover ik na wil denken.

Een vraag als:

- Waarom durf ik die vriendschap niet op te zeggen?
- Waarom durf ik geen geld te vragen voor mijn diensten?
- Wat is gelijkwaardigheid in een liefdesrelatie?
- Wanneer moet ik stoppen met helpen?
- Moet ik eerlijk zijn over mijn zwangerschap tijdens deze sollicitatie?

Je klacht in een vraag gieten geeft meer focus aan je denken, is mijn ervaring. Het hóéft niet, je kunt ook gewoon doorvragen op de irritatie, klacht of gedachte die je als eerste opschreef.

Wat daarna volgt is een gesprek: van vraag-antwoord, vraag-antwoord, waarbij je beide rollen afwisselt.

Iedere keer dat je een nieuwe vraag formuleert, kun je het antwoord analyseren en dan bepalen wat je wilt doen: wil je conceptualiseren, problematiseren, out of the box denken?

Op die manier schrijf je acht tot tien blokken van vraag en antwoord. Acht tot tien, omdat je dan écht met jezelf in gesprek moet. Ietsje meer kan ook wel, maar een te lang gesprek wint niet altijd aan scherpte en diepgang. Doe er vooral niet te moeilijk over, liever twintig minuten met jezelf in gesprek dan helemaal niet.

En vooruit, omdat een spelletje toch ook gebaat is bij een paar spelregels – we zoeken hier tenslotte naar aanscherping en verdieping, het is geen smalltalkworkshop, verdorie ;-).

De spelregels

Regel 1: Schrijf alles op. Met pen en papier Een denkgesprek in je hoofd voeren heeft weinig zin: je verliest het overzicht. Schrijven dwingt tot helderheid en creëert een tastbaar resultaat dat je later kunt analyseren.

Regel 2: Vertraag bewust Neem na elk antwoord een pauze voordat je een nieuwe vraag stelt. Lees je antwoord nog eens door. Wat valt je op? Waar zou je kunnen doorvragen?

Regel 3: Vraag ongemakkelijk door Juist de vragen die je liever niet stelt of beantwoordt, bevatten vaak de meeste potentie voor inzicht. Let op je weerstand en gebruik die als kompas.

Regel 4: Benoem wat je ziet Durf je eigen gedrag en denkpatronen te labelen met directe termen: 'Dit klinkt als uitstelgedrag', 'Ik merk dat ik verantwoordelijkheid ontloop'.

Regel 5: Beperk je antwoorden Houd je antwoorden beknopt (maximaal twee à drie zinnen, liever één zin). Dit dwingt tot precisie en voorkomt dat je afdwaalt in uitgebreide verklaringen.

Denkgesprek met jezelf – een voorbeeld

Susanne schreef onderstaand denkgesprek met zichzelf uit. Voor haar eigen helderheid en training in onthechting formuleerde ze haar vragen aan zichzelf met 'je'.

Startpunt: Ik vraag me af of ik de familietradities van mijn ouders moet voortzetten met mijn eigen kinderen.
Vraag: Wat is een specifieke traditie waar je over twijfelt?
Antwoord: De hele familie bij elkaar op kerstavond, inclusief cadeautjes en kerkdienst, terwijl ik zelf eigenlijk niet meer gelovig ben.
Vraag: Wat maakt dat je twijfelt om dit voort te zetten? (doorvragen naar motivatie)
Antwoord: Ik heb warme herinneringen aan deze avonden, maar het voelt niet authentiek om de religieuze elementen door te geven terwijl ik er zelf niet in geloof.
Vraag: Welke vooronderstelling maak je over traditie en authenticiteit? (vooronderstellingen onderzoeken)
Antwoord: Dat tradities alleen waardevol zijn als je volledig achter alle elementen ervan staat.
Vraag: Kun je een voorbeeld bedenken van een waardevolle traditie die je voortzet zonder dat je er volledig achter staat? (problematiseren)
Antwoord: We vieren ook verjaardagen met taart en cadeaus, zonder dat ik per se geloof dat die dag zo bijzonder is of dat cadeaus erbij moeten horen. Het is gewoon fijn om samen te vieren.
Vraag: Als je de essentie van wat jij waardevol vindt aan die samenkomsten zou moeten vangen in één woord, wat zou dat zijn? (conceptualiseren)
Antwoord: Verbinding. Het gaat me eigenlijk om het samenzijn en de gedeelde ervaring, niet om de religieuze betekenis.
Vraag: En als je nu vanuit dat concept kijkt naar je dilemma, ontstaat er dan een nieuwe mogelijkheid? (dialectiek)
Antwoord: Misschien kan ik de traditie aanpassen – het samenzijn en een aantal rituelen behouden, maar de religieuze elementen vervangen door iets wat beter past bij wat ik mijn kinderen wil meegeven.
Vraag: Wat is de vraag die je wilt meenemen?

Antwoord: De vraag waar ik komende tijd over door wil denken is: 'Wanneer voelt een traditie als authentiek?'

Hier zie je hoe een kort denkgesprek al kan leiden tot een frisse benadering van een dilemma: er ontstaat ruimte voor een persoonlijke interpretatie van traditie, in plaats van een simpele keuze tussen overnemen of afwijzen. Dit voorbeeld is ook slechts dat, een voorbeeld. Er zijn andere paden om te onderzoeken, andere vragen die je kunt stellen. Dat maakt het een ambacht en geen stappenplan. Op www.eventussenmijenmij.nl vind je nog een voorbeeld van een uitgeschreven denkgesprek.

Globaal kun je wel zeggen dat het handig is om éérst de boel te verhelderen, en dán pas te bevragen, verdiepen of problematiseren.

Praktische tips voor een sterkere vragenstellerrol

Een effectieve vragensteller in je denkgesprek:

1 **Vraagt door op vage termen** Als je ziet dat je woorden gebruikt als 'goed', 'fijn', 'lastig', vraag dan: wat maakt het precies goed/fijn/lastig?

2 **Dwingt tot concreetheid** Als je vaag blijft, vraag dan: kun je een specifiek voorbeeld geven? Of: wanneer gebeurde dit voor het laatst?

3 **Vraagt naar tegenvoorbeelden** Is er ooit een situatie geweest waarin dit niet gold? Wanneer heb je het tegenovergestelde ervaren?

4 **Confronteert met tegenstrijdigheden** Zie je dat je hier iets anders zegt dan eerder? Hoe verklaar je dat?

5 **Vertaalt klachten naar vragen** Als je opschrijft 'Ik weet gewoon niet wat ik wil', herformuleer dan: 'Wat maakt het zo moeilijk om te weten wat je wilt?'

6 **Confronteert** Valt je iets op aan hoe je deze vraag beantwoordt? Waarom is dit een moeilijke vraag voor je?

7 **Nodigt uit tot zelfbeoordeling** Hoe zou je dit gedrag noemen?

Van vraag naar vraag: leven met vragen

Een goed denkgesprek eindigt niet met een sluitend antwoord, maar met een nieuwe, scherpere vraag. Dat zien we ook in Susannes denkgesprek over familietradities. Ze begon met een praktische vraag over tradities voortzetten en eindigde met een diepere denkvraag over de betekenis van verbinding binnen tradities.

Een vraag bij je dragen doet iets anders met je dan een conclusie trekken. Wanneer je met een vraag blijft leven, ontstaat er een bijzondere dynamiek in je denken. Een goed geformuleerde vraag is als een raam dat open blijft staan: er waait steeds frisse lucht naar binnen. Een antwoord daarentegen sluit vaak af en legt verder onderzoek stil.

Deze vragen kun je in twee categorieën vangen:

- Grote, existentiële filosofische vragen die je lang mee kunt dragen, zoals 'wat is eerlijkheid?', 'wat is een harmonieuze relatie?', of 'wat is de juiste balans tussen autonomie en verbondenheid?' Deze vragen nodigen uit tot voortdurend onderzoek en hebben geen definitief antwoord.
- Hier-en-nu-vragen die je helpen om in het moment te checken: 'ben ik nu congruent?', 'heb ik nu plezier in wat ik doe?', 'is dit, hier en nu, verbinding?' Deze vragen trekken je aandacht naar wat er in het huidige moment gebeurt en of je handelt in lijn met wat voor jou waardevol is.

Beide soorten vragen zijn waardevol. De existentiële vraag helpt je om je leven in een breder perspectief te plaatsen, terwijl de hier-en-nu-vraag je helpt om bewust te blijven van wat er in het moment gebeurt.

'Van vraag naar vraag werken' is een vorm van intellectuele

ademhaling. Je ademt als het ware mogelijkheden in en laat voorlopige inzichten weer los. Dit creëert een natuurlijke denkcyclus waarin vragen leiden tot tijdelijke antwoorden, die weer nieuwe vragen oproepen.

Wat hier zo leuk en interessant aan is: je antwoord op een vraag kan vandaag anders zijn dan morgen, volgende week anders dan volgende maand, omdat je leven steeds nieuwe perspectieven biedt. Een ontmoeting, een gesprek, een artikel – verschillende ervaringen werpen nieuw licht op je vraag.

Een vraag kun je letterlijk bij je dragen: schrijf hem op een post-it voor in je agenda of op je badkamerspiegel. Zelf zet ik vaak een vraag als achtergrond op mijn telefoon. Op die manier check ik regelmatig in bij 'mijn' vraag en blijft het denken erover in beweging.*

Waarom een hoe-vraag je zelden verder helpt

Er is één kanttekening bij dat hele leven-met-je-vraag-idee: de hoe-vraag. In denkgesprekken (met mij als praktisch filosoof of als workshopdeelnemers een denkgesprek met zichzelf uitschrijven) formuleren deelnemers als begin- of eindvraag vaak een hoe-vraag.

- Hoe kan ik ervoor zorgen dat de band met mijn moeder verbetert?
- Hoe stel ik scherpe vragen zonder dat de ander zich ongemakkelijk voelt?
- Hoe kan ik beter communiceren met mijn partner/baas/kinderen?

* 'Van vraag naar vraag werken' is een methodiek die je onder andere terugvindt bij praktisch filosofen als Oscar Brenifier, Harm van der Gaag en Ariane van Heijningen.

IKEA-kastje-vraag

Een hoe-vraag lijkt een effectieve vraag, omdat die je ogenschijnlijk helpt naar een handleiding, recept, of stappenplan. Het probleem met denk- en levensvragen is alleen dat daar zelden een stappenplan voor is.

Eigenlijk ben je een IKEA-handleiding aan het zoeken waar er wellicht geen is.

Wat een hoe-vraag impliceert

Een hoe-vraag impliceert drie wezenlijke dingen, waarvan je je kunt afvragen of ze ook het geval zijn.

Een hoe-vraag impliceert:

1 Dat het MOGELIJK is, wat volgt na 'hoe...'
2 Dat het WENSELIJK is, wat volgt na 'hoe...'
3 Dat het binnen jouw invloedssfeer ligt, wat volgt na 'hoe...'

Neem de vraag: 'Hoe kan ik scherpe vragen stellen zonder dat de ander zich ongemakkelijk voelt?' Deze vraag gaat ervan uit dat je andermans ongemak volledig kunt controleren (wat niet zo is) en dat je altijd scherp moet kunnen zijn zonder reacties op te roepen (wat niet altijd wenselijk is).

Formuleer je per ongeluk een hoe-vraag, buig dan je vraag om, naar een vraag die áchter je vraag ligt en je meer wijsheid oplevert.

Bijvoorbeeld:

- Ben ik verantwoordelijk voor het ongemak van de ander?
- Is het goed om je ongemakkelijk te voelen door een scherpe vraag?
- Wat is een 'goede band' met je moeder hebben?
- Wanneer is iets een goed gesprek?
- Wie is er verantwoordelijk voor 'betere communicatie'?

Zo'n vraag bij je dragen is vaak zinvoller dan een hoe-vraag.

Het onderwerp doet er niet per se toe

Na een denkgesprek met jezelf ligt er vaak meer op tafel dan je op het eerste gezicht ziet. Je begon misschien met een concreet onderwerp – iets wat je dwarszat op je werk, een dilemma in een relatie, een terugkerende twijfel. Maar dat onderwerp is zelden het echte goud.

Wat je onderzoekt lijkt op het eerste gezicht te gaan over 'werk', 'liefde', 'grenzen stellen' of 'keuzes maken'. Maar als je goed kijkt, is dat onderwerp eerder een poort naar je manier van denken, naar je denkpatronen en -structuur.

Want *hoe* je denkt over werk, over liefde, over jezelf – daar zit de echte winst. Welke aannames gebruik je? Welke patronen herhaal je? Waar neem je steeds dezelfde afslag, of durf je niet af te slaan?

Door het gesprek dat je met jezelf voert systematisch te analyseren ontdek je hoe je redeneert, hoe je jezelf overtuigt, afleidt, geruststelt of juist saboteert. En daar zit misschien wel de echte winst. Het is zelden toeval hoe je over één thema denkt. De manier waarop je nadenkt over een vriendschap, zegt vaak ook iets over hoe je in relaties staat, beslissingen neemt, hoe je omgaat met twijfel, met verwachtingen of met controle. Betrap je jezelf in je relatie op het aannemen van een slachtofferrol? Dat is meestal geen incident, maar een patroon dat je ook op bijvoorbeeld je werk of in vriendschappen kunt terugzien. Denk je in je werk steeds dat je het eerst perfect moet doen voordat je iets deelt? Grote kans dat je ook in andere situaties jezelf onnodig onder druk zet.

Merk je in conflicten met je partner dat je de neiging hebt om je terug te trekken? Kijk eens of je datzelfde mechanisme ook gebruikt in gesprekken met collega's of familie.

Eerste analyse: patronen herkennen

Lees je hele gesprek door en markeer:

- Woorden of thema's die steeds terugkeren
- Vragen die je ontweken hebt of oppervlakkig beantwoordde
- Tegenstrijdigheden in je antwoorden
- Momenten waarop je perspectief verschoof

Tweede analyse: kwaliteit van je antwoorden

Beoordeel per antwoord:

Relevantie: Beantwoordt het daadwerkelijk de gestelde vraag?

Helderheid: Is het antwoord concreet of vaag?

Diepgang: Blijft het aan de oppervlakte of graaft het dieper?

Eerlijkheid: Is dit werkelijk wat je denkt, of wat je dénkt te moeten denken?

Derde analyse: kwaliteit van je vragen

Beoordeel per vraag:

Openheid: Nodigt de vraag uit tot onderzoek of stuurt ze naar een antwoord?

Relevantie: Bouwt de vraag voort op het voorgaande of verandert ze van onderwerp?

Diepgang: Vraagt de vraag naar diepere lagen of blijft ze aan de oppervlakte?

Herziening en verdieping

Kies één of twee momenten in het gesprek waar je oppervlakkig bleef of uitweek, en schrijf nieuwe vragen die je daar had kunnen stellen. Dit traint je vermogen om dieper te graven.

Van analyse naar inzicht

Schrijf tot slot op:

1. Wat je belangrijkste inzicht is uit dit denkgesprek
2. Welk patroon je in je denken hebt ontdekt
3. Welke vraag je meeneemt naar je volgende denkgesprek

Door deze systematische analyse bouw je niet alleen begrip op over het onderwerp van je denkgesprek, maar ook over je eigen denkwijze. Je leert je valkuilen kennen en ontwikkelt een scherpere blik op je eigen denken.

Vaak is angst groter dan verlangen

Jelka overwoog om te vertrekken bij het familiebedrijf. Al jaren eigenlijk. Ze wist dat ze er niet op haar plek zat, had zelfs een A4'tje met een businessplan klaarliggen voor iets wat ze helemaal zelf wilde opbouwen. En toch zette ze de stap niet.

In haar denkgesprek vroeg ze zich af: waarom blijf ik hier eigenlijk, terwijl ik diep vanbinnen al weet dat ik weg wil?

Ze dacht altijd dat het om loyaliteit ging, of om verantwoordelijkheid tegenover haar familie. Maar na een paar lagen doorvragen kwam ze tot een eerlijker inzicht: de angst om te falen is groter dan mijn verlangen om te starten.

Toen ze dat eenmaal inzag, viel er van alles op zijn plek. De zekerheid van het familiebedrijf voelde veiliger dan de vrijheid (en ónzekerheid) van haar eigen plan. En ze merkte: die neiging om te blijven waar het 'veilig' is, zat niet alleen in haar werk. Ze herkende het ook in hoe ze relaties aanging, beslissingen nam, conflicten vermeed.

Het denkgesprek ging misschien over werk, maar de ontdekking ging over haar manier van omgaan met risico, controle en vertrouwen.

Beperkingen van een denkgesprek met jezelf

Hoewel een denkgesprek met jezelf een krachtig instrument is voor zelfonderzoek, is het belangrijk om je bewust te zijn van de beperkingen:

1 Blinde vlekken blijven vaak blinde vlekken

Wanneer je met jezelf in gesprek bent, heb je nog steeds dezelfde mentale filters en aannames die je normaal hanteert. Datgene wat je niet opmerkt in je dagelijks denken, zul je vaak ook niet opmerken in je denkgesprek. Je hebt geen toegang tot wat zich buiten je bewustzijn afspeelt.

2 Vermijdingsgedrag

Je kent je eigen gevoelige punten en kunt – vaak onbewust – bepaalde vragen vermijden die te confronterend zijn. We hebben allemaal gebieden waar we liever niet te diep in graven, en zonder externe sturing is het verleidelijk om deze te ontwijken of ze slechts oppervlakkig aan te raken.

3 Minder discipline

Zonder een ander die je bij de les houdt, is het makkelijker om af te dwalen, vage antwoorden te accepteren of het gesprek te beeindigen wanneer het ongemakkelijk wordt. Doorbijten vereist een zelfstandigheid die niet vanzelfsprekend is.

4 Zelfbevestiging

We hebben een natuurlijke neiging om bevestiging te zoeken voor wat we al geloven. Dit kan leiden tot een soort schijnonderzoek waarbij je eigenlijk vooral zoekt naar onderbouwing van je bestaande ideeën, in plaats van deze werkelijk te bevragen.

Even tussen jou en jou

- Welk type vragen stel je meestal aan jezelf? Ben je geneigd tot één richting (zoals alleen verdiepende vragen of alleen problematiserende vragen)?
- Als je terugkijkt op een recente situatie waarin je twijfelde: welk type vraag had je kunnen stellen maar stelde je niet?
- Welke van de genoemde valkuilen herken je het meest bij jezelf? Wat zou je kunnen helpen om die te vermijden?
- Welke vraag zou jij willen meenemen om de komende week mee te leven? (En nee, geen hoe-vraag!)

Twee suggesties voor nóg meer aanscherping in denkgesprekken

Er zijn nog twee geinige manieren om te spelen met denkgesprekken en de gereedschappen:

1 Met een mededenker

Heb je een vriend, collega of partner die dit boek ook heeft gelezen? Goud waard! Ga samen aan de slag met een denkgesprek. Het gedeelde vocabulaire en begrip van de methode creëert een veilige ruimte waarin jullie elkaar kunnen helpen.

Die ander kan dingen opmerken waar jij al jaren soepeltjes omheen laveert, zonder het zelf door te hebben. Bovendien kan een tweede persoon perspectieven inbrengen die buiten je eigen referentiekader vallen, je helpen om bepaalde denkpatronen te herkennen, en doorvragen op punten waar jij zelf geneigd bent het gesprek af te ronden.

2 Met AI als hulpmiddel

Ook heel geestig om eens te proberen: het inzetten van AI (zoals ChatGPT of Claude) als gesprekspartner of analist. AI kan functioneren als een gesprekspartner die consequent doorvraagt zonder oordeel of eigen agenda, als objectieve analist die patronen identificeert die je zelf misschien over het hoofd ziet, en het kan verschillende denkgereedschappen inzetten op momenten dat jij daar zelf niet aan zou denken.

Op www.eventussenmijenmij.nl vind je een samenvatting van de denkgereedschappen die je aan AI kunt voeren met de opdracht jou te bevragen of om je uitgeschreven denkgesprek te analyseren. Ook vind je daar een extra hoofdstuk over AI en zelfonderzoek, bij de 'gekilde darlings'.

Beide suggesties zijn leuke manieren om je zelfonderzoek te verdiepen.

Drie vragen om je op koers te houden

Je hebt inmiddels gereedschappen, gewoontes en een stappenplan in handen, je weet hoe je een denkgesprek met jezelf voert. Je hebt een houding, mentale gewoontes en praktische toestanden tot je beschikking.

Genoeg voer voor een leven lang zelfonderzoek, dunkt me. Voor als je vastloopt, verdwaalt, de kluts kwijtraakt – en dat gaat gebeuren, maak je geen zorgen – geef ik je graag drie reddingsboeien mee. Drie vragen (concepten, ideeën, suggesties) om je op koers te houden als je het even kwijt bent, mét concrete oefeningen om je vastgelopen denken weer in beweging te krijgen.

1 Is dit in lijn met common sense?

Sommige gedachten lijken logisch in je hoofd – tot je ze hardop uitspreekt of ze opschrijft en er nog eens goed naar kijkt. *Common sense* helpt je toetsen of je denken overeind blijft in de echte wereld. Common sense is in die zin een second opinion voor je ideeën.

2 Is dit een probleem of een gegeven?

Al ons zelfonderzoek en goede bedoelingen ten spijt: sommige dingen zijn simpelweg niet door te denken of op te lossen. Deze vraag helpt je onderscheiden: moet je iets doen, of juist aanvaarden?

3 Zit ik er te dicht bovenop?

Soms raak je verstrikt in je eigen denken. Je vóélt iets, je bént iets, en dan wordt het lastig onderzoeken. Deze vraag helpt je jezelf tijdelijk op de onderzoekstafel te leggen en van een afstand naar je probleem te kijken.

Eerder in dit boek hadden we het over otherness – dat je iets nodig hebt dat niet-jij is om jezelf scherper te zien. Een andere cultuur, een ander mens, een filosoof die jou uit je comfortzone trekt. Maar wat als je in je eentje aan het denken bent?

1 Common sense: een second opinion van je denken

Common sense is niet helemaal hetzelfde als 'wat de meeste mensen vinden'. Het is eerder een soort gedeeld begrip van hoe de wereld werkt, gebaseerd op praktische ervaring, gedeelde morele waarden en observatie. Het is wat we 'algemeen bekend' noemen.

Praktisch:

- Water is nat
- Als iemand moe is, functioneert hij minder goed
- Hongerige mensen zijn vaak chagrijnig
- Als je iets wilt leren, moet je oefenen

Maar ook moreel:

- Je mag niet stelen
- Je helpt iemand in nood
- Beloftes moet je nakomen

Common sense is een second opinion naast je eigen denken. Het herinnert je eraan dat jouw persoonlijke logica niet de enige logica is. Het is een soort collectieve wijsheid die je kunt gebruiken om je eigen denken te toetsen.

Was dat je echte vraag of ben je lui?

Ik zit in een kring met deelnemers van een businessclub om me heen. Naast me staat een flip-over. Voor straks. Wellicht. Wellicht, want de enige opdracht die ik voor vandaag heb gekregen is: heb een gesprek met ons en demonstreer praktische filosofie in de praktijk. Wij stellen vragen over alles wat jij weet, en jij geeft antwoorden en feedback op hóé wij die vragen dan stellen. Bereid niks voor, maak geen programma, maar laat gewoon zien en voelen wat het is en wat het doet.

Dit zijn mijn lievelingsopdrachten, want ik weet niet wat er komt, de deelnemers ook niet. We gaan met elkaar in gesprek en ik zet alle vaardigheden in die ik in mijn denkbeeldige rugzak heb.

Dat betekent wel een andere, directere manier van met elkaar spreken. Confronterend voor sommigen, verhelderend voor de meesten. Af en toe zetten we het gesprek inhoudelijk even op pauze en kijken we naar wat er dan precies gebeurt.

Nadat de leider van de club mij heeft geïntroduceerd – 'we gaan het hebben over praktische filosofie, kritisch denken en de kunst van het vragen stellen. Wees gewaarschuwd, want je komt hier niet weg met bullshitterij' – word ik verwachtingsvol aangekeken. Ik kijk terug en begin te lachen. 'Jullie lijken nu een standaard trainingsprogramma te verwachten, maar dat is er niet. Het begint bij jullie. Je mag me van alles vragen. Wat zou je willen weten?'

Uiteindelijk steekt iemand een hand op. Ze stelt zich voor als Maud en zegt dat ze een vraag heeft: 'Hoe word ik beter in vragen stellen?'

Ik denk even na en vraag dan: 'Hoe wordt men beter in fietsen?'

'Eh... gewoon, oefenen,' zegt ze. 'Ja, dat geldt dan dus natuurlijk ook wel voor vragen stellen,' voegt ze eraan toe.

'Exact. Je wist het antwoord al op je eigen vraag. Dus óf dat was je echte vraag niet, óf je wilde bevestiging van de juf, óf je bent lui.' De deelnemers gniffelen. Zei ze dat nou echt, hoor je ze denken.

Ja, dat zei ik echt. Ik heb het daarna wel uitgelegd en genuanceerd, hoor, rustig maar. Er ging niemand met een microtrauma naar huis. En ze waren gewaarschuwd, dat ook.

Dit voorval laat twee cruciale aspecten van common sense zien.

Ten eerste: hoe we soms onze eigen praktische wijsheid negeren. Maud wist het antwoord al – we worden beter in iets door te oefenen. Dat is zo voor de hand liggend dat bijna elk kind je dat zou kunnen vertellen. En toch stelde ze die vraag, waar ze het antwoord dus ook zelf op had kunnen bedenken. Ze gebruikte haar common sense niet om tot het antwoord te komen.

Ten tweede: ik zette zelf common sense in om onder de oppervlakte te kijken: waarom zeg je wat je zegt? Ga maar na: als je logischerwijs het antwoord op je eigen vraag al weet, zijn er maar een paar waarschijnlijke opties: of je stelt niet de vraag die je wilt stellen, of je bent lui. Je weet het antwoord al maar wilt dat iemand anders het voor je verwoordt. Of, derde optie: je wéét het antwoord, maar bent onzeker over je eigen antwoord en je wilt bevestiging van de juf. Dat is common sense in actie.

Toen we hier eens op inzoomden, stapje voor stapje, kwam Maud tot de conclusie dat de vraag die ze stelde niet de vraag was die ze eigenlijk écht wilde stellen; die vond ze nog te spannend. Dus stelde ze een semivraag, iets ongevaarlijks, simpel en oninteressant. Om een soort warm te draaien voor het echte werk. Maar dat was precies de leuke les met praktische filosofie in levenden lijve: alles wat je zegt ís het echte werk.

Common sense is zo'n krachtig instrument omdat het werkt als een second opinion, een realitycheck van de wereld. Het herinnert ons aan de praktische waarheden die we eigenlijk al kennen, en het helpt ons om situaties helder te analyseren zonder in ingewikkelde theorieën te verdwalen.

Common sense: verbod én uitnodiging op denken

Common sense heeft een complexe relatie met filosofie en met denken. Sommige filosofen zien het als de grootste vijand van het denken. Je kunt immers makkelijk common sense in de strijd gooien als excuus om niet dieper te graven, niet verder te denken. 'Dat is gewoon common sense!' is een uitstekende manier om het denken te stoppen.

Tegelijk is common sense ook een uitnodiging tot verder denken. Als jouw idee, wat je tot nu toe voor waar hebt aangenomen, niet strookt met 'common sense', dan móét je dus wel verder denken dan je neus lang is. Dan doe je automatisch nieuwe ideeën op, bewandel je automatisch andere paden.

Common sense is niet in steen gebeiteld. Het is aan verandering onderhevig. Want wat voor de ene generatie 'gezond verstand' is, is voor de andere ondenkbaar, wat voor de ene bevolkingsgroep totaal logisch is, is voor een volk elders op de wereld absoluut vreemd. Vrouwen waren ooit 'te emotioneel om te stemmen', roken was ooit 'gezond voor de zenuwen', homoseksualiteit stond ooit in de DSM als een ziekte en is dat volgens sommige mensen nog steeds, en we waren er ooit rotsvast van overtuigd dat je kinderen lijfelijk moet straffen om ze goed op te voeden.

Common sense is dus niet statisch maar verandert met de tijd – en plaats. Wat wij nu als common sense beschouwen, zullen toekomstige generaties misschien wel absurd vinden. Denk aan ons dagelijks vlees eten, of het idee dat een veertigurige werkweek 'normaal' is.

Dit maakt common sense tot een fascinerend instrument voor zelfonderzoek. Het is tegelijk een anker in de gedeelde realiteit én een uitnodiging om die realiteit kritisch te bevragen. Het helpt je om niet te verdwalen in je eigen gedachten, maar waarschuwt je ook dat wat 'logisch' lijkt, niet per se waar hoeft te zijn.

De kunst is om common sense in je zelfonderzoek te gebruiken zonder erdoor beperkt te worden.

Fijne vragen om jezelf te stellen zijn bijvoorbeeld:

- Zou ik het ermee eens zijn als iemand anders dit hardop uitspreekt?
- Zou ik dit standpunt durven verdedigen voor een groep mensen die ik respecteer?

Common sense als realitycheck

Common sense kun je gebruiken als een aanscherper, als een toets, als otherness om je eigen denken te verstevigen. Hieronder een aantal praktische manieren om dat te doen.

1 De basisvraag-test

Zou ik dit aan een kind kunnen uitleggen? Als je gedachtegang zo ingewikkeld is dat je hem niet eenvoudig kunt verwoorden, ben je mogelijk te ver afgedwaald van de realiteit.

2 De grootmoeder-test

Wat zou mijn oma hiervan zeggen? Niet omdat oma altijd gelijk heeft, maar omdat het je dwingt je gedachten te toetsen aan een ander perspectief.

3 De marktplein-test

Mijn favoriet, ik gebruik deze vaak in keynotes en trainingen: hoe zou dit klinken als ik het hardop zou zeggen op een druk plein? De variant die ik meestal gebruik: stel dat je dit idee voorlegt aan vijftig mensen op het stadsplein in Zwolle, hoeveel zullen het met je eens zijn, denk je? Soms wordt het een deelnemer ineens duidelijk dat er iets net niet helemaal klopt aan diens idee.

De marktplein-test in levenden lijve, tijdens een groepstraining, is even spannend als verrijkend: dan vraag je als trainer aan de groep deelnemers of het idee dat Pietje zojuist heeft geopperd logisch is. Gaan de meeste handen omhoog bij 'nee, dit is niet logisch', dan weet de vragensteller genoeg. Zoals toen een deelnemer tijdens een workshop stellig beweerde: 'Je moet altijd eerlijk zijn, in elke situatie.'

Ik vroeg de groep simpelweg: 'Is dit logisch volgens jullie?' De zaal vulde zich onmiddellijk met opgestoken handen bij 'nee'. Het was fascinerend om te zien hoe de zekerheid op het gezicht van de deelnemer langzaam plaatsmaakte voor verbazing en vervolgens nieuwsgierigheid – de common sense van de groep had in enkele seconden gedaan wat een lange discussie met één persoon niet had kunnen bereiken. Vervolgens was een genuanceerd gesprek mogelijk, over wanneer tactvolle oneerlijkheid misschien zelfs wenselijker is dan de harde waarheid.

Of bij de manager die beweerde dat 'mensen alleen harder werken als je ze financieel beloont', toen leverde de marktpleintest een verdeelde zaal op – wat direct liet zien dat deze 'vanzelfsprekendheid' helemaal niet zo vanzelfsprekend was en een verdiepend gesprek nodig had.

Even tussen jou en jou

- Stel je voor dat je je huidige dilemma aan een willekeurige voorbijganger zou voorleggen. Welk onderdeel zou je moeilijk vinden om uit te leggen? Is dat een teken dat je mogelijk te ver bent afgedwaald van de realiteit?
- Zijn er overtuigingen die je koestert die niet door de marktplein-test zouden komen? Waarom houd je eraan vast?

2 Probleem of gegeven: een essentieel onderscheid

Je kunt wel van alles weg of om willen denken, maar sommige dingen *zijn* gewoon.

Al die denkgereedschappen zijn prachtig, maar er schuilt een paradox in ons zelfonderzoek: soms stuit je op grenzen die niet weg te denken zijn. Je kunt problematiseren, conceptualiseren en argumenteren tot je scheel ziet, maar er blijven aspecten van de werkelijkheid die zich niet laten wegdenken, hoeveel zelfonderzoek je er ook tegenaan gooit.

Een paar jaar geleden waren we op vakantie in Italië, en waar wij hadden gerekend op (daar gaat het al fout natuurlijk) mooi weer, heeft het zo'n beetje de gehele eerste week geregend. Het was hier in Nederland warmer en zonniger dan in Zuid-Italië.

Natuurlijk baalden we daarvan. We hadden een prachtig

huisje (een zogenaamde 'trullo', iconische huisjes voor de regio Puglia) mét zwembad, dus wij zagen ons al zitten: badpakkie, koffie, zwempie, boekie, olijfie.

Niet dus. De eerste dagen zaten we binnen met de kachel aan.

Balen? Ja, kan.

Maar ik dacht ook aan wat ik mijn cursisten altijd vertel: het verschil tussen een probleem en een gegeven.

Probleem of gegeven?

Er zijn problemen, en voor die problemen zijn oplossingen. Printer defect? Probleem, kun je oplossen. Lekkage in huis? Probleem, kun je oplossen. De printer werkt weer, lekkage is opgelost.

Er zijn ook zaken die simpelweg een gegeven zijn. Op een gegeven moment wordt het donker. Het regent soms. Het water van de zee gaat zo heftig tekeer dat het de dijken aantast.

Deze dingen kun je niet oplossen. Het enige wat je kunt doen is maatregelen nemen om ermee om te gaan. Een regenjack kopen, zaklamp meenemen, dijken verstevigen.

Je neemt maatregelen tegen een gegeven dat blijft bestaan.

Onderscheid maken

Het onderscheid maken tussen die twee dingen, dát gaat je helpen. Want wat doen we vaak? We zien een gegeven aan voor een probleem. We denken dat we controle ergens over hebben, iets kunnen oplossen, terwijl dat niet het geval is.

Dus vraag je af: is dit een probleem dat ik kan oplossen? Of is het een gegeven, en welke maatregelen kan ik zelf nemen?

Een praktische oefening

Bedenk een concrete situatie waar je mee zit. Schrijf op:

- Wat zijn de feiten?
- Wat wil ik dat er anders is?
- Heb ik hier directe invloed op?

- Zo nee, hoe zou ik hiermee kunnen omgaan als het niet verandert?

In between

Soms zijn de dingen niet zo duidelijk in te delen. Je zeurende schoonmoeder, gegeven of probleem? Kun je van haar verwachten dat haar gedrag verandert, of moet jij zelf andere maatregelen nemen? Je veeleisende baan, gegeven of probleem?

Je onsportieve inslag? Gebrek aan focus? Je neiging tot uitstelgedrag?

Je ziet: de dingen die niet zo duidelijk zijn in te delen hebben met mensen te maken. Gedrag, denken en overtuigingen. Tot op zekere hoogte is een en ander een gegeven, en wellicht heb je er ook meer invloed op dan je denkt.

Even tussen jou en jou

- Waar vertel jij jezelf dat iets een probleem is dat je kunt oplossen, terwijl het eigenlijk een gegeven is?
- En als het een gegeven is, welke maatregelen moet je dan nemen?
- Waar zie je juist gegevens die eigenlijk problemen zijn die je kunt aanpakken?

3 Zit je er te dicht bovenop?

Soms blijf je, ondanks al je zelfonderzoekskills, tegen je eerste ideeën aan bonken, een beetje zoals een vlieg tegen een raam: je zit er zo dicht bovenop dat je de uitgang niet meer ziet.

Je vraagt je bijvoorbeeld steeds af: waarom stel ik belangrijke gesprekken altijd uit? Maar je komt niet verder dan oppervlakkige antwoorden als 'Ik ben gewoon slecht in confrontaties' of 'Ik ben een uitstelkoningin'.

Je bent dan vaak te veel bezig met je eigen worstelingen, het lukt je niet om de nodige afstand te nemen.

Met deze oefening, laten we haar de hypotheseladder noemen, klim je uit die beperkte denkcirkel door je vraag eerst te veralgemeniseren, dan breed te onderzoeken, en ten slotte weer af te dalen en naar jezelf terug te keren.

Het is eigenlijk common sense in actie: je dwingt jezelf na te denken over jezelf vanuit een objectievere plek.

Tijdens denkgesprekken is dit altijd een van de oefeningen die veel indruk maakt en die deelnemers heel praktisch en inzichtgevend vinden. Doe er je voordeel mee!

Stap 1: maak je persoonlijke vraag algemeen

Verander 'Waarom stel ik belangrijke gesprekken uit?'
in 'Waarom zou iemand belangrijke gesprekken uitstellen?'
of 'Waarom stellen mensen belangrijke gesprekken uit?'

Stap 2: bedenk acht tot tien verschillende hypotheses

Denk breed en zonder oordeel. Schrijf zo veel mogelijk hypotheses op, denk er niet te lang over na. Bijvoorbeeld:

- Iemand kan bang zijn voor conflict of afwijzing
- Iemand heeft mogelijk niet de juiste woorden of vaardigheden
- Iemand wil misschien de illusie behouden dat alles goed komt
- Iemand vindt het gesprek misschien minder belangrijk dan gedacht
- Iemand heeft wellicht slechte ervaringen met zulke gesprekken
- Iemand kan onzeker zijn over de eigen positie
- Iemand heeft mogelijk niet genoeg informatie om het gesprek goed te voeren
- Iemand kan onduidelijke doelen hebben voor het gesprek
- Iemand gebruikt uitstel misschien als controlemechanisme
- Iemand is mogelijk bang om iets te verliezen door het gesprek

Stap 3: keer terug naar jezelf

Kijk nu welke hypothese(s) voor jou gelden. Waarom stel jij belangrijke gesprekken steeds uit? Welke van deze redenen gaan ook voor jou op? Vaak zul je merken dat meerdere verklaringen een rol spelen, maar dat één of twee er echt uit springen.

Waarom dit werkt

Door eerst afstand te nemen kun je objectiever naar het vraagstuk kijken. Je raakt even los van je eigen rechtvaardigingen en verdedigingsmechanismen.

In die tijdelijke onthechting ontstaat ruimte voor nieuwe inzichten en eerlijkheid.

Hierna heb je weer denkmateriaal om mee verder te gaan.

6

Liever scrollen dan mentaal squatten

Waarom je je zelfonderzoek níét doet

Zelfonderzoek? Eh, morgen misschien...

Zelfonderzoek klinkt goed, toch? Mooie gedachten over jezelf beter leren kennen, helderder denken, bewuster keuzes maken. Het idee alleen al voelt alsof je een heel eind op weg bent naar verlichting. Maar dan, de praktijk: waar haal je de tijd vandaan? En wat als je iets tegenkomt wat je ingewikkeld vindt?

Zelfonderzoek is soms een beetje als dat ene sportabonnement in januari. Je hebt de intentie, de motivatie zelfs – tot het moment dat je daadwerkelijk in actie moet komen. Ineens ben je te druk, te moe, of lijkt dat ene mailtje dat je nog moet sturen véél belangrijker dan nadenken over je overtuigingen.

Tussen volle agenda's en goede intenties verdwijnt zelfonderzoek al gauw door het afvoerputje.

Ik herken het zelf ook. Soms, als ik écht serieus wil nadenken over mijn patronen en overtuigingen, is mijn eerste obstakel niet tijd of methode, maar... mijn telefoon. Zodra ik ga zitten, pen en papier binnen handbereik, oefening uitgekozen, voel ik een onweerstaanbare drang om 'even' mijn mail te checken, of door Instagram te scrollen. Alles om maar niet te hoeven beginnen.

Dit hoofdstuk is er niet om je te vertellen wat je fout doet – integendeel. Het is bedoeld om je te laten zien dat obstakels erbij horen. Sterker nog, ze horen bij het proces van zelfonderzoek.

Maar met een beetje humor en praktische tips kun je die obstakels omzeilen.

Dus, herken je het? Dat je wel wílt, maar even niet weet hoe? Of dat er altijd iets anders lijkt te zijn dat belangrijker is? Check de valkuilen – en natuurlijk de tips om ze enigszins behapbaar te houden.

1 Druk, druk, druk en nou ja, wanneer dan – dat idee dat je er geen tijd voor hebt

Veel mensen noemen tijdgebrek als belangrijkste reden om niet aan zelfreflectie te doen. 'Ik heb er geen tijd voor,' klinkt het. En eerlijk is eerlijk, het leven ís vol: werk, gezin, huishouden, hobby's en o ja, we moeten nodig naar oma. Tijd voor zelfonderzoek verdwijnt vaak als eerste van de to-dolijst.

Toch is tijdgebrek – durf ik te stellen – meestal een kwestie van prioriteit. Als je echt aan zelfonderzoek wilt doen, is een kwartier per dag vaak al genoeg. Het zit niet in de hoeveelheid tijd, maar in het idee dat zelfonderzoek per se lang moet duren. Terwijl je waarschijnlijk méér tijd kwijt bent aan piekeren of steeds opnieuw dezelfde gedachten overdenken.

Dus waar besteed je je tijd aan? Kijk je 's avonds drie afleveringen van je favoriete serie? Tadaaa, daar zit je tijd. Ik loop daar zelf ook tegenaan; gemak en gewoonte wint het soms van wat ik eigenlijk zou willen. Een vriendin van me leest heel veel. Ik verzuchtte dat ik dat ook zo graag zou willen maar er steeds maar niet aan toekom. Ze keek me aan en zei: 'Hoeveel afleveringen Netflix kijk jij per dag?' 'Shit, je hebt helemaal gelijk,' zei ik. Na een lange dag is even op de bank een serie kijken aanlokkelijker dan zelfonderzoek doen, dat blijft een proces van jezelf steeds bij de kladden grijpen en bewust kiezen.

Tip: zoek een routine

Kies een routine die bij jou past. Incidenteel sporten werkt minder goed dan structureel twee keer per week. Plan zelfonderzoek in je agenda, net zoals je dat met andere afspraken doet. Begin klein: vijftien minuten per dag, een ochtend per maand, of een weekend per halfjaar. Een cursiste van me boekte elke zes maanden een huisje op de Veluwe. Twee dagen om terug te kijken, na te denken en zichzelf vragen te stellen. Tussen de sessies door wandelde ze over de hei.

Zelfonderzoek wordt makkelijker en leuker als je het vaker doet. Hoe meer het een gewoonte wordt, hoe meer het je oplevert: helderheid, focus en minder tijd verspillen aan doelloos piekeren.

En dan is het uiteindelijk, net als met veel andere dingen: hoe vaker je het doet, hoe meer het inslijt, hoe meer het een gewoonte wordt.

2 De rommelschuur in je hoofd – angst voor wat je tegenkomt

Wij hebben thuis een rommelschuur, ik vertelde je er al eerder over. Zo'n plek waar alles terechtkomt wat je 'later' nog een keer gaat opruimen. Dozen vol spullen waarvan je niet meer weet waarom je ze hebt bewaard. Een fietsband die ooit geplakt zou worden, een blik verf – mooie kleur, komt vást nog eens van pas – een kapotte printer/roeimachine/tosti-ijzer waar we alléén nog even een nieuw onderdeeltje...

Er staan serieus nog een paar verhuisdozen in dat schuurtje (we wonen hier inmiddels vijf jaar).

Altijd met de intentie: dat krijgt nog wel een plek, later, als de dagen leeg zijn, de koelkast vol en het huis op wonderlijke wijze zichzelf heeft leren schoonmaken. Maar dat later, dat komt nooit.

Vaak, als ik langs die schuur loop, voel ik de ballast. Ik weet wat er achter die deur ligt: chaos. Het is een berg werk waar ik geen zin in heb. Dus blijft die deur dicht. En de troep? Die blijft liggen.

Zelfonderzoek voelt soms precies zo, je weet dat er ergens een stapel mentale rommel ligt te wachten: overtuigingen die je nooit hebt bevraagd, patronen die niet meer werken, gedachten die eigenlijk niet kloppen, conclusies over jezelf en je gedrag die je liever ontwijkt. En als je écht gaat kijken, weet je dat je keuzes moet maken. Dat je iets moet opruimen, veranderen, loslaten. Dat voelt als een enorme berg – en dus laat je die deur liever dicht.

Ik snap het. Zelfonderzoek is spannend. Wie weet wat je tegenkomt? Misschien ontdek je dat die ene overtuiging van je ouders komt en niet van jou, maar dat je daar wel grote keuzes op hebt gebaseerd. Au. Of dat je vastloopt omdat je je ergens op zwakke argumenten hebt gebaseerd. Of, nog groter: dat je een levensvraag vindt waarvan het antwoord niet alleen jouw wereld verandert, maar ook die van anderen.

Het is net als een diagnose van de dokter. Op het moment dat je hoort wat er aan de hand is, kun je niet meer doen alsof het er niet is. Je kunt niet meer denken: ach, het gaat vanzelf wel over. Je moet ermee aan de slag. En dat is precies waarom veel mensen, misschien zelfs jij, terwijl je dit boek bijna hebt uitgelezen, zelfonderzoek vermijden.

Maar het alternatief, níét onderzoeken, de deur van die rommelschuur dichthouden, heeft ook een prijs. En die is misschien wel, zonder dat je het doorhebt, groter.

Mijn rommelschuur: als ze maar geen last van hem hebben

Woensdag, begin van de middag; ik haal mijn baby op van het kinderdagverblijf. Ik gooi de deur van de auto dicht en banjer naar de ingang. (Sinds ik een kind heb, is er geen sprake meer van gewoon lopen maar banjeren.)

Onderweg naar de voordeur probeer ik in de weerspiegeling van het glas van het naastgelegen lokaal te checken of mijn haar acceptabel zit en welke vlekken in mijn kleding ik vakkundig moet bedekken. Zeven paar grote peuterogen kijken me verbaasd aan vanachter datzelfde raam.

Onze baby is op dat moment zes maanden oud en dit is zijn derde wenochtend op het kinderdagverblijf.

Ik loop het lokaal binnen en word begroet door juf Sophie, die met een vermoeide zucht vertelt dat hij 'de héle ochtend heeft zitten jammeren en constant aandacht vroeg'. Ze kijkt er serieus bij, ze heeft duidelijk een pittige ochtend achter de rug.

Ik word een beetje ongemakkelijk, voel ik; mijn wangen worden rood en mijn hartslag gaat iets sneller dan normaal. 'O, eh, goh, ja, dat kan natuurlijk, zo, op zo'n derde dag. Maar was het allemaal wel te doen voor je?'

De week ervoor had ik een berichtje gekregen of het misschien een idee was de wenmomenten wat aan te passen want 'ik heb ook andere kinderen waar ik mijn aandacht aan moet besteden'. Toen ik doorvroeg wat ze had geprobeerd om hem op zijn gemak te stellen bleek al snel: niets. Niet even in de draagzak, in de grondbox, op schoot, niets. Ze had hem in een hoge box op zijn rug gelegd en was ervan uitgegaan dat hij zich daar wel op zijn gemak zou gaan voelen.

Ik had dus een goede reden om ook nu, op deze woensdagochtend, kritisch door te vragen wat er precies was gebeurd. Ik had willen vragen: hoe hebben jullie hem getroost? Wat had hij nodig? Hoe kunnen we het makkelijker voor hem maken?

Maar in plaats daarvan hoor ik mezelf zeggen: was het te doen voor je?

Ik sta me druk te maken over het welzijn van de pedagogisch medewerker: maak het Sophie makkelijk, zorg dat zij geen last heeft. Zelfs ten koste van het welzijn van mijn kind.

Van alle mogelijke reacties die ik had kúnnen hebben, schiet ik in mijn fabrieksinstelling: verzachten, pleasen, fixen. Het gaat heel snel, ze zoeft vlot voorbij, maar ik registreer haar wel, ergens in mijn achterhoofd, de gedachte: als ze maar geen last van hem hadden. Ai.

Die gedachte, dat patroon, dat fenomeen dat ik ga checken of de ander toch echt wel oké is, ten koste van mezelf (of mijn kind, in dit geval), dat ken ik. Het is een oude bekende; de overtuiging dat 'mensen geen last van mij mogen hebben'.

Ooit begonnen als een strategie om anderen tevreden te houden, veilig te zijn, een manier om erbij te horen. Een overtuiging die een beetje pijn doet. Die voor heel wat gedoe en ellende gezorgd heeft, in mijn jonge jaren, en ook daarna. En blijkbaar – daar schrik ik van – nog steeds.

Blijkbaar kopieer ik dat patroon vakkundig naar deze nieuwe situatie met mijn baby. Een overtuiging die ik dacht te hebben opgeruimd, of in ieder geval onder controle te hebben, blijkt nog steeds te bepalen hoe ik reageer – juist nu, in misschien wel de belangrijkste relatie van mijn leven.

De gedachte dat mijn oude patronen nu ook de ervaring van mijn kind vormen, raakt me dieper dan ik had verwacht. Er rinkelt wel direct een alarmbel: dit wil ik niet, dit wil ik anders. Ik realiseer me dus dat ik hier werk te doen heb.

Ik kijk naar mijn baby, met zijn grote blauwe ogen kijkt hij terug. Ik voel een steek in mijn buik van schaamte, verdriet, ongemak, schuldgevoel en meer van die dingen, en kijk dan op naar juf Sophie. 'Morgen weer een dag. Dank je wel,' zeg ik en ik banjer met kind op de arm het lokaal uit.

Angst: een veelvoorkomende reden om zelfonderzoek te ontwijken of uit te stellen

Dit is wat er gebeurt als je heel even de deur van je mentale rommelschuur op een kier zet. En ik snap dat je hem uit reflex ook zo weer dichtsmijt. Ik had die neiging zeker, toen ik jankend in de auto zat na dit kinderdagverblijfmoment.

Uit mijn onderzoekje (vijfhonderd mensen vulden mijn vragenlijst in) bleek dat deze angst een veelvoorkomende reden is om zelfonderzoek te ontwijken. Mensen zeiden dingen als:

- 'Ik ben bang voor de antwoorden als ik mezelf scherp ga bevragen. Dan kan ik mezelf niet meer voor de gek houden.'
- 'Wat als ik dingen ontdek die ik niet wil weten?'
- 'Zelfonderzoek maakt emoties los, daar heb ik geen zin in.'

Zelfonderzoek is niet altijd leuk. Soms kom je troep tegen. Maar die troep opruimen – hoe spannend ook – brengt helderheid en lucht. En daar, achter de rommel, ligt vaak precies wat je zoekt. En je weet ook: als je die rommel laat liggen, in die schuur, blijft het ballast.

Tip: maak het klein

Je hoeft niet meteen álles op te ruimen. Kies één klein stukje van je mentale rommelschuur om mee te beginnen. Stel jezelf een eenvoudige vraag, zoals: wat vond ik afgelopen week lastig, en waarom? Of: welke gedachte heb ik vaak gehad en wat zegt dat over mij? Klein beginnen maakt het minder overweldigend.

Herinner jezelf aan het resultaat

Ja, zelfonderzoek kan ongemakkelijk zijn. Maar wat levert het je op als je die rommel hebt opgeruimd? Denk aan hoe fijn het voelt als je fysieke rommelschuur eindelijk leeg is: ruimte, overzicht, rust. Mentaal werkt het net zo.

3 Net als de tandarts: het voelt als een moetje

Zelfonderzoek, het klinkt een beetje als die afspraak bij de tandarts: nuttig, maar niet per se iets om naar uit te kijken. Voor veel mensen voelt het zelfs als een extra verplichting op een toch al overvolle to-dolijst. Een 'moetje'. En we weten allemaal hoe goed we daarop reageren: met tegenzin, uitstel, en een flinke zucht.

Maar eerlijk is eerlijk: het is niet altijd leuk. Het voelt soms meer als jezelf naar de sportschool slepen terwijl je het liefst op de bank zou blijven liggen. Alleen is het in dit geval je hoofd dat je moet trainen.

Er zijn momenten dat ik met de beste intenties ga zitten om mezelf een kritische vraag te stellen of een van de opdrachten uit dit boek te doen. En dan? Dan blijf ik eindeloos hangen in mijn to-dolijst, of verzin ik ineens dat de koelkast hoognodig schoongemaakt moet worden. Alles om niet dat ene ongemakkelijke kwartier met mezelf aan te hoeven gaan.

Maar ongemak hoort erbij. De dingen die de moeite waard zijn (een sterk lijf, een heldere geest, een fijne relatie, bloeiende vriendschappen) komen doorgaans niet aanwaaien. Daar moet je moeite voor doen. Zelfonderzoek is mentaal trainen. Het is precies dat kwartiertje waarin je weerstand voelt – geen zin, geen tijd, geen focus – dat je het meest groeit. En hoe vaker je het doet, hoe meer je merkt dat het werkt. Niet altijd meteen, maar als je terugkijkt, zie je ineens hoever je bent gekomen.

Ik weet nog die ene keer, een paar maanden geleden, dat ik na maanden sporten voor het eerst twee zware zakken paardenvoer kon tillen zonder het gevoel dat ik in de bejaardenklasse thuishoorde. Niet sexy, wel belangrijk. Zo werkt het met zelfonderzoek ook: het is niet altijd feest, maar de momenten waarop het resultaat zichtbaar wordt, zijn het waard.

Motivatie fluctueert en als dat je voorwaarde is om ergens aan te beginnen, dan ga je dus níét naar de tandarts, sportschool of je schoonmoeder.

Motivatie is geen voorwaarde, kies daarom liever discipline als bondgenoot.

Mijn mantra voor de sportschool gaat ook op voor zelfonderzoek: zonder zin kan het ook.

Tips: discipline als bondgenoot

1 Zie het als mentaal sporten

Zelfonderzoek is net krachttraining: soms heb je geen zin, maar als je het blijft doen, word je sterker. Zie elke sessie als een mentale 'work-out'.

2 Maak het concreet en ononderhandelbaar

Zet zelfonderzoek in je agenda, net zoals je dat met werkafspraken of sporten doet. Geef het een vaste plek, bijvoorbeeld op woensdagochtend met een kop koffie, of vrijdagavond als de kinderen op bed liggen. Geen misschien, maar een duidelijke afspraak met jezelf.

3 Omarm de weerstand

Het moment dat je denkt: ik wil dit niet doen, is vaak precies het moment waarop je het nodig hebt. Zie weerstand niet als een teken om te stoppen, maar als een signaal dat je op de goede weg zit.

4 Surf the urge: de vijf-minuten-regel

Als je bent gaan zitten voor je zelfonderzoek, zul je gegarandeerd gedachten opmerken als: ik geloof dat ik eerst nog even naar de wc moet. Zal ik toch nog een kopje koffie zetten? Waar is die fijne blauwe pen? Nog even kijken of mijn collega al geantwoord heeft op mijn appje en o, het is hier koud, misschien even een trui pakken...

De vijf-minuten-regel werkt als volgt: merk je gedachten op, maar doe er niks mee. Committeer je aan vijf minuten zelfonderzoek. Stél dat die gedachten er na vijf minuten nog steeds zijn, dan mag je er wat mee. Maar 99 procent van de tijd is de gedachte al verdwenen.

5 De telefoon: even vluchten uit je hoofd

Ah, de mobiele telefoon. Je wist dat deze ging komen, toch? Onze trouwe metgezel, onze grote afleider. Ik hoef je vast niet te vertellen hoe verslavend dat schermpje kan zijn, hoeveel aandacht het vraagt – en hoe makkelijk het is om eraan toe te geven.

Een mobiele telefoon als reden om niet aan zelfonderzoek te doen: is dat echt zo? Ik kan het niet keihard bewijzen, maar mijn gok is een volmondig ja. Dat kleine apparaat is een meester in ons afleiden van alles wat ongemakkelijk voelt. Het is een soort universele escape-knop voor de momenten dat je écht even moet nadenken, maar dat liever niet wilt.

Even door Instagram scrollen. Of LinkedIn checken, 'voor

werk'. Of YouTube openen om 'inspiratie op te doen'. Voor je het weet ben je een halfuur verder en heb je niets gedaan – behalve jezelf voor de gek houden.

Ik herken het, sterker nog, ik schrijf dit deel van het boek net zo goed voor mezelf als voor jou. Als ik niet lekker in mijn vel zit, merk ik meteen dat ik vaker naar mijn telefoon grijp. Ik kwam laatst tot de ontdekking dat ik vooral naar mijn telefoon grijp wanneer verveling op de loer ligt. In plaats van even rustig op een bankje te zitten met een kopje thee grijp ik die telefoon voor een dopamineshotje. Stilzitten met een kop thee en voor me uit staren voelt... ongemakkelijk. Niet nuttig. Maar door Instagram scrollen? Dat voelt bijna productief, want: 'Ik volg vooral inspirerende accounts. En ik leer zoveel van Instagram door al die leerzame content.' Niet onwaar, maar zo houd ik mezelf lekker voor de gek.

Wat ik eigenlijk zou moeten doen, is die verveling eens verdragen. Mijn gedachten over 'nut' onderzoeken. Maar dat vraagt werk, en mijn brein is verrassend goed in me daarvan weg te kletsen. En ik denk dat dit voor veel mensen geldt: die telefoon is een perfect excuus om niet te hoeven doen wat je eigenlijk wilt – of moet. Verdriet, frustratie, boosheid, verveling of gewoon wat existentieel ongemak; die telefoon ligt binnen handbereik om even in te verdwijnen en ons te verdoven. Soms kijk je naar je telefoon om jezelf niet te hoeven zien.

Tips: hoe je de telefoon in toom houdt tijdens zelfonderzoek

1 Leg 'm letterlijk weg

Klinkt simpel, en dat is het ook. Leg je telefoon buiten handbereik en uit het zicht als je aan zelfonderzoek begint. Het hoeft niet moeilijker te zijn dan je telefoon even in een andere kamer leggen of in een lade stoppen. Of rigoureuzer: koop zo'n telefoonkluis; die stel je in op een bepaalde tijd en pas na die tijd klikt hij weer open en kun je weer bij je telefoon.

2 Creëer een telefoonvrije zone

Kies een plek waar je zelfonderzoek doet – een hoekje in huis, een favoriete stoel – en maak die zone telefoonvrij. Zodra je daar bent, weet je: hier is geen plek voor mijn schermpje.

3 Plan je scrolmomenten

Wil je scrollen? Prima, maar doe het bewust. Zet bijvoorbeeld een timer en geef jezelf een kwartier om alles te checken wat je wilt. Daarna: telefoon weg, en door met waar je echt mee bezig wilde zijn.

4 De app ScreenZen

Ik heb zelf de app ScreenZen geïnstalleerd. Die doet een aantal dingen:

Zodra ik een socialmedia-app, Instagram bijvoorbeeld, aanklik, gaat er een timer lopen van vijf seconden en verschijnt er een vraag in beeld (op dit moment is dat '*is this important?*'). Na die vijf seconden opent Instagram pas. Heel vaak realiseer ik me in die vijf seconden dat ik toch eigenlijk liever iets anders doe met mijn tijd. Open ik Instagram alsnog, dan gebeurt er na zeven minuten hetzelfde: vijf seconden bedenktijd en een vraag. Heel vaak leg ik mijn telefoon na die zeven scrollminuten weg. En dat is een hoop minuten eerder dan dat ik zou doen als ScreenZen zich er niet mee zou bemoeien.

5 Stel jezelf een 'telefoonvraag'

Elke keer als je je telefoon wilt pakken, stel jezelf de vraag: wat wil ik nu vermijden? Vaak zit er een gedachte of emotie achter die om aandacht vraagt. Als je daar even bij stilstaat, doorbreek je het automatische patroon.

6 Ben je te kwader trouw? Je vertelt jezelf dat je geen keuze hebt

'Ik kan niet anders', 'zo zit ik nu eenmaal in elkaar', 'dat is gewoon hoe het is in dit bedrijf'. Herkenbaar? We hebben allemaal van die zinnetjes die we gebruiken om onszelf te vertellen dat we geen keuze hebben.

De filosoof Jean-Paul Sartre noemt dit 'te kwader trouw' zijn – een vorm van zelfbedrog waarbij we onszelf wijsmaken dat we minder keuzes hebben dan we werkelijk hebben. Het is niet dat we bewust liegen; we geloven oprecht dat we vastzitten in onze omstandigheden. Maar we doen dit omdat vrijheid eng is – het maakt ons verantwoordelijk voor onze keuzes en de consequenties ervan.

Denk aan de manager die zegt dat ze 's avonds móét overwerken (terwijl niemand dat expliciet vraagt), de ouder die beweert dat hij zijn baan niet kán opzeggen (terwijl er alternatieven zijn), of de vriendin die 'echt niet anders kan' dan afzeggen op het laatste moment (terwijl ze gewoon een betere uitnodiging kreeg).

Volgens Sartre heb je op ieder moment in je leven de vrijheid om opnieuw te kiezen, iets anders te kiezen. Ben je op dit moment basisschoolleraar en wil je dat niet meer? Je kunt vandaag besluiten een opleiding tot accountant te gaan volgen, raskatten te gaan fokken of vrijwilligerswerk te doen bij de voedselbank. We dóén het alleen vaak niet, omdat we ons niet vrij vóélen.

We zeggen dingen als 'maar dat kan ik niet', 'daar is het te laat voor' of 'ik heb daar het geld/tijd/middelen/ruimte/karakter niet voor'. Bij iedere ik-kan-niet-uitspraak kun je je afvragen: is dat echt zo, of is het eerder 'ik durf niet' of 'ik wil de consequenties niet dragen'?

Wanneer je aan zelfonderzoek doet, is 'te kwader trouw' zijn een serieus risico. Je schrijft misschien op dat je die reis niet kúnt maken, dat je móét studeren in plaats van naar dat feestje gaan, dat je niet van baan kúnt veranderen of dat je je relatie niet mág verbreken. Vervolgens heb je daar allerlei overtuigende redenen voor.

Maar deze 'onmogelijkheden' zijn vaak verhalen die we onszelf vertellen om niet de verantwoordelijkheid te hoeven nemen voor wat we eigenlijk willen of niet willen. 'Ik wil niet op je verjaardag komen' is een andere, maar misschien wel eerlijkere boodschap dan 'ik kan niet op je verjaardag komen'.

Tip: word eerlijk over je keuzes

Luister naar je eigen taal. Let op woorden als 'moeten', 'kunnen', 'mogen' in combinatie met een ontkenning. Zijn er echt geen andere opties? Of durf je ze gewoon niet te zien?

Probeer eens om 'ik kan niet' te vervangen door 'ik kies ervoor om niet'. Bijvoorbeeld: 'Ik kies ervoor om niet van baan te veranderen omdat ik de zekerheid van mijn huidige positie belangrijker vind dan de mogelijke vrijheid van iets nieuws.' Dat klinkt heel anders, toch? Het legt de verantwoordelijkheid waar die hoort: bij jou.

Je hoeft niet per se iets anders te kiezen. Maar wees eerlijk dat het jouw keuze is, en niet iets wat je overkomt of wordt opgelegd. Die eerlijkheid is essentieel voor écht zelfonderzoek.

Even tussen jou en jou

- Wat gebeurt er bij jou als je echt even de tijd neemt om na te denken? Welke interne of externe obstakels kom je tegen? (Tijdgebrek, onrust, afleiding, weerstand?)
- Welke 'mentale rommelschuur' heb jij nog niet geopend? Zijn er overtuigingen of patronen waar je liever niet in duikt – en waarom niet?
- Welke smoesjes of afleidingen gebruik jij (bewust of onbewust) om zelfonderzoek te vermijden? Welke is jouw favoriet? (Druk zijn, telefoon checken, 'dat weet ik toch al' denken)
- Wat zou er gebeuren als je eerlijk zou toegeven dat je wél een keuze hebt? Is er een gebied in je leven waar je jezelf vertelt dat je 'niet anders kunt'? Wat zou Sartre daarvan zeggen?
- Als je nu één blinde vlek van jezelf zou kunnen onthullen, welke zou dat dan zijn? Wat weet je stiekem wel, maar durf je nog niet echt onder ogen te zien?

Onze cultuur staat niet bol van de zelfreflectie

Naast praktische obstakels als tijdgebrek, weerstand of afleiding, is er nog iets groters wat zelfonderzoek in de weg kan zitten: de manier waarop we in onze cultuur naar onszelf en de wereld kijken.

Problemen oplossen versus onderzoeken

Onze maatschappij is niet gebouwd op reflectie. Ze is vooral gebouwd op doen. We hebben onszelf een denkwijze aangeleerd waarbij we lineair en probleemoplossend naar situaties kijken: we denken rechtstreeks van probleem naar oplossing.

Dit zie je overal terug. In het onderwijs leren kinderen antwoorden geven, niet vragen stellen. Wie als eerste zijn vinger opsteekt met het juiste antwoord, wordt beloond. Wie twijfelt, aarzelt, of zegt 'ik weet het niet', wordt gezien als minder slim. We trainen kinderen om snel te reageren, niet om diep na te denken.

In de media worden experts gevraagd om stellige uitspraken, niet om hun twijfels te delen. Een politicus die zegt 'daar moet ik nog over nadenken' wordt weggeschreven als besluiteloos. Een columnist die nuance toont, scoort minder goed dan eentje die polariseert. Op social media delen we onze meningen als feiten, niet onze zoektocht naar waarheid.

Zelfs in onze dagelijkse gesprekken zie je dit terug. 'Hoe was je dag?' krijgt een snel antwoord: 'Goed' of 'Druk'. Wie antwoordt met 'Interessant, ik ben aan het onderzoeken waarom ik me vandaag zo voelde', wordt meewarig aangekeken.

We hebben een probleemoplossende blik ontwikkeld, geen vragende of onderzoekende. Dat komt goed van pas wanneer je afvoerputje verstopt zit of de dakgoot lekt, maar de groter zaken des levens vragen meestal om een moment, of een periode van reflecteren, vragen stellen, even heel veel dingen nog niet weten.

Een 'sportschool voor je geest' is niet normaal

Als jij tegen een vriendin zegt 'op dinsdagavond spreek ik niet af, dan ga ik sporten', dan kijkt er niemand raar op. Sterker nog, je krijgt waarschijnlijk nog een schouderklopje ook: 'Goed bezig!' Zeg je tegen diezelfde vriendin dat je op dinsdag niet afspreekt omdat je dan denktijd hebt, 'dan heb ik denktraining', dan wordt er verward met ogen geknipperd.

We begrijpen lichamelijke training intuïtief. We weten dat spieren zonder oefening slap worden, dat je conditie achteruitgaat als je niet traint, dat een personal trainer je sneller vooruithelpt dan in je eentje sporten. We betalen ons blauw aan een sportschoolabonnement en vinden dat heel normaal.

Maar mentale training? Daar staan we veel vreemder tegenover. Terwijl net zoals je spieren sterker worden door oefening, je denkvermogen scherper wordt door training. Net zoals een slechte houding tot rugpijn leidt, leiden slechte denkgewoontes tot mentale verwarring.

Er is de laatste jaren wel meer aandacht voor mentale gezondheid – gelukkig. Er is meer ruimte voor neurodiversiteit, voor burn-out, voor psychologische problemen. Maar mentale fitheid, kritisch denken, reflecteren; het 'mentale squatten', de sportscholen voor de geest; die zijn nog niet zo gebruikelijk.

Waar je bij lichamelijke klachten vanzelfsprekend naar een fysiotherapeut gaat, zoek je bij denkproblemen zelden systematische training. Ik kan wel denken, denken we. Maar kunnen we dat echt? We kunnen goed piekeren, associëren en fantaseren. Maar echt goed, ambachtelijk, kritisch denken? Daar zijn we doorgaans niet zo goed in. Daar heb je simpelweg training en begeleiding voor nodig – net zoals bij elke andere vaardigheid.

Antropocentrisme – je staat in het centrum van je eigen universum

We leven allemaal in het centrum van ons eigen universum. Alles wat je meemaakt, zie je vanuit jouw perspectief. Jouw hoofd is het referentiepunt, jouw gedachten kleuren de dag, jouw interpretatie bepaalt wat iets betekent. Je bent letterlijk het middelpunt van je eigen verhaal.

En dat maakt dat je jezelf ook vaak als heel belangrijk ervaart. Niet per se uit arrogantie, maar gewoon omdat je al je gevoelens, angsten, wensen en gedachten van zo dichtbij meemaakt. Wat jij denkt, voelt echt. Wat jij doormaakt, lijkt groot. Wat jij wilt, voelt als iets waar gehoor aan gegeven moet worden.

En dat wordt nog eens versterkt door de cultuur waarin we leven; in de westerse cultuur is het mensbeeld vaak antropocentrisch. De wereld wordt bekeken, beoordeeld en ingericht vanuit menselijk perspectief. Alles draait om onze wensen, onze behoeften, onze maakbaarheid. Als je maar hard genoeg werkt, kun je alles bereiken. Als je iets wilt, moet je het najagen. Alsof van alles in het leven een bestelling is die je kunt plaatsen – en geluk iets is waar je recht op hebt.

In andere, meer holistische culturen wordt de mens niet als middelpunt gezien, maar als onderdeel van een groter geheel: de natuur, de gemeenschap, het leven zelf. Daar leeft de overtuiging dat je samenwerkt mét de natuur in plaats van haar te beheersen. Dat je onderdeel bent van iets groters, en dat jouw plek daarin bescheiden is.

Ons westerse denken zit anders in elkaar. Je leert hier al vroeg dat jouw ideeën, jouw gevoelens, jouw problemen ertoe doen. En natuurlijk is dat op individueel niveau waar – je leven is jouw verantwoordelijkheid. Maar in het grotere geheel zijn we vaak minder belangrijk dan we denken.

(Overigens is het een teken van antropocentrisch denken als je nu enigszins verontwaardigd denkt: maar ík ben toch ook belangrijk?!)

Dat diepgewortelde idee van belangrijkheid kleurt ook de manier waarop je naar jezelf kijkt. Het maakt je blik op jezelf troebel, je ziet jezelf niet helder. Je overziet je plek niet goed; je raakt jezelf makkelijk kwijt in je eigen belangrijkheid.

Nietigheid opzoeken

Stel je voor: je loopt door een berglandschap. Enorme pieken om je heen, besneeuwde toppen die al duizenden jaren onaangedaan blijven staan, rivieren die zich niets aantrekken van jouw plannen, stenen die er al lagen toen jij nog niet geboren was. Alleen al door ernaar te kijken voel je je heel even nietig. Je merkt hoe klein je eigenlijk bent. Een tijdje geleden reed ik door de Schotse Hooglanden en dit was precies wat ik voelde.

Dat gevoel heb je misschien ook weleens gehad bij een kolkende waterval. Tijdens een parachutesprong. Of wanneer je op een heldere nacht omhoogkijkt naar een sterrenhemel die zich oneindig lijkt uit te strekken. Je beseft ineens dat jouw tachtig levensjaren – als je geluk hebt – niet meer zijn dan een zucht in het grote geheel. En dat jouw angsten, twijfels, dromen en problemen zich allemaal afspelen op één minuscuul stipje in het universum.

Het kan even schuren. Maar ik vind het meestal vooral rustgevend. Verhelderend. Bevrijdend. Alles waar ik me druk om maak – hoe ik het doe, wat anderen van me vinden, of ik het wel goed doe als ouder, denker, schrijver, mens – blijkt bij een beetje uitzoomen ineens veel kleiner te zijn dan ik dacht.

Ik heb datzelfde gevoel op begraafplaatsen. Ik wandel er graag rond. Kijk naar oude grafstenen, met jaartallen als 1721, 1881, 1924, 1953. En ik realiseer me: ook dat waren mensen. Met gedachten, verlangens, vrienden, zorgen, een gat in hun broek, een ruzie over het huishouden. Ook zij raakten sleutels kwijt, aaiden de kat, vroegen zich af of ze een goed mens waren en zeiden dingen die ze beter niet konden zeggen.

En nu zijn ze er niet meer. Ze waren er maar even. Net als ik. En dat weten, helpt me. Het maakt me kalmer, minder gehaast. Meer verbonden met alles om me heen, bescheidener ook. Alsof ik mijn plek beter ken.

Iemand zei eens: als je je plek niet kent, loop je jezelf al snel in de weg. Ik geloof dat dat waar is.

We hebben nu gekeken naar de grote culturele obstakels voor zelfonderzoek – hoe onze maatschappij niet is ingericht op reflectie, hoe we mentale training niet normaal vinden, hoe we gevangenzitten in ons eigen universum. Maar al deze grote patronen manifesteren zich uiteindelijk in kleine, dagelijkse momenten. In die ene seconde waarin je geïrriteerd reageert, waarin je oude automatismen de overhand nemen, waarin al je goede bedoelingen met zelfonderzoek verdampen zodra het echt spannend wordt.

Want dat is de werkelijkheid: je kunt alle denkgereedschappen van de wereld beheersen, maar de echte test komt in de confrontatie met het onverwachte. Wanneer iemand je triggert, wanneer je emoties oplopen, wanneer je uit je comfortzone wordt getrokken. Dán blijkt pas hoe diep je zelfonderzoek echt gaat.

Heeft wel geholpen, hè, die yoga!

Laatst was ik met Matthijs bij de yogastudio. Ik moest nog even naar het toilet, terwijl hij zich alvast ging omkleden. Er was nog een klasje bezig, dat aan het afsluiten was met een meditatie.

Toen ik terugkwam en door het raampje keek, zag ik tot mijn verbazing dat Matthijs al in de zaal zat. In het verkeerde yogaklasje. Terwijl de yogi's bezig waren met hun afsluitende meditatie, dacht hij dat de les net begonnen was.

Rustig rolde hij zijn matje uit en ging ertussen zitten, ogenschijnlijk niet gehinderd door de zuchtende yogi's in lotushouding om hem heen.

Toen de les eindigde en iedereen opstond, trippelde een gepikeerde dame op hem af, yogamatje onder de arm, en beet hem toe: 'Kun je de volgende keer niet gewoon even wachten op je beurt! Al die mensen die maar ongeduldig zijn en te vroeg binnenstampen!'

Matthijs verblikte of verbloosde niet, keek haar vriendelijk aan en zei: 'Heeft wel geholpen, hè, die yogales.'

Op de berg is het makkelijk zennen

Je kunt uren mediteren op een bergtop in Tibet, met alleen een briesje dat langs je oren suist. Maar probeer eens rustig te blijven als je kind een driftbui heeft tussen de suikerspinnen en draaiende attracties op de kermis. Dáár wordt het interessant.

Zo is het ook met praktische filosofie en kritisch denken. Het is relatief eenvoudig om achter je bureau, met een kop thee binnen handbereik, kaarsje aan, starend uit het raam, rustig na te denken over denkfouten en argumentatiemissers.

Maar zit je midden in een verhitte discussie met iemand anders over vaccinaties, dan wordt het opeens een stuk lastiger om die principes toe te passen.

Het zijn juist die momenten – als iemand je onterecht aanspreekt, als je wordt uitgedaagd, als emoties oplopen – waarin je kunt oefenen met wat je hebt geleerd. De dame van het yogaklasje is wellicht heel zen tijdens haar afsluitende meditatie – zolang er niets gebeurt wat niet in haar verwachtingspatroon past. Wordt ze wel getriggerd, dan reageert ze als een paard op een steekvlieg en gaan al die goedbedoelde yogalessen het raam uit.

Van enkel op je krent zitten nadenken word je geen beter mens

'Je wordt natuurlijk niet een beter mens door alleen maar op je krent te zitten nadenken,' zei een vriend toen ik hem over dit boek vertelde. Hij heeft gelijk. Je kunt zelfonderzoeken tot je een ons weegt, maar de echte uitdaging, de echte groei, gebeurt misschien wel daarbuiten.

Nu we allerlei denkgereedschappen, oefeningen en voorbeelden hebben verkend, komen we bij een fundamentele vraag: wat doe je met alle inzichten die je opdoet? Deze gereedschappen en technieken zijn prachtig, maar ze zijn niet genoeg als je ze alleen in je hoofd gebruikt. Je kunt wel wéten dat vooronderstelling X of Y je dwarszit, maar wat dóé je er vervolgens mee?

Neem bijvoorbeeld ongeduld. Je kunt wel van jezelf weten

dat je de neiging hebt tot ongeduld, maar je traint je geduld niet door erover na te denken. Je traint je geduld door je in situaties te begeven waar 'ongeduld' wordt opgeroepen: die ene groep met 'trage denkers', die ene collega bij wie je altijd ongeduld ervaart. Hier, in deze echte situaties, vindt de werkelijke training plaats.

Je traint 'trouw zijn' niet door met je partner afgezonderd in een hutje op de hei te gaan zitten. 'Trouw zijn' train je wanneer je op een feestje bent met andere verleidelijke mensen. Het is juist in die uitdagende situaties dat je je waarden en keuzes versterkt.

Ik vind het niet moeilijk gezond te eten als ik alleen maar sla in de koelkast heb liggen. Maar liggen er koekjes in de kast, dán wordt het ingewikkeld.

Het is in de confrontatie met verleiding dat we onze voornemens echt testen en versterken. Kortom: alleen iets wéten is nog niet genoeg om ook ergens verandering in aan te brengen. Die verandering ontstaat niet in je hoofd, die ontstaat in echte situaties. Daarbuiten, in het leven, met andere mensen, dingen en verleidingen die van alles in je oproepen. Je zult dus, na al je zelfonderzoek, jezelf bij de kladden moeten grijpen en in beweging komen. Situaties opzoeken die je moeilijk vindt. Zodat je kunt trainen en beoefenen wat je graag anders zou willen.

Uiteindelijk groeien we vooral door een combinatie van enerzijds reflecteren, stilstaan, zelfonderzoek, en anderzijds in beweging komen. Je groeit niet door eeuwig op je zolderkamer in je eigen hoofd rondjes te draaien. En ik geloof ook niet dat groei voortkomt uit constant in beweging zijn en maar blijven gáán. Ware groei vindt plaats wanneer we blijven gaan, terwijl we af en toe vertragen en de beweging die we maken ook toetsen en kritisch onderzoeken.

Vraag je af: hoe is de balans in mijn leven? Ben ik vooral aan het bewegen, of ben ik meer bezig met onderzoeken? Vaak hebben we een voorkeur voor de ene benadering boven de andere. Het is handig en noodzakelijk om je voorkeur te kennen, zodat je, als je uit balans bent, de nodige stappen kunt ondernemen om die balans te herstellen.

Wanneer zelfonderzoek (even) niet het antwoord is

We zijn dit hele boek door bezig geweest met de waarde van zelfonderzoek en kritisch denken. Maar er zijn momenten waarop je beter even niet in je eigen hoofd gaat rondneuzen – of in ieder geval niet alleen. Zelfonderzoek is een krachtig middel, maar geen universeel medicijn: timing, omstandigheden en cognitieve bandbreedte doen ertoe.

Denk bijvoorbeeld aan (complex) trauma. Wanneer je traumawerk doet, kan zelfonderzoek zonder begeleiding te veel, te snel of te overweldigend zijn. Een therapeut kan je veilig door dat proces loodsen, met technieken die specifiek zijn ontwikkeld voor trauma.

Een ander voorbeeld: een acute crisis of grote levensverandering. Wanneer je midden in een persoonlijke crisis zit – denk aan een plotseling verlies, een burn-out of een depressieve episode, maar ook dingen als een scheiding of verhuizing – heb je meestal eerst stabiliteit en steun nodig. Zelfonderzoek vraagt energie die je misschien even niet hebt. Net zoals je niet midden in een storm je kompas gaat kalibreren, is het soms beter om eerst even te wachten tot een emotionele storm is gaan liggen.

Ook bij zware medicatie of middelengebruik is voorzichtigheid geboden. Sommige medicijnen of middelen kunnen je cognitieve functies beïnvloeden, waardoor zelfonderzoek minder helder en betrouwbaar wordt. Het risico bestaat dat je tot inzichten komt die meer te maken hebben met je tijdelijke staat dan met duurzame waarheid.

Let wel: dit betekent niet dat je zelfonderzoek voor altijd moet vermijden. Het betekent alleen dat sommige vormen van denken beter gedijen met de juiste omstandigheden, timing en begeleiding. Soms is het wijzer om eerst andere vormen van hulp te zoeken – therapie, gesprekken met vrienden, lichaamsbeweging, creatieve expressie – en het zelfonderzoek te hervatten wanneer je er weer de ruimte en capaciteit voor hebt.

Want uiteindelijk is ook dit inzicht een vorm van wijsheid: weten wanneer je wel en niet in je eigen denken moet duiken.

Is zelfonderzoek een luxe?

'Filosoferen is een luxe voor wie tijd en ruimte overheeft.' Dit argument kom ik weleens tegen. En er zit een kern van waarheid in: als je in de overlevingsmodus zit, als je je afvraagt hoe je de huur gaat betalen of waar de volgende maaltijd vandaan komt, is kritisch nadenken over je denken misschien niet je eerste prioriteit.

Als je je letterlijk afvraagt hoe je vanavond je kinderen te eten gaat geven, als je bang bent morgen op straat te staan, of als je in acute financiële nood verkeert, dan heb je op dat moment inderdaad andere, urgentere zaken aan je hoofd. De honger stilt niet door na te denken over je denken, je huur betaal je niet met vooronderstellingen.

Toch is dat maar de helft van het verhaal. Want juist mensen in uitdagende situaties kunnen baat hebben bij zelfonderzoek. Als de acute nood voorbij is – als je weer een dak boven je hoofd hebt, als de kinderen hebben gegeten – kan het je helpen om helder te krijgen wat er werkelijk speelt, welke gedachten en overtuigingen je vasthouden in bepaalde patronen, en welke keuzes daadwerkelijk het verschil kunnen maken.

De kracht van zelfonderzoek zit juist in het onderscheid kunnen maken tussen wat essentieel is en wat niet. In problematische tijden is het des te waardevoller om je denken te kunnen ontwarren en helder te zien wat werkelijk verbetering kan brengen.

Sterker nog, filosofie ontstond niet als bezigheid voor de elite met te veel tijd. Socrates sprak met iedereen op de markt. De stoïcijnen ontwikkelden praktische denktechnieken te midden van allerlei levenscrises. Filosofie was iets van en tussen de mensen, geen luxeproduct voor een paar geluksvogels.

Waar je denken zich op richt, dát is anders. Als je worstelt met basisbehoeften, heb je misschien niet de ruimte voor urenlange zelfonderzoeksessies. Maar korte, gerichte momenten van helder denken kunnen juist dan cruciaal zijn. Dat is geen luxe, maar een noodzakelijk gereedschap.

Het is niet zo zwart-wit als 'eerst al je problemen oplossen, dan pas nadenken'. Soms is het net andersom: eerst nadenken om te zien welke problemen er echt toe doen.

En dan nu? Lang en gelukkig?

In het derde jaar van de toneelschool zei een gastdocent tegen de klas: 'Dit is het. Dit is je thema. Hier zul je waarschijnlijk je leven lang kunst over maken, iets over uit willen zoeken. Zelfs als je denkt dat je nu eens een voorstelling maakt over iets totaal anders en dat het wel klaar is, is het waarschijnlijk hetzelfde thema in een nieuw jasje.'

Zelfonderzoek is een eeuwigdurend, steeds terugkerende bezigheid. Je wereld verandert, jij verandert, dus je zelfonderzoek stopt niet.

Soms heb ik het idee dat, in deze wereld van 'maakbaarheid', het zo lijkt alsof je alles kunt zijn, doen, hebben, als je maar wílt. Ik denk dat dat deels klopt: je komt een heel eind met goede intenties, werken voor wat je wilt, slim en goed nadenken en bijsturen waar nodig. En toch, niet alles is maakbaar.

Uiteindelijk heb je twee dingen te doen: je verzoenen met wie en wat je bent, én kijken waar er ruimte is voor groei. Beide zijn even belangrijk. Zelfacceptatie zonder groei is stilstand. Streven naar groei zonder zelfacceptatie is een recept voor frustratie.

De kunst is om in het nu te leven, met al je patronen en eigenaardigheden, terwijl je tegelijkertijd openstaat voor verandering.

7

Tussen jou en de anderen: een cultuur van zelfonderzoek

Wat er gebeurt als een maatschappij stopt met bevragen

Wat je niet meemaakt doet er ook toe (of misschien nog wel meer)

In een aflevering van de podcast Gonzo[15] met Joris Luyendijk zegt hij iets over zelfreflectie. Hij zegt: 'Zelfreflectie komt op gang als je denkt: fuck, ik val niet samen met het behang.' Hij bedoelt daarmee dat wanneer je overduidelijk anders bent, de uitzondering, je je dus moet aanpassen aan de norm, dan automatisch zelfreflectie op gang komt. Je moet wel, je registreert dat jij anders bent dan de norm en alleen dat besef vraagt al een vorm van bewustzijn en zelfonderzoek. Vervolgens observeer je scherp waarin je dan anders bent en hoe je je eventueel kunt aanpassen. Voor de uitzondering is zelfonderzoek dus eerder een gegeven, iets wat automatisch in de slipstream meekomt zodra je je realiseert dat je anders bent.

Maar, zegt Luyendijk, die zelfreflectie is er dus niet zomaar spontaan als je het behang, de norm bént. Als je nooit met discriminatie of uitsluiting te maken hebt gehad, kun je er ook niet op reflecteren.

In zijn boek *De zeven vinkjes. Hoe mannen zoals ik de baas spelen* werkt hij dit uit. Hij beschrijft hoe een kleine groep mensen met zeven specifieke kenmerken (man, wit, hetero, hoogopgeleide ouder(s), Nederlandse achtergrond, gymnasium/vwo, universitair opgeleid) slechts 3 procent van de bevolking vormt, maar onevenredig veel invloed heeft op beleid en regels. Dit leidt tot een fundamenteel probleem: wie zelf geen ervaring heeft met bepaalde maatschappelijke kwesties, kan ze gemakkelijk over het hoofd zien of bagatelliseren.

Als je zelf niet laaggeletterd bent, en je kent ook geen laaggeletterden, zou je zomaar kunnen denken dat laaggeletterdheid in Nederland niet zoveel voorkomt. Terwijl het aantal laaggeletterden vergelijkbaar is met het aantal universitair geschoolden.

Als je zelf niet uit eigen ervaring meekrijgt wat discriminatie of racisme is, kun je je zomaar, net als Wopke Hoekstra, 'niet voorstellen dat dat hier veel voorkomt.'[16]

Mijn punt is: je kunt niet uit ervaringen putten die je niet hebt. Maar voor een dieper begrip van mens-zijn en voor een rechtvaardiger samenleving is het essentieel dat we ons verdiepen in wat buiten onze directe ervaring valt.

Armoede, racisme, discriminatie, ongewenste kinderloosheid, partnergeweld, laaggeletterd zijn, wolvenproblematiek; wellicht heb je er zelf of in je naaste omgeving geen ervaring mee, maar dat wil niet zeggen dat je die zaken niet zou moeten onderwerpen aan (zelf)onderzoek. Zelfonderzoek gaat immers om jou en je denken, maar net zo goed over de wereld, de maatschappij en jouw plek daarin.

Je zult in deze gevallen dus je informatie, je ingang voor zelfonderzoek, ergens anders vandaan moeten halen; praat met mensen om je heen die er wél mee te maken hebben, lees boeken en artikelen, luister podcasts.

Ten diepste beseffen welke ervaringen je niet hebt gehad (en wellicht ook niet zult hebben) voorkomt dat je vanuit een blindheid gaat zitten roeptoeteren. De neiging is soms groot om vanuit onwetendheid of onbewuste blindheid tóch iets te zeggen over onderwerpen waar je nauwelijks ervaring mee hebt.

Verdiep je dus in ervaringen die wellicht niet meteen de jouwe zijn, maar wel degelijk ook met jou te maken hebben, simpelweg omdat je een wereld deelt met anderen. Onderzoek je eigen vooroordelen, je eigen blinde vlekken, weet welke ervaringen jij níét hebt opgedaan.

Ik vind dit eerlijk gezegd ook vaak nog lastig: ik ben een witte vrouw (vijf vinkjes) en heb daardoor al privileges die veel van mijn medemensen niet hebben. Ik woon ook nog eens in Drenthe; niet bepaald het epicentrum van diversiteit. Dat betekent dat ik me actief moet bezighouden met, lezen over, en me verplaatsen in bijvoorbeeld mensen van kleur, mensen uit de queercommunity, mensen met een lichamelijke beperking, neurodivergenten en andere mensen die niet onder 'de norm' vallen.

Hoe goed ik mijn best ook doe, ik schiet nog regelmatig tekort. Bijvoorbeeld toen ik werd uitgenodigd voor een panelgesprek met ondernemers. In de voorbereidingen vroeg ik vooral naar de praktische zaken. Toen de organisator trots riep hoe blij ze was met deze 'mooi diverse groep' nam ik te snel aan dat het wel snor zat met die diversiteit.

Toen het interview eenmaal plaatsvond en ik goed om me heen keek, kon ik me wel voor mijn kop slaan: de zes deelnemers waren allemaal wit, hoogopgeleid en *able-bodied*. De enige vrouw van kleur die zou komen, was ziek. Maar zelfs met haar erbij was het panel nog steeds verre van representatief geweest. Terwijl ik me had voorgenomen om scherp te zijn op diversiteit en inclusie, was ik daarin te laks geweest.

Het is ook geen eenmalige exercitie, je verdiepen in ervaringen die buiten die van jezelf liggen, het is een voortdurend proces.

Zoals Johanna Nolet prachtig schrijft in haar boek *Ik begin geloof ik te bestaan*: 'bewustzijn over je wereldbeeld en vooroordelen blijkt geen eenmalige prestatie. Het blijkt het uitzicht aan de top van een berg die telkens opnieuw beklommen dient te worden. Het perspectief daar is niet vast te houden, hoe hard je het ook probeert. Je kunt er een foto van maken, er iets over schrijven, maar het zijn slechts momentopnamen van een aldoor veranderende lucht. Bewustzijn is daardoor geen vaardigheid of karaktereigenschap maar een discipline. Een belofte aan jezelf en de

ander, om die klim uit je eigen "normaal" elke dag opnieuw te maken.'

Modern luxury is the ability to think clearly, sleep deeply, move slowly and live quietly in a world designed to prevent all four.

Rimpeleffecten van zelfonderzoek

Als je dit boek doorleest, zou je kunnen denken dat zelfonderzoek een persoonlijke aangelegenheid is. Gewoon, je gedachten, een notitieboek en wat denkvaardigheden en -oefeningen waardoor jíj beter weet wie je bent en wat je te doen hebt.

Dat is niet onwaar, maar ik denk dat we niet moeten vergeten welke invloed het individuele denken heeft op een systeem, zoals een gezin, familie, organisatie of maatschappij.

Zelfonderzoek: een domino-effect in actie

De aloude metafoor van de steen in de vijver gaat ook hier op. Eerst is er die ene plek waar de steen het water raakt – dat is jouw persoonlijke zelfonderzoek, jouw verandering in denken. Maar dan beginnen de kringen zich te vormen.

De eerste kring is die van je directe relaties. Als jij anders gaat denken, bevragen, problematiseren, conceptualiseren, argumenteren, merken je partner, vrienden, familie en naaste collega's dat als eerste. Niet omdat je ze vertelt over je zelfonderzoek, maar omdat je anders reageert, andere vragen stelt, andere keuzes maakt. Je wordt misschien rustiger in confrontaties omdat je je eigen reactiepatronen herkent. Of juist assertiever waar je eerder zou zwijgen, omdat je hebt onderzocht wat je werkelijk belangrijk vindt.

De tweede kring bereikt je teams, je werkgroepen, je sociale gemeenschappen. Hier zie je al hoe jouw veranderde denken en handelen een subtiele verschuiving teweegbrengt in groepsdynamiek. Waar eerst niemand de dominante stem in vergaderingen durfde te onderbreken, stel jij nu een vraag die de aanname onder die dominantie blootlegt. Waar eerst roddel de norm was, kies jij voor directe communicatie.

De derde kring raakt aan organisaties en gemeenschappen als geheel. Dit klinkt misschien pretentieus – hoe kan jouw individuele zelfonderzoek een hele organisatie beïnvloeden? Maar denk dan hieraan: het denken en handelen van individuen wórdt vanzelf cultuur. Cultuur is niets anders dan het opgetelde effect van wat wij met z'n allen doen en laten.

De buitenste kringen bereiken uiteindelijk de maatschappij. Grote maatschappelijke veranderingen beginnen zelden met massa's mensen die tegelijk opstaan. Ze beginnen meestal met enkele individuen die hun denken hebben onderzocht, hun waargenomen 'waarheden' hebben geproblematiseerd, en vanuit dat inzicht anders zijn gaan handelen.

Wij zijn de cultuur

Het denken en handelen van een groep wordt vanzelf een cultuur. Die cultuur kent ongeschreven regels, gewoonten en aannames die zelden nog bevraagd worden. Die bepalen vervolgens weer het denken en handelen van de (nieuwe) individuen binnen die cultuur. De vragen die wel of niet worden gesteld, de onderwerpen die wel of niet worden aangesneden, de personen die wel of niet mogen meedoen of juist worden buitengesloten.

Dat werkt andersom ook zo: cultuurveranderingen beginnen vaak bij individuen die ons een ander perspectief aanreiken, die de dingen nét even anders doen, de status quo uitdagen. Eerst zijn ze dan nog de vreemde eend in de bijt, maar na verloop van tijd blijkt soms dat zij al die tijd gelijk hadden.

Rachel Carson onderzocht kritisch de algemeen aanvaarde overtuiging dat pesticiden onschadelijk waren voor het milieu. Haar boek *Silent Spring* (1962) ontstond uit haar bereidheid om gevestigde aannames ter discussie te stellen. Het leidde tot een verbod op de pesticide DDT en vormde de basis voor moderne milieuwetgeving.

Václav Havel begon als een eenzame stem die het Tsjechoslowaakse regime bevroeg in zijn toneelstukken en essays. Zijn gedachtegoed, dat begon met de simpele vraag wat 'waarheid' betekent in een totalitair systeem, culmineerde uiteindelijk in de Fluwelen Revolutie en zijn presidentschap.

Rosa Parks problematiseerde op 1 december 1955 de vanzelfsprekendheid van segregatie door te weigeren haar zitplaats af te staan in een bus in Montgomery, Malala Yousafzai bevroeg het talibanverbod op meisjesonderwijs, Greta Thunberg stelt het gebrek aan klimaatactie aan de kaak, en Ai Weiwei ondervraagt met zijn kunst de Chinese censuur. Allemaal individuen die eerst kritisch hun omgeving observeerden, de heersende 'waarheden' problematiseerden, en vervolgens de moed vonden om actie te ondernemen.

We hebben als maatschappij nog wel een aantal stappen te

zetten als het gaat om zelfonderzoek en het kritisch kijken naar onze eigen cultuur en maatschappij. Onze politici staan er niet per se om bekend dat ze veel vragen stellen, nieuwsgierig zijn, hun kwetsbaarheid of onwetendheid laten zien. Op tv en in andere media zou je eens kritisch kunnen kijken naar welke rolmodellen we daar een podium geven (en welke niet).

Cultuur: dat wat je doet, niet dat wat je op een poster zet

In organisaties geldt hetzelfde; ook daar pretenderen we soms aan zelfonderzoek te doen, maar als puntje bij paaltje komt, blijkt dat we vooral ons best doen om dingen niet te hoeven zien. De directeur die zegt 'mijn deur staat altijd voor je open', maar een klacht over discriminatie totaal niet serieus neemt. De manager die zegt een cultuur van openheid na te streven, maar geroddel bij de koffiemachine niet afstraft (of erger, meedoet). De partners van een advocatenkantoor die zeggen 'openheid' en 'nieuwsgierigheid' als kernwaarden te hebben, maar elkaar in vergaderingen continu onderbreken om hun zegje te doen.

In organisaties is het interessant om zorgvuldig en kritisch te kijken naar de vraag: wat zéggen wij belangrijk te vinden en welk gedrag wordt er vervolgens concreet beloond? Je kunt nog zo'n mooi visiedocument met woorden als *samenwerken, open blik, vragend vermogen stimuleren* op je website zetten, maar wat is dat waard als de mensen die promotie maken vooral gedrag laten zien dat daar haaks op staat? Een bedrijfscultuur is niet dat wat je op de website zet, maar gedrag dat je voorleeft, én wat (expliciet en impliciet) wordt beloond. Daar heb je dus naar te kijken wanneer je als organisatie aan zelfonderzoek wilt doen.

Je kunt niet veranderen wat je niet ziet. Je kunt ook niet veranderen wat je niet wilt zien

De verleiding is groot om de verantwoordelijkheid buiten jezelf te leggen. 'Te kwader trouw te zijn', zoals Sartre zou zeggen. Excuses als 'maar het MT doet het zelf ook niet', 'zo is deze bedrijfscultuur nou eenmaal', 'we doen het al jaren zo, iedere poging tot cultuurhervorming mislukt gewoon' worden vaak gebruikt om zelf niet aan de slag te gaan. Maar wij zíjn de cultuur. Wij zijn het bedrijf. Wij zijn de maatschappij.

Als we zouden willen, écht zouden willen, en de consequenties zouden willen aanvaarden, is het fileprobleem morgen opgelost. Dat heeft voeten in aarde, vraagt wat van ieders mentale flexibiliteit, maar in theorie kan het. In corona kon het ook; er waren geen files.[17] Je kunt klagen dat je 'in de file staat', alsof die file een gegeven is, een systeem waar jij slachtoffer van bent. Of, zoals ik Joris Luyendijk in een podcast hoorde zeggen, je bedenkt: ik sta niet in de file, ik maak de file langer.

Dit voorbeeld mag dan over files gaan, het principe is universeel. Het geldt voor bedrijfsculturen waar mensen klagen over verplichte aanwezigheid maar zelf nooit het gesprek aangaan over thuiswerken. Het geldt voor sociale patronen in vriendschappen waar niemand het durft te hebben over die ene vriend die altijd over grenzen gaat. Het geldt voor maatschappelijke problemen die we als een 'gegeven' beschouwen in plaats van als een resultaat van collectieve keuzes die we ook anders kunnen maken.

Individueel zelfonderzoek is dus niet alleen waardevol voor jou als persoon. Het is misschien wel de enige manier waarop werkelijke verandering ooit plaatsvindt: 'Twijfel nooit dat een kleine groep nadenkende, toegewijde burgers de wereld kan veranderen. Sterker nog, het is het enige wat ooit heeft gewerkt.' Een uitspraak die wordt toegeschreven aan de Amerikaanse antropoloog Margaret Mead.

Zo wordt jouw steentje in de vijver van zelfonderzoek uiteindelijk een golf die grotere systemen in beweging kan zetten. Door zelf anders te denken én te doen, en daarmee ruimte te creeren voor anderen om hetzelfde te doen.

De nationale sport: stellig zijn over dingen die we niet snappen

Heb je weleens gemerkt hoe anders gesprekken aan de keukentafel kunnen zijn dan debatten op televisie? Thuis, tussen vertrouwde gezichten, durven we – soms, hopelijk – nuance toe te laten. Op goede momenten erkennen we onze twijfels, stellen vragen, geven toe dat we iets niet helemaal begrijpen. Daar kunnen we zeggen: 'Ik weet het eigenlijk niet zeker' of 'Misschien heb ik het mis.' In persoonlijke gesprekken ontstaat nog weleens ruimte voor echte uitwisseling.

Maar zodra gesprekken publiek worden – in media, politiek, op sociale platforms – lijkt die ruimte te verdampen. De nuance maakt plaats voor stelligheid. De vragende houding voor ferme uitspraken. De twijfel voor zekerheid. Het is alsof er een ongeschreven regel bestaat die zegt dat publieke gesprekken alleen plaats kunnen vinden in de taal van absolute waarheden.

Denk aan dat moment waarop je op een verjaardag nog genuanceerd een politiek onderwerp bespreekt, om vervolgens dezelfde persoon een dag later op Twitter/X te zien met standpunten die in beton gegoten lijken. Die oom die thuis redelijk is, maar op Facebook transformeert in een digitale Romeinse keizer.

Deze kloof tussen persoonlijke en publieke dialogen is meer dan een observatie – het is een symptoom. Want wat gebeurt er met een samenleving die geen ruimte meer maakt voor collectief zelfonderzoek? Waar geen vragen meer worden gesteld bij wat vanzelfsprekend lijkt? Waar twijfel wordt gezien als zwakte en niet als wijsheid?

Een collectieve angst voor: wat als we er allemaal naast zitten?

In Hoofdstuk 4 bespraken we 'problematiseren' als denkgereedschap: het vermogen om vanzelfsprekende 'waarheden' te bevragen. Dit gereedschap is niet alleen waardevol voor persoonlijk zelfonderzoek – het is essentieel voor een gezonde democratie.

Wat gebeurt er als een samenleving stopt met problematiseren? Als we niet meer vragen stellen bij wat vanzelfsprekend lijkt? Dan gebeurt er iets gevaarlijks: aannames worden waarheden, vooroordelen worden feiten, en culturele gewoontes worden natuurwetten.

Neem het voorbeeld van de vierentwintiguurseconomie. We zijn zo gewend geraakt aan winkels die altijd open zijn, diensten die altijd beschikbaar zijn, dat we het als vanzelfsprekend zijn gaan beschouwen. De vraag 'moeten we dit wel willen?' wordt nauwelijks nog gesteld.

Ik woonde een aantal jaren op de Veluwe en in die eerste jaren waren de winkels op zondag dicht in ons dorp. En ik vond het heerlijk; geen fomo, even een pas op de plaats, tempootje lager. Stel je dit nu voor in een raadsvergadering, dan word je meewarig aangekeken.

Of denk aan hoe we omgaan met privacy in het digitale tijdperk. We hebben heel lang collectief geaccepteerd dat onze data worden verzameld, geanalyseerd en verhandeld. De fundamentele vragen – Willen we dit? Is dit het waard? Dient dit ons welzijn? – worden nu pas, jaren later, steeds vaker op maatschappelijk niveau gesteld. Het was heel lang simpelweg 'de prijs die we betalen' voor digitale diensten. Maar wie heeft besloten dat dit een redelijke prijs is?

Als we stoppen met problematiseren, worden we toeschouwers. We verliezen de mogelijkheid om gezamenlijk richting te bepalen, om bewuste keuzes te maken over hoe we willen leven.

De verborgen prijs van collectief niet-onderzoeken

Het nalaten van zelfonderzoek op maatschappelijk niveau heeft een prijs die vaak pas zichtbaar wordt als het te laat is:

Erosie van kritisch denken

We zijn allemaal weleens die persoon die onder een socialmediapost reageert met wat we er wel niet van vinden, zonder het betreffende artikel te hebben gelezen. Het is alsof we een boekbespreking houden over alleen de kaft – hartstikke efficiënt, maar je mist wel ongeveer... alles. Wanneer we opgehouden zijn met vragen stellen, verliezen we geleidelijk het vermogen om dit te doen. Kritisch denken is echt een spier die verzwakt als je hem niet gebruikt. Een samenleving die niet regelmatig haar eigen aannames onderzoekt, verliest langzaam het vermogen tot zelfonderzoek. We worden steeds vatbaarder voor manipulatie, voor simplistische oplossingen, voor leiders die oppervlakkige zekerheid beloven in een complexe wereld.

Verlies van innovatiekracht

De grootste doorbraken – of het nu gaat om wetenschap, kunst, of maatschappelijke organisatie – beginnen meestal niet met iemand die zegt 'zo is het nu eenmaal', of 'zo doen wij dat hier'. Grote innovaties ontstaan waar iemand een vanzelfsprekendheid durft te bevragen. 'Waarom doen we het zo? Kan het ook anders?' Zonder deze vragen stagneert een samenleving, niet alleen technologisch maar ook sociaal en moreel.

Verharding van tegenstellingen

Zonder ruimte voor gezamenlijk onderzoek worden onze verschillen al snel onoverbrugbaar. We categoriseren elkaar in kampen – links of rechts, progressief of conservatief, voor of tegen. De ruimte voor genuanceerde posities, voor twijfel, voor gedeeld onderzoek verdwijnt. En daarmee verdwijnt ook de mogelijkheid om samen te leren, om gezamenlijke grond te vinden.

Verlies van wijsheid

Wellicht de grootste: een samenleving die niet aan zelfonderzoek doet, kan geen wijsheid ontwikkelen. Want wijsheid ont-

staat niet uit zekerheid, maar uit onderzoek. Niet uit het vastleggen van antwoorden, maar uit het cultiveren van vragen. Niet uit het vermijden van twijfel, maar uit het omarmen ervan.

Het klinkt misschien dramatisch, maar een tekort aan collectief zelfonderzoek ondermijnt uiteindelijk de fundamenten van een open, veilige samenleving. We kunnen niet tegelijkertijd ophouden met vragen stellen én verwachten dat we gezonde democratische instituties behouden. Een democratie staat of valt met het vermogen van burgers die kritisch kunnen denken, die vragen durven stellen, die goed geïnformeerde keuzes kunnen maken (en een overheid die dat met open armen ontvangt, maar dat is een verhaal voor een ander boek).

Mijn superheld, filosoof Socrates, zei ooit: 'Een ononderzocht leven is niet de moeite waard om te leven.' Misschien kunnen we dit doortrekken: een ononderzochte samenleving is niet de moeite waard om in te leven. Want zonder gedeeld onderzoek zijn we niet meer dan consumenten van een werkelijkheid die door anderen wordt vormgegeven, in plaats van actieve medemakers van een gemeenschappelijke toekomst.

De vraag is denk ik niet óf we ons publieke gesprek kunnen verdiepen, maar hoe. Hoe brengen we de kwaliteit van een mooi verdiepend gesprek tussen twee vrienden naar het maatschappelijk debat? Hoe maken we ruimte voor twijfel, voor nuance, voor gezamenlijk onderzoek – niet als zwaktebod, maar als teken van wijsheid?

Het goede nieuws is: echt goede vragen stellen is als glimlachen – besmettelijk. Eén persoon die oprecht nieuwsgierig is kan een hele vergadertafel ontdooien.

Misschien begint het antwoord dus bij jou, bij mij, bij ieder van ons die besluit om in het openbaar vragen te stellen in plaats van stellingen te poneren. Om twijfel toe te laten in plaats van zekerheid te faken. Om onze eigen aannames te onderzoeken en anderen uit te nodigen hetzelfde te doen.

Want uiteindelijk zijn wij – individueel en samen – het publieke gesprek. Als wij veranderen, verandert het gesprek. Als wij beginnen met vragen stellen, ontstaat er ruimte voor een nieuwe vorm van uitwisseling. Een uitwisseling die niet draait om stellingen maar om onderzoek. Niet om gelijk hebben maar om samen leren. Niet om winnen maar om wijzer worden.

En wie weet, misschien ligt daar wel het begin van een antwoord op de grote uitdagingen van onze tijd. In een nieuwe manier van samen denken, samen twijfelen, samen onderzoeken. In een publiek gesprek dat ruimte maakt voor de wijsheid die schuilt in de vraag.

En dat begint hier, nu. Bij mij. En bij jou.

Epiloog

Het verhaal van Sully, 'The Miracle on the Hudson', waar we dit boek mee begonnen, eindigde niet nadat alle passagiers waren gered. Hij werd niet meteen gehuldigd als een held.

Verre van dat. Zoals dat gaat bij grote gebeurtenissen waarbij belangen van mensen, bedrijven en verzekeringsmaatschappijen om voorrang vechten, werd er een zondebok gezocht. En wie ligt er als zondebok meer voor de hand dan, jawel, de piloot?

Een paar maanden na de crash

In een steriele vergaderzaal zitten onderzoekers met laptops. Hun computersimulaties zijn glashelder: het vliegtuig had kunnen terugkeren naar LaGuardia. De data liegen niet. Volgens hun berekeningen had Sully een onnodige en gevaarlijke beslissing genomen en 155 levens op het spel gezet.

'In zeventien van de twintig simulaties haalt de piloot het vliegveld,' zegt een onderzoeker.

Sully kijkt naar de grafieken en schermen voor hem. Dan stelt hij een vraag: 'Hoe vaak hebben deze piloten kunnen oefenen voor de simulatie?'

De onderzoeker overlegt met zijn collega's naast hem en antwoordt: 'Zeventien keer.'

Sully zwijgt even en legt dan uit dat dat nogal wat is, zeventien keer oefenen voor een manoeuvre die vrijwel nooit voorkomt.

'Wij hebben precies nooit kunnen oefenen. Deze piloten, hoewel uitstekende piloten, handelen met voorkennis. Ze weten dat er een klap komt en dat ze een terugkeer moeten inzetten.'

Hij wil weer gaan zitten, bedenkt zich, en stelt nog één vraag. 'Hoeveel tijd namen jullie voor de eerste reactie? Hoeveel seconden tussen het moment van de botsing met de ganzen en het begin van de terugkeer?'

De onderzoeker bladert door zijn papieren. 'Geen. De simulatie begint op het moment dat de piloot de bocht inzet, direct na de klap.'

Sully glimlacht flauwtjes. 'Daar zit precies het probleem. In jullie simulaties zijn de piloten niet verrast. Ze weten wat er komt en wat er volgt. In het echt hadden we kostbare seconden nodig om te beseffen wat er aan de hand was. Om te verwerken dat we beide motoren waren verloren. Om dingen te checken, een inschatting te maken, te heroverwegen. Jullie zoeken naar de menselijke fout. Maak het dan ook menselijk; voeg de reactie- en denktijd toe die wij ook nodig hadden.'

Als de onderzoekers de simulaties opnieuw draaien, nu met de menselijke reactietijd meegerekend, wordt het pijnlijk duidelijk: Sully's beslissing was de enige juiste. Geen enkele simulator haalt het vliegveld.

Geraadpleegde bronnen

Quote

Rainer Maria Rilke, *Brieven aan een jonge dichter* (1929)

Proloog

https://www.ntsb.gov/investigations/AccidentReports/Reports/aar1003 f?utm_source=chatgpt.com

https://en.wikipedia.org/wiki/us_Airways_Flight_1549?utm_source=chatgpt.com

Film *Sully*, 2016, Tom Hanks e.a. Regie: Clint Eastwood

Inleiding

Arthur Japin, *Een schitterend gebrek* (De Arbeiderspers 2003)

Wisława Szymborska, 'Leven voor de vuist weg', opgenomen in *Einde en begin. Verzamelde gedichten*, vertaald door Gerard Rasch (Meulenhoff 1997)

https://verkenjegeest.com/de-oorsprong-van-de-beroemde-uitspraak-ken-uzelf/

Pausanias, *Beschrijving van Griekenland* (Athenaeum-Polak & Van Gennep 2011)

1 Zelfonderzoek onderzocht

Roos Vonk, *Mijn ego heeft altijd gelijk* (Meulenhoff 2023)

https://www.filosofie.nl/menno-de-bree-beter-denken-leidt-tot-betere-beslissingen/

2 In de rondte pruttelen of methodisch te werk gaan

Daniel Kahneman, *Thinking, fast and slow* (Penguin Books 2011). Vertaald door Jonas de Vries en Peter van Huizen, *Ons onfeilbare denken* (Atlas Contact 2012)

Rob van Gerwen, 'Natuurlijk moeten we filosofie populariseren! De vraag is alleen: hoe?' Departement Wijsbegeerte Universiteit Utrecht, 10 november 2010 https://www.phil.uu.nl/ffirob/output/GerwenPopulariseren.pdf

https://www.nrc.nl/nieuws/2023/08/10/in-een-chaotische-wereld-vinden-mensen-houvast-in-filosofie-a4171654?t=1730987892

https://nos.nl/nieuwsuur/artikel/2101902-is-de-populaire-publieksfilosofie-wel-echte-filosofie

Pierre J. Magistretti en Igor Allaman, 'A cellular perspective on brain energy metabolism and functional imaging', *Neuron*, 20 mei 2015, 86(4):883-901. doi: 10.1016/j.neuron.2015.03.035. pmid: 25996133

3 Wat je nodig hebt voor goed denkwerk

https://www.linkedin.com/posts/daniellebraundr_hangen-in-het-ondertussen-mini-college-activity-7107232290451116034-7jk8?utm_source=share&utm_medium=member_desktop&rcm=acoaaahohpwBoxdn1gn4A7xugfssYoiywa1nwoe

F. Scott Fitzgerald, *The Crack-up*, (New Directions Publishing 1945)

4 Denkgereedschappen voor je zelfonderzoek

Conceptualiseren

Ariane van Heijningen, *Goedbedoeld moeilijk maken* (Boom Uitgevers 2024)

Redeneren

https://view.salusjournal.com/index.php/salusjournal/article/view/85/79

Alexa Reed en Sarah Colover, 'Independent advisory groups and scrutiny panels in policing: An exploratory study of current police force practices', College of Policing, juli 2024

https://library.college.police.uk/docs/CoP/Independent-advisory-groups-scrutiny-panels-2024.pdf

https://lordslibrary.parliament.uk/police-and-crime-panels-structure-purpose-and-powers/

Dialectiek

https://nl.wikipedia.org/wiki/Zaak-Laura_Dekker

https://nl.wikipedia.org/wiki/Laura_Dekker

https://web.archive.org/web/20160315020332/http://www.lauradekker.nl/LauraDekker.html

Oscar Brenifier, 'The art of philosophical practice', openbaar pdf

https://plato.stanford.edu/entries/hegel-dialectics/

Out of the box

https://www.waarmaarraar.nl/pages/re/51163/Originele_actie_tegen_wildplakkers_via.html

https://www.linkedin.com/feed/update/urn:li:activity:7303782562252951552/

Gary Klein, 'Performing a Project Premortem', *Harvard Business Review*, 85(9), 2007, 18-19

5 Denken in de praktijk

Common sense

J. Drescher, 'Out of DSM: Depathologizing Homosexuality', Behav Sci (Basel). 4 december 2015; 5(4):565-575. doi: 10.3390/bs5040565. pmid: 26690228; pmcid: pmc4695779

6 Liever scrollen dan mentaal squatten

Jean-Paul Sartre, *Het zijn en het niet* (Lemniscaat 2010)

7 Een cultuur van zelfonderzoek

open.spotify.com/episode/2iv7A4994wbgmyhjj2SonsH>?si=HkbxyEypqueezd3w1ar6lQ

Joris Luyendijk, *De zeven vinkjes. Hoe mannen zoals ik de baas spelen* (Uitgeverij Pluim 2022)

Een verpletterende les in onrechtvaardigheid (Joris Luyendijk) - GONZO | Podcast on Spotify

Johanna Nolet, *Ik begin geloof ik te bestaan* (Kosmos Uitgevers 2025)

https://nl.wikipedia.org/wiki/Silent_Spring

https://isgeschiedenis.nl/nieuws/vaclav-havel-van-dissident-tot-president

https://www.nporadio1.nl/nieuws/binnenland/96d4c126-7c3b-46a0-91cd-40610a3465e5/ellenlange-files-zijn-weer-de-norm-als-we-op-dezelfde-voet-doorgaan-komen-we-hier-nooit-van-af

Dankwoord

Zonder anderen had dit boek nooit bestaan. Of nou ja, misschien wel – maar dan was het een stuk saaier, eenzamer en sowieso minder goed geweest. Ook dit boek is gebouwd op gesprekken, vragen, aanmoediging en kritiek – en daar wil ik mensen graag voor bedanken.

Dit boek rust op praktisch filosofisch vakmanschap. Dat komt niet uit de lucht vallen; ik heb geweldige opleiding en training gehad van dito leermeesters. De denkgereedschappen heb ik leren kennen in de praktijk, in vele sessies critical thinking bij het Institut de Pratiques Philosophiques (IPP). Grote dank aan Oscar Brenifier, Leïla Bierre en Viktoria Chernenko voor het delen van jullie kennis en de vrijheid om die kennis ook mogen te gebruiken, verspreiden en delen. Speciale dank aan Viktoria voor de aanscherpingsgesprekken tijdens het schrijven.

Dank aan iedereen voor diens verhaal, ook al heb ik het uiteindelijk wellicht niet gebruikt. Zonder verhalen is een boek als dit gortdroog, dankzij jullie verhalen komt de theorie echt tot leven.

Alle proeflezers van het eerste uur: Femke Hogema, Ward Grootenhuis, Liane van Eerde, Christian van Dijk, Sigrid van Iersel, Saakje Bakker, Richard Meijer, Linda van Denderen, Christianne Vinke, Rose-Anne Dotinga en Ariane van Heijningen: dank voor jullie uitgebreide feedback, het boek is er absoluut beter van geworden.

Iedereen die twee jaar geleden meedeed aan mijn onderzoek over zelfreflectie (ruim 450 mensen): dank! Dankzij jullie vragen en verlangens wist ik waar dit boek over moest gaan.

Mijn fijne team bij De Denksmederij: Puck, Linda, Sharon, Thijs, Brenda, Ariane, Rose Anne, Emmy: dank voor jullie support, meedenken en aanscherpen.

Mijn uitgever en agent wil ik bedanken voor het vertrouwen en de vele gesprekken over dit boek: Laurens Ubbink, Floor Overmars, Willem Bisseling: dank voor het meedenken. Het hele team van Ambo Anthos heeft zich volledig ingezet voor dit boek. Het vertrouwen dat jullie vanaf het begin hebben uitgestraald heeft me enorm gesterkt.

De geweldige visuals in dit boek zijn van Pejman – PJ – Milani. Hij maakte ze speciaal voor dit boek en ik ken niemand die complexe ideeën zo goed in grappig, simpel beeld kan vertalen. Zoek hem en zijn werk vooral op via LinkedIn, je wordt er blij van.

Bas van Vuurde: dank voor – wederom – een geweldig omslag!

Misschien niet heel gebruikelijk, en het voelt ook wat onwennig om te doen, maar toch ook een beetje dank aan mezelf. Ik vind dat we – ook jij waarschijnlijk! – onszelf soms wat dankbaarder mogen zijn voor het doen van moeilijke dingen, ook als dat ongemakkelijk voelt. Dus: ook dank aan mezelf. Voor het blijven schrijven, zelfs op de dagen dat ik liever iets heel anders had gedaan. Schimmel van de badkamervloer verwijderen, de voordeur soppen of naar de muur staren – het leek regelmatig aantrekkelijker dan achter de laptop kruipen.

Mijn liefste lief: Matthijs. *What a ride* hè, die verkering! Zonder jou had ik dit boek nevernooitniet kunnen schrijven. Dank je wel.

Tot slot: dank aan jou, lieve lezer. Dank dat je dit boek oppakte en erin bent begonnen, je hebt verwonderd, geërgerd, geïnspireerd hebt gevoeld, uitgedaagd wellicht, en je hebt het niet neergelegd. Je bent hier nog. Hulde! Ik hoop dat dit boek je heeft verward, getriggerd of aan het denken heeft gezet. En dat je daardoor iets hebt ontdekt wat je nog niet wist. Dank dat je het aandurfde.

APPENDIX

De werkplaats: oefeningen

Wanneer ik mijn auto naar de garage breng, kom ik na de voordeur terecht bij de balie. Daar is het schoon, ruikt het lekker (hallo, luchtverfrisser), de boel is opgeruimd en de koffiemachine werkt.

Als ik dan doorloop naar achteren, naar de werkplaats, is duidelijk dat daar – o, verrassing – gewerkt wordt; het is er rommelig, het geluid van staal op staal, een draaiende motor, olievlekken in toch al smerige overalls, de geur van benzine, werkzweet en koude soep in een mok, een verdwaalde schroevendraaier of moersleutel op de vloer.

Hier gebeurt het écht; hier worden fouten gemaakt, dingen uitgeprobeerd, hier doet iedereen zijn best om auto's te fixen. Lukt heel vaak, soms ook niet.

In dit boek is dit hoofdstuk die werkplaats; een hele hoop oefeningen om de materie die je bent tegengekomen in dit boek, verder te verkennen en beheersen.

Per denkgereedschap vind je hier de oefeningen die, als je ervoor gaat zitten, ervoor zorgen dat de theorie ook echt ergens landt. Je krijgt steeds twee soorten oefeningen: 'droogzwemmen', om de techniek goed in de vingers te krijgen, en oefeningen waarbij je het gereedschap specifiek toepast op zelfonderzoek.

Zie dit hoofdstuk als je persoonlijke denklab. Hier mag het rommelig zijn, hier mag je experimenteren, mislukken en opnieuw beginnen.

Pak af en toe een oefening, blader rond, wees speels. Je hoeft niets, maar er ligt hier veel moois voor je klaar, als je zin hebt.

Oefeningen begripsonderzoek

De theorie van begripsonderzoek vind je in Hoofdstuk 4, pagina 107.

Deel 1 – droogzwemmen: de vaardigheid ontwikkelen

1 Verschillende definities

Kies een belangrijk begrip (bijvoorbeeld 'Respect')
Verzamel minimaal 5 verschillende definities:

- Woordenboekdefinitie
- Hoe jij het gebruikt
- Hoe je ouders het gebruiken
- Hoe je collega's het gebruiken
- Hoe je vrienden het gebruiken

Onderzoek de verschillen en overeenkomsten
Wat zeggen deze verschillen en overeenkomsten over het begrip?

2 Nog net wel/net niet meer: de grenzen van een begrip

Neem een begrip (bijvoorbeeld 'Vriendschap')
Maak twee kolommen:

- Dit is nog net wel vriendschap als...
- Dit is net geen vriendschap meer als...

Vul beide kolommen met concrete voorbeelden
Zoek het kantelpunt – waar ligt de grens?
Waarom trek je de grens daar?

3 Met loep en pincet: begrippen ontleden

Kies een woord, een begrip dat belangrijk voor je is
Bijvoorbeeld iets waar je naar streeft of juist mee worstelt
Stel dan deze vragen:

- Wat versta ik er precies onder?
- Waar komt mijn definitie vandaan?
- Wat is het tegenovergestelde?
- Welke begrippen lijken erop, maar zijn net iets anders?
- Welke andere begrippen hebben hiermee te maken?
- Welke aannames zitten erin verstopt?
- Wanneer is iets net geen [jouw begrip]?
- Kan ik concrete voorbeelden geven?

4 Wat impliceert dit? Vooronderstellingen van één begrip

Neem een begrip (bijvoorbeeld 'Eerlijkheid')
Stel telkens de vraag: wat moet waar zijn om dit begrip te laten werken?
Voor 'eerlijkheid' bijvoorbeeld:

- Er bestaat zoiets als 'waarheid'
- Mensen kunnen de waarheid kennen
- De waarheid vertellen is belangrijker dan andere waarden
- et cetera

Onderzoek elke vooronderstelling kritisch: klopt het?

5 Definitie, synoniem, tegenovergestelde

Kies een begrip dat je wilt onderzoeken.

Definities

- Schrijf je eigen definitie
- Zoek officiële definities op
- Beschrijf concrete voorbeelden
- Formuleer wat het niet is

Synoniemen

Schrijf alle verwante woorden op
Onderzoek per synoniem:

- Wat is hetzelfde?
- Wat is net anders?
- Wanneer gebruik je welk woord?

Tegenovergestelden

Zoek directe tegenstellingen
Zoek graduele tegenstellingen
Onderzoek: wanneer slaat het ene om in het andere?

Voorbeeld met 'Moed'

Definities

Eigen: 'Doen wat nodig is ondanks je angst'
Officieel: 'De kracht om gevaar/pijn onder ogen te zien'
Voorbeeld: Een brandweerman die een brandend huis ingaat
Niet: Roekeloos handelen zonder angst

Synoniemen
Dapperheid (meer karaktereigenschap)
Lef (meer spontaan/impulsief)
Durf (meer situationeel)
Bravoure (meer uitbundig/theatraal)

Tegenovergestelden
Direct: Lafheid, angst
Gradueel: Voorzichtigheid → Terughoudendheid → Besluiteloosheid
Omslagpunt: Wanneer wordt moed roekeloosheid?

Deel 2 – toepassing op zelfonderzoek

1 Persoonlijke begrippenkader

Maak een lijst van vijf begrippen die je vaak gebruikt om jezelf te beschrijven
Onderzoek per begrip:
- Wat is jouw definitie?
- Waar komt deze definitie vandaan? (Familie? Cultuur? Opleiding?)
- Welke voorbeelden heb je van momenten waarop dit begrip klopt?
- Welke voorbeelden heb je van momenten waarop het niet klopt?

Kies één begrip voor verdere verdieping:
- Hoe zou je het begrip kunnen herdefiniëren?
- Wat zou er veranderen als je een ander begrip zou gebruiken?
- Welke nieuwe mogelijkheden ontstaan er?

2 Begrippen in emoties

2A. Emotionele situatie in kaart brengen
Beschrijf een situatie die je raakt (positief of negatief)
Markeer alle begrippen die je gebruikt in je beschrijving
Onderzoek per kernbegrip:
- Welke lading geef je het?
- Welke associaties roept het op?
- Welke emoties koppel je eraan?

2B. Begrippen verwisselen
Kies drie kernbegrippen uit je beschrijving
Zoek per begrip:

- Een neutraler alternatief
- Een positiever alternatief
- Een preciezer alternatief

Herschrijf de situatie met deze nieuwe begrippen
Wat verandert er in je beleving?

2C. Verdieping

Welke begrippen gebruik je vaak in emotionele situaties?
Zijn er patronen te ontdekken?
Welke alternatieve begrippen zou je kunnen uitproberen?

Tips

- Begin met je eigen definitie voordat je anderen raadpleegt
- Wees precies in het aangeven van verschillen
- Zoek naar concrete situaties waarin de verschillen duidelijk worden
- Let op wanneer en waarom je het ene of andere woord gebruikt

Oefeningen conceptualiseren

De theorie van conceptualiseren vind je in Hoofdstuk 4, pagina 115.

Deel 1 – droogzwemmen: de vaardigheid ontwikkelen

Concepten in het nieuws

Neem twee krantenartikelen over hetzelfde onderwerp
Markeer de kernconcepten die worden gebruikt
Wat is het centrale concept in elk artikel?
Welke tegenconcepten blijven onbenoemd?
Hoe beïnvloedt de conceptkeuze het denken van de lezer?

Kunst

Kijk naar een schilderij, luister naar een muziekstuk.
Probeer het kunstwerk te vangen in drie concepten. Daarna in twee, daarna in één. Onderbouw waarom je voor dit concept kiest.

Spreekwoorden en gezegdes

Conceptualiseer de volgende uitspraken:

1 De appel valt niet ver van de boom
2 Je moet niet op één paard wedden

3 Als het kalf verdronken is dempt men de put
4 Een ezel stoot zich niet tweemaal aan dezelfde steen
5 Tegen de lamp lopen

Op www.eventussenmijenmij.nl vind je meer oefeningetjes en de antwoorden van deze opdracht.

Deel 2 – toepassing op zelfonderzoek

1 Basisoefening: Indikken

Beschrijf een situatie die je bezighoudt in tien tot vijftien zinnen
Kort dit in tot vijf zinnen
Dan tot twee zinnen
Eindig met één kernwoord
Wat verlies je aan nuance? Wat win je aan helderheid?

2 Van emotie naar concept

Kies een sterke emotie die je recent voelde
Schrijf alle woorden op die deze emotie beschrijven (minimaal acht)
Groepeer verwante woorden
Kies voor elke groep één overkoepelend concept
Bepaal het hoofdconcept dat alles samenvat
Check: is dit echt de kern, of zit er nog iets onder?

3 De andere kant onderzoeken

Kies drie concepten die vaak terugkomen in je leven
Benoem bij elk het tegenconcept
Onderzoek kritisch:

- Welke kant benoem je meestal?
- Welke kant blijft onbesproken?
- Hoe hangen ze samen?

Kies één conceptpaar voor dieper onderzoek: hoe werken ze op elkaar in?

Patronen ontdekken

Houd een week lang elke avond bij wat je die dag bezighield (drie tot vier regels)
Geef elke dag één kernwoord

Kijk aan het eind van de week naar alle kernwoorden
Welk overkoepelend concept zie je?
Onderzoek: wat zegt dit over jouw denken?

Tips bij de oefeningen

- Begin met de basisoefening om de techniek onder de knie te krijgen
- Wissel tussen deel 1 en deel 2 – ze versterken elkaar
- Schrijf je bevindingen op; dit helpt bij het scherp krijgen van concepten
- Doe sommige oefeningen samen met anderen voor meer perspectief
- Keer regelmatig terug naar eerdere concepten om te zien of je definitie verschuift

Oefeningen om te spelen met vooronderstellingen

De theorie van vooronderstellingen vind je in Hoofdstuk 4, pagina 127.

Deel 1 – droogzwemmen: de vaardigheid ontwikkelen

1 De wat-moet-waar-zijn-vraag

Kies een algemene uitspraak die je vaak hoort
Vraag steeds: wat moet waar zijn om dit te laten kloppen?
Probeer ook uit te leggen waarom je die vooronderstelling uit de uitspraak haalt: op welke woorden of begrippen baseer je je vooronderstelling?
Schrijf dan de vooronderstellingen op over de spreker: wat weet je nu van diens denken?

Voorbeeld
Uitspraak: 'Je kunt alleen van anderen houden als je eerst van jezelf houdt'

Wat moet waar zijn om dit te laten kloppen:

- 'Liefde voor jezelf' en 'liefde voor anderen' zijn twee gescheiden fenomenen die je los van elkaar kunt ontwikkelen.
- Er bestaat een chronologische volgorde in het ontwikkelen van liefde ('eerst' impliceert een tijdsvolgorde).
- Zelfliefde is een stabiele staat die je kunt 'bereiken' – er wordt van uitgegaan dat je op een gegeven moment 'van jezelf houdt' en dat dit dan een blijvend kenmerk is.

- Het vermogen om van anderen te houden is direct afhankelijk van hoe je naar jezelf kijkt – er wordt aangenomen dat er een causaal verband is tussen deze twee vormen van liefde.
- 'Van jezelf houden' is een eenduidig concept dat voor iedereen hetzelfde betekent en dat je kunt herkennen wanneer je het bereikt hebt.

Over de spreker:
- De spreker gelooft in een maakbare wereld waarin emotionele ontwikkeling een lineair proces is dat je kunt sturen en controleren.
- De spreker ziet liefde als iets wat je kunt meten of vaststellen – er is een duidelijk moment waarop je kunt zeggen 'nu houd ik van mezelf/anderen'.
- De spreker plaatst de verantwoordelijkheid voor het niet kunnen liefhebben van anderen bij een gebrek aan zelfliefde – andere factoren worden niet meegewogen in deze redenering.

2 Draai vooronderstellingen om

Neem een veelgehoorde uitspraak
Draai deze om naar het tegenovergestelde
Onderzoek waarom de omkering onwaar lijkt
In welke situaties klopt de omkering óók?

Voorbeeld
Uitspraak: 'Ervaring maakt je wijzer'
Omkering: 'Ervaring maakt je dommer'

Onderzoek van je weerstand onthult vooronderstellingen als:
- Leren gebeurt automatisch door ervaring
- Meer ervaring = meer wijsheid
- Het verleden voorspelt de toekomst

Tip: kijk ook naar situaties waar ervaring juist blind kan maken

3 Van vooronderstelling naar waarde

Begin met een algemene uitspraak over hoe iets 'hoort'
Vraag steeds door met 'waarom?'
Ga steeds een niveau abstracter
Stop als je bij een fundamentele waarde komt

Onderzoek de verbinding tussen de niveaus

Voorbeeld
'Kinderen moeten naar school'
↓
'Onderwijs is essentieel voor ontwikkeling'
↓
'Kennis en vaardigheden zijn nodig om te functioneren in de maatschappij'
↓
'Maatschappelijke vorming is een kernwaarde'

Deel 2 – toepassing op zelfonderzoek

1 Bevraag je eigen vooronderstellingen
Start met een overtuiging of uitspraak
Vraag steeds: wat moet waar zijn om dit te laten kloppen?
Kies één begrip/woordpaar uit en bevraag jezelf daarop

Voorbeeld
Uitspraak: 'Je moet eerst jezelf kennen voor je anderen kunt helpen'

Doorvragen:
- Wat betekent 'jezelf kennen' precies?
- Waarom zou dat een voorwaarde zijn?
- Is het mogelijk om beide tegelijk te doen?

2 Spelen met waarschijnlijkheid
Doel: onderscheid maken tussen wat mogelijk en wat waarschijnlijk is in je eigen gedachten
Kies een situatie waar je over piekert
Schrijf alle mogelijke verklaringen op

Deel ze in:

Onmogelijk:
- Mogelijk maar onwaarschijnlijk
- Waarschijnlijk (gebaseerd op concrete aanwijzingen)

Werk alleen verder met de waarschijnlijke verklaringen

Voorbeeld
Situatie: Mijn vriend reageert niet op mijn bericht

Onmogelijk:
- Hij is ontvoerd door aliens
- Er is een wereldwijd complot tegen mij

Mogelijk maar onwaarschijnlijk:
- Hij is boos op mij
- Zijn telefoon is gestolen

Waarschijnlijk:
- Hij zit in een vergadering
- Hij heeft het druk en reageert later

3 Je vooronderstelling uitdagen

Doel: eigen overtuigingen toetsen aan de realiteit
Kies een overtuiging over jezelf die je vaak herhaalt
Schrijf op wat er allemaal waar moet zijn om dit te laten kloppen
Zoek naar concrete tegenvoorbeelden uit je eigen ervaring

Voorbeeld
Overtuiging: 'Ik ben niet creatief'

Vooronderstellingen:
- Creativiteit is een vast kenmerk
- Je bent het of je bent het niet
- Mijn soort creativiteit telt niet mee

Tegenvoorbeeld
Vorige week bedacht ik een nieuw gerecht met dingen die we nog in de koelkast hadden liggen

4 Vooronderstellingen in normen

Doel: je eigen ongeschreven regels ontdekken
Noteer een week lang je 'moet'-uitspraken

Kies er drie uit die vaak terugkomen
Onderzoek per uitspraak:

- Wat neem ik als vanzelfsprekend aan?
- Wie zegt eigenlijk dat dit 'moet'?
- Is dit een feit of een aanname?
- Wat zegt deze 'moet' over mijn waarden?

Voorbeeld: 'Ik moet altijd bereikbaar zijn voor mijn team'
Vooronderstelling: Goede teamleiders zijn altijd bereikbaar
Wie zegt dat? Niemand heeft dit ooit expliciet gezegd
Is het waarschijnlijk dat dit echt moet? Nee, andere teamleiders doen dit niet
Wat zegt dit over mij? Ik koppel 'goed leiderschap' aan 'altijd klaarstaan'
Waarde: beschikbaarheid

Tips bij de oefeningen

- Begin met deel 1 om de techniek te leren kennen
- Focus op recente, concrete situaties
- Zoek naar patronen in je vooronderstellingen
- Wissel af tussen algemene en persoonlijke voorbeelden
- Let op woorden als 'altijd', 'nooit', 'moet', 'hoort'
- Vraag je steeds af: hoe weet ik dit zo zeker?
- Toets je vooronderstellingen aan de realiteit

Oefeningen redeneren

De theorie van redeneren vind je in Hoofdstuk 4 op pagina 144.

Deel 1 – droogzwemmen: de vaardigheid ontwikkelen

1 Geldig/ongeldig spotten

Bekijk steeds de redenering hieronder en bepaal:

- Is de redenering geldig? (volgt de conclusie logisch?)
- Als deze ongeldig is – waar zit de fout?

Uitspraken:

- Als het regent, wordt de straat nat. De straat is nat. Dus het regent.
- Alle rozen hebben doornen. Deze bloem heeft doornen. Dus dit is een roos.

- Als je pizza bestelt, krijg je een rekening. Je krijgt een rekening. Dus je hebt pizza besteld.
- Alle katten zijn zoogdieren. Rex is een zoogdier. Dus Rex is een kat.
- Als je theezet, heb je heet water nodig. Je hebt heet water. Dus je gaat theezetten.

2 Het als-dan-spel

Een spelletje dat je gewoon tijdens het wandelen kunt doen. Je ziet iets en maakt dan een als-dan-redenering:

Voorbeeld

Je ziet een man met een paraplu lopen.

Maak een redenering met drie stappen:

1. Als mensen een paraplu bij zich hebben, verwachten ze regen
2. Deze man heeft een paraplu bij zich
3. Dus deze man verwacht regen

Vervolgens check je:
Is de redenering geldig?
Is ze waar? Misschien gebruikt hij de paraplu als wandelstok?
Welke alternatieve verklaringen zijn er?

Dit spel kun je met álles spelen:

- Met voorbijgangers
- Met verkeerssituaties
- Met het weer
- Met dieren die je tegenkomt

Het helpt je om heel snel te zien of iets logisch 'volgt'.

3 Waar zit de sprong?

Verzamel een week lang redeneringen die je anderen hoort maken. Bijvoorbeeld:

- 'Hij appt niet terug, dus hij vindt me niet leuk'
- 'De regering is incompetent, dus ze zullen dit niet goed oplossen'
- 'Zij krijgt die promotie wel, dus ik doe iets verkeerd'

Markeer waar die ander een sprong maakt van feit naar interpretatie.

Deel 2 – toegepast op zelfonderzoek

1 Geldig maar niet waar?

Neem een overtuiging die je over jezelf hebt. Bijvoorbeeld: 'Ik ben niet geschikt voor leidinggeven.'

Schrijf de complete redenering uit:

- Goede leiders zijn altijd extravert
- Ik ben niet extravert
- Dus ik ben geen goede leider

Check nu:
Is de redenering geldig? (Volgt de conclusie logisch?)
Zijn de aannames waar? (Zijn alle leiders echt extravert?)

2 Verborgen aannames opsporen

Kies een conclusie waar je vaak op uitkomt. Bijvoorbeeld: 'Ik kan beter mijn mond houden.'

Schrijf op welke stappen je denkt te maken:

- Als ik iets zeg, doe ik het vast niet goed
- Als je iets niet goed doet, kun je beter zwijgen
- Dus ik kan beter mijn mond houden

Vaak ontdek je al schrijvend aannames waarvan je niet eens wist dat je ze had.

3 De omgekeerde redenering

Deze is leuk: neem een redenering en draai die om. Bijvoorbeeld:

Origineel:

- Als je hard werkt, bereik je succes
- Ik werk hard
- Dus ik zal succes bereiken

Omgedraaid:

- Als je succes bereikt, heb je hard gewerkt
- Ik heb succes bereikt
- Dus ik heb hard gewerkt

Zie je het verschil? De eerste redenering klinkt logischer dan de tweede, maar ze maken eigenlijk dezelfde denkfout. (Je zou deze denkfout 'omkering van oorzaak en gevolg' kunnen noemen: je ziet het gevolg en concludeert dat de oorzaak er dus ook wel zal zijn geweest – terwijl dat niet hoeft.)

Oefeningen argumenteren

De theorie van argumenteren vind je in Hoofdstuk 4, pagina 152.

Deel 1 – droogzwemmen: ontwikkelen van de vaardigheid

1 Beweringen herkennen

Neem de krant, een tijdschrift of een nieuwssite
Zoek vijf beweringen
Onderzoek per bewering:

- Wat wordt er precies beweerd?
- Welke argumenten worden gegeven?
- Welke signaalwoorden worden gebruikt?

Voorbeeld
Bewering: 'Dit restaurant is het beste van de stad'

- Wat wordt beweerd? Een absolute uitspraak over kwaliteit
- Argument gegeven? 'Want ze hebben de lekkerste steaks'
- Signaalwoorden: 'is', 'beste'
- Type argument: waarderend, niet feitelijk

2 Argumenten ontleden

Verzamel drie opinieartikelen
Markeer alle argumenten
Classificeer ze:

- Feitelijk of waarderend?
- Welke bewijsvoering wordt gebruikt?
- Hoe sterk is het argument?

Voorbeeld
Bewering: 'Het huidige immigratiebeleid heeft volledig gefaald, want de wachtlijsten voor asielzoekerscentra zijn nog nooit zo lang geweest en de integratie stagneert doordat nieuwkomers te lang in onzekerheid zitten.'

Analyse:
Wat wordt beweerd? Een absolute uitspraak over het falen van beleid
Welke argumenten worden gegeven?

- 'want de wachtlijsten voor asielzoekerscentra zijn nog nooit zo lang geweest' (feitelijk argument)
- 'de integratie stagneert doordat nieuwkomers te lang in onzekerheid zitten' (combinatie van feitelijk en waarderend argument)

Signaalwoorden:

- 'volledig' (absoluut)
- 'gefaald' (waarderend)
- 'want' (argumentatie-indicator)
- 'nog nooit' (absoluut)
- 'doordat' (causaal verband)

Type argumenten:

- Eerste argument is feitelijk maar gebruikt een absolute claim ('nog nooit')
- Tweede argument mengt een waarneming ('in onzekerheid zitten') met een waardering ('stagneert')

Er wordt een causaal verband gesuggereerd tussen wachttijd en integratie.

3 Beweringen uit monologen

Niet iedereen presenteert beweringen en argumenten zo mooi, kant-en-klaar, in een heldere vorm. Meestal zwetsen, lallen, monologen we erop los en moet de ander daar maar een bewering en argument in zien.

Neem een gesprek, interview of discussie op (of schrijf direct na afloop op wat er gezegd is).

Zoek in het verhaal naar:

- Herhalingen (waar komt iemand steeds op terug?)
- Emotionele uitspraken
- Concrete voorbeelden die worden aangehaald

Herformuleer het verhaal tot:
- Een centrale bewering (wat wil deze persoon eigenlijk zeggen?)
- De belangrijkste argumenten die daarbij horen

Voorbeeld
Een collega tijdens de lunchpauze: 'Ja, dus ik zat gister weer in die vergadering, hè, met dat nieuwe systeem... Nou, niemand snapt er wat van. Kelly zei nog dat ze drie keer heeft geprobeerd om in te loggen, maar dat lukte gewoon niet. En Marco, die zit er al sinds januari mee te klooien, die wordt er helemaal gek van. Steeds als je denkt dat het werkt, doet-ie het weer niet. En dan moet je weer zo'n ticket aanmaken... Volgens mij hebben ze dit veel te snel ingevoerd. Net als toen met dat nieuwe rooster... precies hetzelfde. Altijd willen ze maar vernieuwen hier.'

Vertaling:
Bewering: Het nieuwe systeem is te snel ingevoerd

Argumenten:
- Mensen kunnen er niet mee werken (voorbeeld Kelly die niet kan inloggen)
- Er zijn aanhoudende technische problemen (voorbeeld Marco die blijft 'klooien')
- Er is een patroon van overhaaste vernieuwingen (verwijzing naar roostersituatie)

Analyse:
- Het verhaal lijkt eerst over praktische problemen te gaan
- Via voorbeelden en frustratie komt de eigenlijke bewering boven
- De spreker gebruikt een eerder voorbeeld om een patroon aan te tonen
- De argumenten zijn verstopt in anekdotes en ervaringen

4 Verschillende soorten argumenten bekijken
Kies een filosofische vraag (bijvoorbeeld: 'Is ervaring de beste leermeester?')

Verzamel verschillende typen argumenten:
- Uit directe ervaring ('Ik heb geleerd door...')

- Uit algemene observatie ('Mensen die vaak...')
- Uit logische redenering ('Als ervaring leidt tot...')

Onderzoek per argument:
- Wat zegt dit over onze aannames?
- Welke aspecten blijven onbelicht?
- Hoe verandert ons begrip van het vraagstuk?

Voorbeeld
Vraag: 'Is stilte een vorm van communicatie?'

Argumenten uit ervaring: 'In gesprekken met mijn oma merkte ik dat haar stiltes meer zeiden dan woorden'
- Wat zegt dit? Het gaat over betekenisvolle stilte in een specifieke context
- Wat blijft onbelicht? Of dit voor alle stiltes geldt
- Onderliggende aanname: betekenis ontstaat door interpretatie

Argumenten uit observatie: 'In verschillende culturen heeft stilte verschillende betekenissen'
- Wat zegt dit? Stilte is cultureel bepaald
- Wat blijft onbelicht? Of stilte dan überhaupt wel communicatie is
- Onderliggende aanname: betekenis is cultureel geconstrueerd

Argumenten uit redenering: 'Als communicatie het overbrengen van betekenis is, en stilte betekenis kan hebben, dan is stilte een vorm van communicatie'
- Wat zegt dit? Er is een logisch verband tussen betekenis en communicatie
- Wat blijft onbelicht? Of alle stilte betekenisvol is
- Onderliggende aanname: communicatie vereist intentie

5 Meer argumenten formuleren

Beantwoord onderstaande vragen steeds met ja of nee en geef dan drie tot vijf argumenten.
- Moet je in vriendschappen eerlijk zijn?
- Is gezondheid het allerbelangrijkst in het leven?
- Kun je authentiek zijn en liegen tegelijk?

Deel 2 – toepassing op zelfonderzoek

1 Je eigen argumenten onderzoeken

Noteer een week lang argumenten die je gebruikt voor je eigen keuzes/gedrag

Analyseer per argument:

- Is het feitelijk of waarderend?
- Zijn er woorden die je vaak gebruikt?
- Welke aannames zitten erin verstopt?

Voorbeeld

'Ik ben niet geschikt voor leidinggeven want ik ben te aardig'

Type: waarderend argument

Verborgen aanname: aardig zijn en leidinggeven gaan niet samen

2 Patronen in jouw argumentatie

Kies een overtuiging die je regelmatig in je eigen denken tegenkomt

Onderzoek welke argumentatievormen je gebruikt:

- Argumenten uit eigen ervaring
- Argumenten uit wat je hebt geleerd/gehoord
- Argumenten uit logische redenering

Heb je favorieten? Welk soort argument gebruik je veel, welke minder?

3 Meerdere argumenten leren maken

Kies één overtuiging die jij hebt over jezelf, je werk, je relaties of de wereld. Bijvoorbeeld:

- 'Ik ben geen leiderstype'
- 'Mensen luisteren niet echt naar elkaar'
- 'Ik moet altijd nuttig bezig zijn'

Stap 1

Formuleer deze overtuiging als een heldere bewering.

Stap 2

Schrijf drie tot vijf argumenten op die je vaak gebruikt (bewust of onbewust) om deze bewering te ondersteunen. Denk aan:

- Argumenten uit eigen ervaring

- Argumenten op basis van wat je geleerd hebt
- Redeneringen of gevolgtrekkingen
- Waarderende argumenten ('omdat dat gewoon zo hoort')
- Feitelijke argumenten (gebaseerd op voorbeelden of data)

Stap 3
Analyseer je argumenten:
- Welk type argument overheerst?
- Hoe sterk zijn je argumenten?
- Welke alternatieven zou je kunnen onderzoeken?

Stap 4
Kijk eens of je meerdere soorten argumenten voor je stelling kunt formuleren.

Tips voor dagelijkse toepassing
- Begin met het observeren van één gesprek per dag
- Focus eerst op het herkennen, dan pas op het verbeteren
- Verzamel concrete voorbeelden van goede en zwakke argumenten
- Oefen met het transformeren van je eigen argumenten
- Kies één type argument per week om te observeren in je eigen denken. Rome is ook niet in één dag gebouwd.

Oefeningen problematiseren

De theorie van problematiseren vind je in Hoofdstuk 4 op pagina 169.

Deel 1 – droogzwemmen: de vaardigheid ontwikkelen

1 Problematiseer onderstaande uitspraken door middel van één enkele vraag

Voorbeeld: 'Je moet handelen volgens je morele waarden'
Vraag die problematiseert: 'Kunnen morele waarden botsen?'

Uitspraken om mee te oefenen
Liefde is een geweldig gevoel
Geld is onbelangrijk
Er zitten vierentwintig uren in één etmaal
Alles is relatief

Let op, de valkuil bij deze oefening is dat je enkel tegenargumenten bedenkt. De kunst is om één vraag te formuleren waardoor de ander meteen in moet zien dat de uitspraak niet meer standhoudt. Zie ook www.eventussenmijenmij.nl voor de antwoorden en meer oefeningen!

2 Waarheden uit de media 'ontwaarheiden'

Kies drie 'absolute waarheden' uit nieuwsartikelen of social media
Zoek voor elke 'waarheid' minstens twee situaties waarin deze niet opgaat
Formuleer wat de beperkingen zijn van de oorspronkelijke uitspraak

Voorbeeld
Uitspraak: 'Je moet altijd eerlijk zijn tegen kinderen.'

Tegenvoorbeelden
- Bij ziekenhuisbezoek aan opa met terminale ziekte
- Over Sinterklaas of de tandenfee
- Bij traumatische gebeurtenissen die ze nog niet kunnen bevatten

Beperking: 'Eerlijkheid moet worden afgewogen tegen kinderwelzijn en ontwikkelingsfase.'

3 Absolute woorden opsporen

Lees een opiniestuk of column
Markeer alle absolute woorden: 'altijd', 'nooit', 'iedereen', 'niemand', 'moet', et cetera
Herformuleer elke zin met deze woorden naar een meer genuanceerde versie
Vergelijk de impact van de originele en de genuanceerde versie

4 Paradigma wisselen voor beginners

Kies een actueel nieuwsitem of maatschappelijk probleem
Bekijk dit door minstens drie verschillende paradigma's:
- Economisch: wat zijn de kosten/baten?
- Ethisch: wat is het juiste om te doen?
- Sociaal: hoe beïnvloedt dit menselijke relaties?
- Pragmatisch: wat is werkbaar in de praktijk?

Noteer hoe elk paradigma een ander aspect benadrukt

Welke blinde vlekken heeft elk paradigma?

Deel 2 – toepassing op zelfonderzoek

1 Persoonlijke dogma's onderzoeken

Maak een lijst van vijf uitspraken die je vaak tegen jezelf zegt:

- 'Ik moet altijd...'
- 'Ik kan nooit...'
- 'Het is belangrijk om...'

Problematiseer elke uitspraak door te vragen:

- Wanneer is dit niet waar in mijn leven?
- Wat zou gebeuren als ik het tegenovergestelde zou aannemen?
- Waar komt deze overtuiging oorspronkelijk vandaan?

Herformuleer elke uitspraak naar een meer genuanceerde versie

2 Beslissingen problematiseren

Denk aan een belangrijke beslissing die je binnenkort moet nemen
Noteer alle 'waarheden' die je aannames over deze beslissing vormen:

- 'Als ik X doe, zal Y gebeuren'
- 'Een verstandig persoon zou in deze situatie Z doen'

Problematiseer elke aanname door concrete situaties te bedenken waarin deze niet opgaat
Welke nieuwe opties zie je nu die je eerder niet zag?

3 Relatiepatronen bevragen

Kies een relatie (vriendschap, romantisch, werk) waar je soms in vastloopt
Noteer drie 'waarheden' over hoe deze relatie 'hoort' te zijn
Problematiseer deze door te vragen:

- Waarom vind ik dit belangrijk?
- Wat als dit soms juist niet hoeft?
- Welke andere manieren zijn er om naar deze relatie te kijken?

Schrijf voor jezelf een nieuwe, ruimere 'relationele waarheid' die meer ademruimte geeft

4 De emotionele stelligheid ontrafelen

Denk aan een situatie die sterke emoties bij je oproept

Noteer de 'absolute waarheden' die je in die emotionele staat ervaart:

- 'Dit is onacceptabel'
- 'Zij moet begrijpen dat...'
- 'Ik kan dit niet verdragen'

Problematiseer elke uitspraak door een scenario te bedenken waarin deze niet geldt

Merk op: verandert je emotie als je de bijbehorende 'waarheid' nuanceert?

5 Paradigma wisselen met je eigen overtuiging

Schrijf een van je stelligste overtuigingen op

Bekijk dit door minstens drie verschillende paradigma's, bijvoorbeeld:

- Hedonistisch: hoeveel plezier geeft het?
- Ethisch: wat is het juiste om te doen?
- Sociaal: hoe beïnvloedt dit menselijke relaties?
- Pragmatisch: wat is werkbaar in de praktijk?

Noteer hoe elk paradigma een ander aspect benadrukt

Welke blinde vlekken heeft elk paradigma?

Oefeningen dialectiek

De theorie van dialectiek vind je in Hoofdstuk 4 op pagina 187.

Deel 1 – droogzwemmen: de vaardigheid ontwikkelen

1 Dialectische spanningen herkennen

Neem een dilemma waar je zelf mee worstelt. Schrijf eerst de twee tegengestelde gedachten op en zoek vervolgens naar een synthese.

- Waar zit de spanning tussen deze twee ideeën?
- Welke gedeelde waarden of uitgangspunten hebben ze?
- Wat is een overkoepelend perspectief waarin ze allebei een rol spelen?

2 Dialectiek in de praktijk

Luister naar een debat of discussie (bijvoorbeeld op het nieuws of in een gesprek met vrienden). Probeer voor jezelf niet alleen te analyseren welke standpunten tegenover elkaar staan, maar hoe een synthese eruit zou kunnen zien.

- Welke nieuwe gedachte zou beide posities kunnen integreren?
- Wat wordt over het hoofd gezien door beide kanten?
- Hoe zou je het gesprek verder kunnen helpen met een synthese?

3 Omkeren en combineren

Pak een bekende tegenstelling, zoals:

- Hard werken versus balans
- Veiligheid versus vrijheid
- Doelen versus spontaniteit

Schrijf eerst uit wat beide posities betekenen. Schrijf vervolgens een zin waarin je ze niet als tegenstelling, maar als onderdeel van een grotere visie verwerkt.

Deel 2 – toepassing op zelfonderzoek

Hoe pas je dialectiek toe in je eigen leven?
Gordel om, riemen vast. Daar ga je:

Stap 1: kies een concreet dilemma
Neem een dilemma waar je mee worstelt
Bijvoorbeeld: 'Ik wil meer sporten voor mijn gezondheid, maar ik heb weinig tijd door mijn werk en gezin.'

Stap 2: identificeer thesis en antithesis
These: 'Ik moet meer tijd vrijmaken voor sport om gezond te blijven.'
Antithese: 'Ik moet prioriteit geven aan werk en gezin; daar ligt mijn verantwoordelijkheid.'

Stap 3: conceptualiseer beide posities
Geef elk standpunt een kernbegrip:
These kernbegrip: zelfzorg – het belang van investeren in je eigen gezondheid
Antithese kernbegrip: toewijding – het belang van je verantwoordelijkheden nakomen

Stap 4: onderzoek wat je wilt beschermen (waarden)
Voor elke positie, vraag je af: wat wil ik hiermee beschermen of bereiken?

These waarde: gezondheid, vitaliteit, langetermijnwelzijn
Antithese waarde: verbinding, betrouwbaarheid, stabiliteit voor anderen

Stap 5: zoek raakvlakken
Welke gemeenschappelijke grond is er? Welk overkoepelend doel dienen beide waardensets?
Gemeenschappelijke waarde: duurzame levenskwaliteit, zowel voor jezelf als voor je naasten.

Stap 6: brainstorm over tien mogelijke oplossingen
Schrijf minimaal tien ideeën op die elementen van beide kanten combineren. Wees creatief, ga voorbij de voor de hand liggende opties:

- Kortere, intensievere trainingen inplannen (HIIT-work-outs van vijftien minuten)
- Sporten met gezinsleden (familiefietstocht, zwemmen met kinderen)
- Actief woon-werkverkeer (fietsen, wandelen)
- Staand werken, lunchwandelingen
- Sportvakanties in plaats van strandvakanties
- Huishoudelijke taken sportief maken (sneller stofzuigen op muziek)
- Een sportbuddy zoeken die je accountable houdt
- Sportmomenten behandelen als ononderhandelbare afspraken
- Sporten tijdens werktijd (bedrijfsfitness)
- Beweging integreren in dagelijkse routine (trap nemen, telefoongesprekken wandelend doen)

Stap 7: vind je syntheseconcept
Welk nieuw concept verbindt die ideeën? Wat is de kern van je nieuwe benadering?
Synthese kernbegrip: geïntegreerde vitaliteit, het verweven van beweging in je bestaande levenspatroon, niet als losstaand element

Stap 8: formuleer een concrete syntheseaanpak
Op basis van je kernbegrip, welke concrete aanpak ga je proberen?

'In plaats van sport te zien als iets wat ik 'erbij' moet doen (these) of wat ik moet opofferen voor andere prioriteiten (antithese) ga ik beweging in mijn bestaande routines verweven. Ik plan drie keer per week een korte, intensieve work-out (vijftien minuten) bij het opstaan, maak lunchwandelingen een gewoonte, en organiseer actieve gezinsuitjes in het weekend. Zo wordt beweging geen concurrerende activiteit maar een geïntegreerd onderdeel van mijn werk en gezinsleven.'

Stap 9: reflecteer op het verschil

Vergelijk je synthese met de these en antithese. Hoe verschilt deze fundamenteel van beide? Wat maakt het tot meer dan een compromis?

These: sport als apart onderdeel van je leven dat tijd vraagt

Antithese: sport opgeven voor andere prioriteiten

Synthese: sport verweven met bestaande prioriteiten, waardoor het geen 'of-of' meer is

Stap 10: implementeer en evalueer

Probeer je aanpak een week uit en evalueer: voelt dit als een echte synthese of meer als een compromis? Waar kan het nog beter?

Je kunt deze oefening toepassen op vrijwel elk persoonlijk of professioneel dilemma. Het belangrijkste is dat je niet stopt bij stap 6 of 7, maar doorgaat tot je een echt nieuwe benadering hebt gevonden die beide oorspronkelijke posities overstijgt.

Out of the box oefeningen

De theorie van dit gereedschap vind je in Hoofdstuk 4, pagina 198.

Deel 1 – droogzwemmen: de vaardigheid ontwikkelen

1 Beroemdheden-panel

Kies een alledaags probleem (bijvoorbeeld 'Hoe krijg ik meer beweging in mijn dag?')

Selecteer drie totaal verschillende beroemdheden, personages of archetypes

Schrijf voor elk karakter minstens vijf oplossingen op

Vraag je af: welke oplossing verrast me het meest?

Voorbeeld

Probleem: 'Hoe krijg ik mijn huis georganiseerd?'

Marie Kondo zou zeggen
Begin met alles wat geen vreugde geeft weg te gooien
Orden per categorie, niet per kamer
Vouw kleding op specifieke wijze op
Waardeer elk object dat je behoudt
Geef elk item een vaste plek

Indiana Jones zou zeggen
Creëer een schatkaart naar belangrijke spullen
Behandel het opruimen als een avontuurlijke expeditie
Beloon jezelf met een 'relikwie' na elke voltooide missie
Laat alleen items achter die een 'verhaal' hebben
Maak boobytraps voor jezelf als je niet opruimt

2 Even door de tijd reizen
Kies een actueel probleem
Verplaats het naar:
- Honderd jaar geleden
- Honderd jaar in de toekomst
- Een fictieve wereld (bijvoorbeeld *Game of Thrones*, *Star Trek*)

Bedenk voor elke tijdsperiode minstens drie oplossingen
Welke elementen kun je meenemen naar het heden?

Voorbeeld
Probleem: 'Hoe verbeter ik mijn productiviteit op het werk?'

Honderd jaar geleden
- Handmatige tijdsindeling met klokken en bellen
- Eén taak per tijdsblok
- Dagboek bijhouden van prestaties

Honderd jaar in de toekomst
- AI-assistent die taken prioriteert
- Werken in korte, intensieve cognitieve sprints
- Breininterface voor directe kennisoverdracht

3 Omkeren

Formuleer je probleem
Keer het probleem volledig om
Bedenk minstens tien manieren om dat omgekeerde doel te bereiken
Vertaal de interessantste ideeën terug naar je oorspronkelijke probleem

Voorbeeld
Probleem: 'Hoe kan ik beter slapen?'
Omgekeerd: 'Hoe kan ik ervoor zorgen dat ik absoluut niet in slaap val?'

Manieren om wakker te blijven:
- Extreem fel licht aan houden
- Koffie drinken vlak voor bedtijd
- Constant alarmen laten afgaan
- Oncomfortabel bed maken
- Emotioneel beladen onderwerpen bespreken voor het slapengaan
- Schermen gebruiken tot laatste moment

Terugvertaald naar beter slapen:
- Verduisterende gordijnen gebruiken
- Geen cafeïne na twee uur 's middags
- Stille, ongestoorde slaapomgeving creëren
- Investeren in comfortabel matras en kussens
- Emotioneel opruimen voor het slapengaan
- Schermvrije tijd voor bedtijd

Deel 2 – toepassing op zelfonderzoek

1 Je toekomstige zelf raadplegen

Kies een persoonlijk dilemma of patroon dat je wilt onderzoeken
Stel je voor dat je twintig jaar ouder bent
Schrijf een brief van je toekomstige zelf aan je huidige zelf
Welk advies zou die wijzere versie van jou geven?
Welke inzichten levert dit je nu op?

Voorbeeldvragen in de brief
- Wat zie jij (toekomstige ik) als de werkelijke kern van dit probleem?
- Welke oplossingen werken uiteindelijk het beste?

- Wat bleek achteraf helemaal geen probleem te zijn?
- Welke angsten waren reëel en welke niet?
- Wat zou je willen dat ik nu al begrijp?

2 Superhelden om raad vragen

Kies een eigen overtuiging of gewoonte die je zou willen onderzoeken
Selecteer drie totaal verschillende rolmodellen (persoonlijke helden, historische figuren, fictieve karakters)
Stel je voor dat elk rolmodel één dag jouw coach is:

- Wat zouden zij je leren over jouw overtuiging?
- Welke oefeningen zouden ze je geven?
- Welke inzichten spreken je het meest aan?

Voorbeeld

Overtuiging: 'Ik moet altijd perfect zijn in mijn werk anders ben ik een mislukking'

Marie Curie als coach

- Zou benadrukken dat wetenschap draait om mislukkingen en doorzetten
- Zou vragen om een logboek bij te houden van alle 'mislukte' experimenten en wat je ervan leerde
- Zou je leren trots te zijn op je nieuwsgierigheid, niet alleen je resultaten

Bruce Lee als coach

- Zou vertellen dat perfectie een proces is, geen eindpunt
- Zou je leren klein te beginnen en elke dag iets beter te worden
- Zou je laten oefenen in het accepteren en transformeren van tegenslag

3 Dilemma binnenstebuiten

Doel: Verborgen aspecten van een persoonlijk dilemma ontdekken.

Aanpak

- Formuleer een persoonlijk dilemma of patroon waar je mee worstelt
- Keer het volledig om: 'Hoe zorg ik ervoor dat dit patroon nog sterker wordt?'

- Schrijf minstens acht manieren op om dit patroon te versterken
- Onderzoek per idee: doe ik dit (onbewust) al?
- Keer de meest confronterende inzichten weer om: hoe zou het tegenovergestelde eruitzien?

Voorbeeld
Patroon: 'Ik stel belangrijke taken steeds uit'
Omgekeerd: 'Hoe kan ik nóg beter worden in uitstellen?'

Manieren om beter uit te stellen:
- Altijd eerst mijn e-mail en social media checken
- Mezelf vertellen dat ik onder druk beter presteer
- Taken beginnen zonder specifiek plan
- Perfectie als standaard stellen
- Geen deadlines of consequenties instellen
- Steeds nieuwe projecten bedenken voor ik de huidige afmaak

Confronterende realisatie: 'Ik doe eigenlijk al deze dingen automatisch'

Teruggekeerd naar oplossingen:
- E-mail en social media pas na de eerste belangrijke taak checken
- Herkennen dat druk vooral stress veroorzaakt, niet betere prestaties
- Taken in kleine, concrete stappen opdelen
- 'Goed genoeg' als standaard accepteren voor eerste versies
- Harde deadlines instellen met accountability
- Nieuwe ideeën parkeren in een ideeënlijst voor later

Noten

1 https://www.ntsb.gov/investigations/AccidentReports/Reports/aar1003.pdf?utm_source=chatgpt.com
2 https://www.filosofie.nl/menno-de-bree-beter-denken-leidt-tot-betere-beslissingen/
3 https://psychologyfor.com/phronesis-what-is-this-human-virtue-according-to-the-greek-philosophers/
4 Pierre J. Magistretti en Igor Allaman, 'Fuel utilization by the adult brain' (2020) in *Annual Review of Nutrition*, DOI: 10.1146/annurev-nutr-122319-034248. https://pubmed.ncbi.nlm.nih.gov/25996133/
5 https://www.nrc.nl/nieuws/2023/08/10/in-een-chaotische-wereld-vinden-mensen-houvast-in-filosofie-a4171654?t=1730987892
6 https://nos.nl/nieuwsuur/artikel/2101902-is-de-populaire-publieks-filosofie-wel-echte-filosofie
7 https://www.linkedin.com/posts/daniellebraundr_hangen-in-het-ondertussen-mini-college-activity-7107232290451116034-7jk8?utm_source=share&utm_medium=member_desktop&rcm=ACoAAAhoHPwBoxdn1gn4A7xUGfssYoiywa1nWOE
8 F. Scott Fitzgerald, *The Crack-up* (New Directions Publishing 1945)
9 https://view.salusjournal.com/index.php/salusjournal/article/view/85/79
10 https://web.archive.org/web/20160315020332/http://www.lauradekker.nl/LauraDekker.html
11 Oscar Brenifier, 'The art of philosophical practice', openbaar pdf
12 https://www.waarmaarraar.nl/pages/re/51163/Originele_actie_tegen_wildplakkers_via.html
13 https://www.linkedin.com/feed/update/urn:li:activity:7303782562252951552/

14 https://hbr.org/2007/09/performing-a-project-premortem
15 https://open.spotify.com/episode/2iv7A4994WBgmyhjj2SoNS
16 https://youtu.be/dMG9vxksReQ
17 https://www.nporadio1.nl/nieuws/binnenland/96d4c126-7c3b-46a0-91cd-40610a3465e5/ellenlange-files-zijn-weer-de-norm-als-we-op-dezelfde-voet-doorgaan-komen-we-hier-nooit-van-af